THY WILL BE DONE

聖和の128年

関西学院大学出版会

"Thy will be done."「ザイ・ウィル・ビー・ダン」

　これは、英語の「主の祈り」の第3祈祷で、「み心の天になるごとく、地にもなさせたまえ」と日本語で暗誦されている。直訳すれば「Thy あなたの・神の、will 意志が、be done なされるように」となる。

　合併を繰り返して歩いてきた聖和の歴史、それは、神の意志、み心を一心に辿ろうとした歩みであったと言えるだろう。これからも変わることなく、神の意志が成し遂げられていくことを願って、本書を『Thy Will Be Done』とした。

カバー写真撮影：深井　純（関西学院大学博物館教育技術主事）
カバーデザイン：秋山尚美（関西学院大学博物館）

はじめに

　このたび、聖和の歴史を編纂し、『Thy Will Be Done ──聖和の128年』と題して刊行することになりました。本書の刊行に際してご協力いただいた多くの方々に深くお礼を申し上げます。

　2014年度中に聖和史を刊行することを目指し、2013年4月に聖和史刊行委員会が立ち上げられました。企画段階では、限られた時間でどのような聖和史を作るかということが大きな問題でしたが、同時に、時間的に見て刊行が可能であるかどうかという不安があったことも事実です。実際に編纂作業を始めると、授業や公務をこなしながらの作業であるため、時間は想像以上に少なく、資料の調査および原稿作成はまさに時間との戦いでもありました。そのことに加え、聖和の源流が3つの学校であり、それぞれが名称を変更し、更には合同を行ったことに起因する歴史的背景も編纂の作業を困難にしました。

　1941年に聖和女子学院が設立されて以来、聖和の歴史をまとめたものとしては、『聖和八十年史』（1961年）、『聖和　100年のあゆみ』（1980年）、『聖和保育史』（1985年）、『聖和幼稚園100年史』（1991年）、竹中正夫『ゆくてはるかに　神戸女子神学校物語』（2000年）が刊行されています。『聖和　100年の歩み』は写真と資料を中心に編纂されていますので、記述をもとにした通史は『聖和八十年史』のみです。今回の編纂に際して、1880年から1950年までの各学校については、資料をもとにしてできるだけ詳しく記述しました。その中でも、特にランバス記念伝道女学校の部分は、今までに余り知られていない内容を含んでいます。1950年以降に関しては、文書や資料にもとづいて事項を整理し、それらを精選して記載することとしました。その結果、本書は1880年から1950年までは事項・解説・コラム等を含む構成とし、それに続けて聖和の歩みがわかる写真を挟み、1950年以降は事項のみを記載する年表の構成としました。

　1941年に神戸女子神学校とランバス女学院が合同を行い聖和女子学院となりましたが、「聖和」という名称はこの時の Holy Union「聖なる和合」にもとづく名称です。聖和は、ひとつの源流から始まって発展した学校ではなく、3つの源流を持ち、それらが合同を経てひとつの学校になったという特異な歴史的背景を持っています。学校の合同には様々な困難があったと推察されますが、そのような困難を越えてイエス・キリストのうちに、つながり合う、結び合う和合の源がここにあります。「神の愛を知り、イエス・キリストが示された生き方にならい、他者──特に幼い者や社会的に弱くされた者たち──に仕える働き人を養成する」ために聖和は建てられました。聖和のスクール・モットーである All for Christ「キリストに心を向けて」と Seiwa College for Christian Workers「キリストの働き人を育てる聖和」は、この建学の精神を表しています。

　本書は聖和の歴史を記したものではありますが、特に、日本における1880年代以降のキリスト教学校での教育、それぞれの時代の幼児教育・保育、そしてアメリカ人宣教師たちの献身的な働きと彼女たちへの共感者の働きをも私たちに伝えています。『Thy Will Be Done ──聖和の128年』がひとつのメッセージとなれば幸いです。

2015年3月

聖和史刊行委員会委員長
山本　伸也

刊行によせて

　聖和の歴史を記した『Thy Will Be Done ——聖和の128年』が刊行されますことを嬉しく思います。
　岡田山の西宮聖和キャンパスには、ウィリアム・メレル・ヴォーリズが設計し、1932年に建てられたダッドレーメモリアルチャペルとゲーンズハウスがあります。これらはキャンパスで一番古い建物で、その瀟洒な姿は四季折々の自然豊かなキャンパスの中にたたずみ、聖和の長い歴史を私たちに思い起こさせてくれます。ジュリア・ダッドレーはアメリカン・ボードの宣教師で、1880年、神戸花隈に神戸女子神学校を始めました。また、ナニー・ベット・ゲーンズは、アメリカ・南メソヂスト監督教会の宣教師で、1895年、広島に広島女学校保姆師範科を設立しました。この2つの学校は聖和の源流です。
　この2つの建物とは対照的に、2009年に完成した山川記念館はキャンパスの最も新しい建物で、その2階にはメアリー・イザベラ・ランバスチャペルがあります。1888年、アメリカ・南メソヂスト監督教会の宣教師であったメアリー・イザベラ・ランバスは、神戸居留地の山2番館と呼ばれた自宅でランバス記念伝道女学校を開設しましたが、この学校も聖和のひとつの源流となりました。メアリーの息子であるウォルター・ラッセル・ランバスが、神戸原田の森に関西学院を設立したのはその翌年の1889年9月のことです。
　3つの学校は合同により、1941年に聖和女子学院というひとつの学校となりましたが、創設期から一貫して、キリスト教、幼児教育・保育、そして女性の教育という特色を軸に発展しました。日本における幼児教育・保育、キリスト教、そしてキリスト教教育の歴史の中で、聖和が果たしてきた役割は大きく、またその意義は深いと思います。
　本書の1880年から1950年までの歴史では、聖和の歴史に連なる人たちについてだけではなく、それぞれの時代に起こった出来事などが詳しく、また興味深く述べられています。随所に添えられている貴重な写真や資料を見ることにより、内容の理解が一層深まることは言うまでもありません。ここに登場する人物の中には、一般的には余り知られていない人もいるかもしれませんが、この人たちを通して、私たちは聖和の歴史をより深く知ることができます。時の経過とともに、聖和が様々な変化を伴って発展して行く中で、強い信仰を持ち教育に情熱を注いだ先人たちは、キリスト教を基盤とした聖和の建学の精神を私たちに示してくれます。本書によって、聖和の歴史を知ることと、そこで行われたキリスト教による人間教育の豊かさを思い起こすことは、現在に生きる私たちにとって大切なことであると思います。
　最後に、この『Thy Will Be Done ——聖和の128年』の刊行のために努力してくださった聖和史刊行委員会委員の皆様と刊行を支えてくださった関係各位に感謝申し上げます。

2015年3月

関西学院院長
Ruth M. Grubel

凡　例

(1) 本文を年表形式で構成し、第Ⅰ部（1～5章）と第Ⅱ部（6～8章）に区分した。
(2) 第Ⅰ部は、左ページに事項（・）、右ページに解説（＊）と一般歴史（・）を記載し、人物紹介（◇）と写真は事項に合わせて左右適宜配置した他、「コラム」を記述し1～26までの通し番号を付した。第Ⅱ部は、事項（・）、一般歴史（・）を片ページに記載した。
(3) 事項の記述は月日順とし、末尾に（　）で月、もしくは月日を記述した。月日が不明なものは、その年の事項の末尾に配置したが、時期の見当がつくものについては、該当する時期に挿入した。なお、1872年12月2日以前の年月日は、和暦を省略している。
(4) 原則として漢字の旧字体は新字体に、旧かなづかいや句読点は現代表記に改めた。また明らかに誤字・脱字と思われる箇所は訂正し、読みにくい部分には句読点を付けた。ただし、歴史的文書等の引用については、この限りではない。
(5) 人名は、原則として敬称略とした。
(6) 日本および東アジアの人名は、判明している限り、初出で姓名の順とし、再掲以降は姓のみの表記とした。カタカナ、ひらがな、漢字、「子」の有無など、複数の表記がある場合は本文中で統一した。
(7) 欧米人の名前は、判明している限り、初出においてパーソナルネームをはじめにあげ、最後にファミリーネームを記し、再掲以降はファミリーネームのみを記載した。
(8) 外国人名、地名等は、出来るだけ原音に近い表記を心がけ、定着しているものについては慣用表記とした。
(9) 機関名の後の（→　　）は、→以下に現在の学校や団体名を入れた。
(10) 略記は、初出時に（以下○○と表記）と記した。
(11) 書名には『　』を、新聞名、雑誌名、表題のある記録には「　」を用いた。
(12) 第Ⅰ部の典拠資料は5章の末尾にまとめ、第Ⅱ部は各章の最後に、いずれも「参考文献」として記載した。

＊コラムについて

本書のコラムは、この本が「読む年表」の形で出版されるという事情から生まれた。しかし、この形では聖和に残された膨大な資料をいかすという点で、記述の情報量と正確さという点で、そして、この学校の歴史に関わった人たちの情熱を伝えるという点で、不十分なものとなるだろうと思われた。

実際に第Ⅰ部の年表作成の作業に入り、資料を繰っていると、色々な人たちが、次々と、まるで古い紙やアルバムから飛び出すように現れて、面白い話を聞かせてくれる。知らなかったことばかりで、その発見と出会いを独り占めにはとてもできないと感じた。それらを紐解く作業の途上で、不思議なように「案内人」となってくださる方々から、直接お話を聞くこともできた。こうして与えられた贈り物の一端でも、なんとか紙面で手渡せないだろうか。その思いだけでしたためたのが、26のコラムである。そこでそれらは、執筆者の個人的選択と意見に基づいた文章となっているが、様々な制約と表現の拙さを超えて、聖和に現された「Thy Will」神の計画を、読み取っていただきたいと願っている。（執筆者）

目　次

はじめに………………………………………………………山本伸也 … 3
刊行によせて………………………………………………Ruth M. Grubel … 4
凡　例………………………………………………………………………… 5
沿革チャート………………………………………………………………… 8

第Ⅰ部 ──────────────────────── 11

第1章　神戸女子神学校　1880-1941 ………………… 13

Column1	バローズのコーヒーとドーナッツ	18
Column2	三田―神戸、30キロの愛	19
Column3	『育幼岬(こそだてぐさ)』の想い	24
Column4	『メレイライヲン一代記』によせて	28
Column5	ダッドレーのお茶会	32
Column6	鑑次郎(かんじろう)、クララ、ゆきびらの恋	44
Column7	神戸女子神学校と日曜学校	48
Column8	賀川豊彦と社会事業	52
Column9	忙しい記念日	62
Column10	岡田山スタートの風景「まぁ、これが神学生？」	68
Column11	永久に忘るべからざる風景	70

第2章　広島女学校保姆師範科　1886(1895)-1921 ………… 85

Column12	「種を蒔く人」のたとえ　―ナニー・ベット・ゲーンズと広島	90
Column13	ダッドレーからの贈り物	102
Column14	素夫くんの幼稚園　―幼い日に信じたこと	110
Column15	広島女学院とランバス女学院の卒業生　城山幸子さんのこと	124

第3章　ランバス記念伝道女学校　1888-1921 ………… 129

Column16	「誰も知らない小さな」ランバス記念	134
Column17	メアリーからのLove Letters	150
Column18	7人の女性校長と教師たちの横顔	160

Column 19	Thy will be done　—闘う天使、バネル	180
Column 20	奇跡のつながりが明かす True Story	192

第4章　ランバス女学院　1921-1941 ……………… 197

Column 21	1冊の緑のアルバム　—クック先生の思い出	202
Column 22	近藤良董(よしただ)と、彼の記したランバスの人々・ランバスの文化	224
Column 23	ランバス幼稚園ナースリーの1年	238
Column 24	余滴 「ランバス」その後	244

第5章　聖和女子学院　1941-1950 ……………… 247

Column 25	聖和女子学院と戦争	258
Column 26	「帰ってきたふたり」の言葉	272

典拠資料・参考文献 ……………………………………………… 275

建学の精神・教育理念 ……………………………………… *photo-1*
写真で見る聖和キャンパスの80years ……………………… *photo-2*
1950〜2008年の聖和 ……………………………………… *photo-6*
校歌「新しき歌」 …………………………………………… *photo-14*

第Ⅱ部 ——————————————————————— 279

第6章　学校法人聖和女子短期大学時代　1950-1964 ……… 281

第7章　学校法人聖和女子大学時代　1964-1981 …………… 285

第8章　学校法人聖和大学時代　1981-2009 ………………… 293

あとがき ………………………………………… 広渡純子 … 310
執筆者一覧 ………………………………………………………… 313

沿革チャート

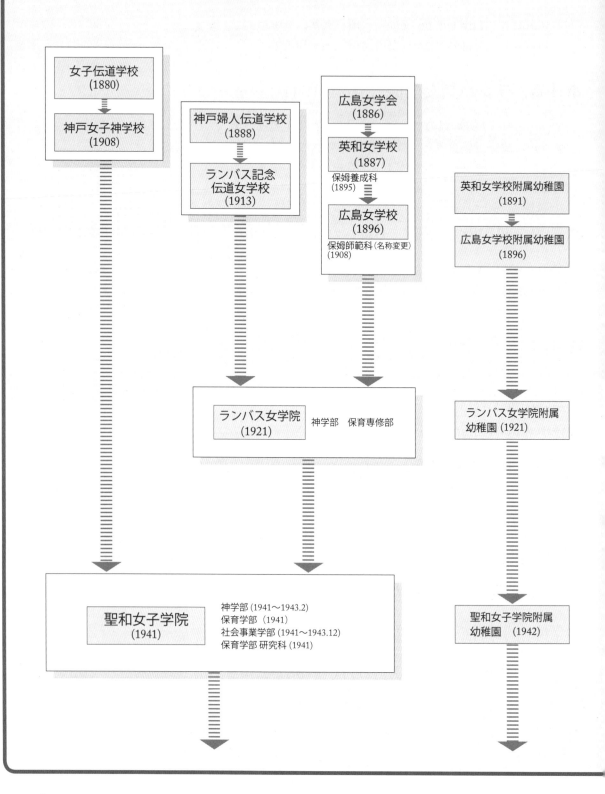

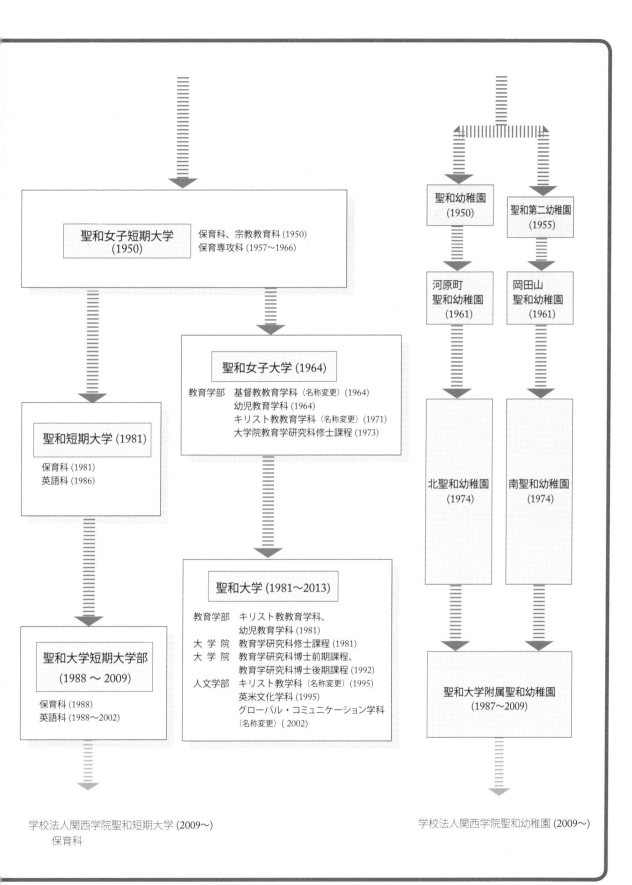

第Ⅰ部

第 1 章

神戸女子神学校

1880-1941

Kobe Woman's Evangelistic School

年号	事　項
1840	・ジュリア・E・ダッドレー、イリノイ州ネイパービルにて生まれる（12.5）。 ◇ジュリア・E・ダッドレー　Julia Elizabeth Dudley（1840.12.5～1906.7.12） 　　米国イリノイ州ネイパービルに生まれる。両親ともニューイングランドの人、母（旧姓Mary Barrows）はシカゴに設けられた最初の高等女学校の教師であった。父は早く亡くなったため長女であったジュリアは母を助けて家事を担った。Rockford Female Seminary（→ロックフォード・カレッジ）卒業後数年間教職についていたが、母の死後日本への伝道を志した。 　　1873年3月キリシタン禁令の高札が外されたわずか1カ月後に、アメリカン・ボードの中部婦人伝道会の宣教師としてイライザ・タルカットと共に神戸に到着。三田、四国への伝道にいそしみ、1875年には後の神戸女学院となる「女子の寄宿学校」（神戸ホーム）を開く。1880年、神戸女子神学校となる女性たちのための伝道塾を従姉妹のバローズと花隈で開始する。これが、聖和大学の3つの源流のうちの最古のもので、日本初の女子伝道学校となる。以後20年にわたり神戸女子神学校で「婦人伝道師」の養成と伝道に心血を注ぎ、1901年に病でやむなく帰国するまで、情熱をかたむけて生徒たちを教え、公私にわたって温かくたすけ愛し続けた。1906年、カリフォルニア州ラホヤにて心臓病のため逝去。 　　著作として『聖書史記問答』、『育幼岬（こそだてぐさ）』、訳書に『メレイライヲン一代記』などが残っている。（コラム2、コラム4参照） 　　ダッドレーについては、『恩師ミス・ダッレー』（1930）に卒業生25名が思い出を綴っている。この中で多くの卒業生は、自分こそがダッドレーに最も愛された生徒だったと語り、没後15年以上たっても「愛の天使」として彼女を思い出している。また『岡田山の五十年』（1983）には「動作が機敏で元気がよく、いつも動きまわり、早口で冗談ばかり言ってよく笑う」といった宣教師仲間の評が記され、親しみやすい人柄を伝えている。その他『天上之友』（1915）『神戸女学院の125年』（2000）『ゆくてはるかに』（2000）参照。
1841	マーサ・J・バローズ、バーモント州ミドルベリーにて生まれる（7.26）。
1873 明6	・ダッドレーは、アメリカン・ボードの中部婦人伝道会の宣教師としてイライザ・タルカットと共に神戸に来日する（3.31）。 ・ふたりは花隈村前田兵蔵方に少女と女性たちの小さな塾を開き、聖書（聖書物語）と賛美歌を教材にして「英語と音楽」を教え始める（10.）。 ・神戸市場丁（元町5丁目辺）の「真理講義所」に安息日学校（校長：J・C・ベリー）が開設され、開校式が開かれる（12.7）。ダッドレーは、メアリー・G・グリーン（Mary G. Green）、ソフィア・デービス（Sophia D. Davis）と共に教師となる。

解　説	一般歴史

◇マーサ・J・バローズ　Martha Jane Barrows（1841.7.26～1925.3.13）

　米国バーモント州ミドルベリーに生まれる。Mount Holyoke Female Seminary（→マウントホリヨーク・カレッジ）で学んだ後故郷で過ごしていたが、従姉であるダッドレーの熱心な日本宣教への要請をうけて、1876年に来日する。以来48年にわたり神戸に住み、日本での宣教活動に専念した。

　神戸ホーム（→神戸女学院）での働きの後、1880年にダッドレーと共に神戸女子神学校を創設する。晩年帰国するまで聖書の教師としてこの学校に仕え、宣教師として生徒や卒業生からは、学校の母親的存在として慕われていた。また、丹波地方の教会をたびたび訪れ伝道し、神戸教会では婦人会の聖書研究会を長年にわたって指導した。1924年の帰国後は、かつての同僚教師であったG・コザートの家を訪ね、姉妹の家で寛いだ生活を楽しんだが、それもわずかな期間で終わり、カルフォルニア州クレアモントにて84歳で逝去した。

　バローズは、独身であったが宣教師仲間から敬意を込めて「Mother Barrows」と呼ばれ、「マリアの心とマルタ（Martha）の手をもつ」穏やかで家庭的なもてなしの人だったことをフランク・ケリー宣教師は伝えている。（コラム1参照）また、瀬戸内海の船上で自殺を考えていた男性が、乗り合わせたバローズの静かで親しみやすい顔を見て、キリスト教をたずねてみようと自殺を思いとどまり、後にクリスチャンになったエピソードもある。Japan Mission News（1924年）でS. A. Searle（ソール）は、バローズ離日の時、卒業生が別れを惜しみ彼女を見送った様子を記している。その他『天上之友　第二版』（1933）『神戸女学院の125年』（2000）『ゆくてはるかに』（2000）参照。

＊アメリカン・ボードの婦人伝道会

　神戸女子神学校を生み出した宣教師たちは、米国のアメリカン・ボード（会衆派）に所属していた。アメリカン・ボードの女性宣教師の派遣は、アメリカン・ボード海外宣教局＝ABCFM（American Board of Commissioners for Foreign Missions）の協力機関である以下の3つの組織が行っていた。

　①東部婦人伝道会 Woman's Board of Missions（WBM）東部地方を受持ち、ボストンに本部を置く。②中部婦人伝道会 Woman's Board of Missions of Interior（WBMI）中西部地方を受け持ち、シカゴに本部を置く。③太平洋岸婦人伝道会 Woman's Board of Missions of the Pacific（WBMP）サンフランシスコに本部を置く。

　ABCFMの機関誌にLife and Light for Women（以下L&Lと表記）がある。

1840
・フレーベル、「キンダーガルテン」創設（6.28）。
・アヘン戦争起こる（6.28-1842.8.29）。
1841
・天保の改革。
1853
・ペリー、浦賀に来航（7.8）。
1858
・日米修好通商条約調印（7.29）。外国人居留地開設。
1865
・米、南北戦争が終わる（4.9）。
1867
・徳川慶喜、大政奉還上表を朝廷に提出（11.9）。翌日勅許（11.10）。
・ヘボン、『和英語林集成』を発行。
1868
・王政復古の大号令（1.3）。
・戊辰戦争（1.27）。
・新政府、五箇条の誓文を公布（4.6）。
・新政府、神仏判然令を公布（4.20）。以後、廃仏毀釈運動起こる。
・天皇、江戸を東京とする詔書を出す（9.3）。
・明治と改元し、一世一元の制を定める（10.23）。
・フルベッキ（米国オランダ改革教会）、政府に呼ばれ、開成校の校長となる。
1871
・廃藩置県の詔書を下す（8.29）。
・大学を廃し、文部省創設（初代文部大輔、江藤新平9.2）。
・岩倉具視を団長とする欧米視察団48名と留学生60人を欧米に派遣（11.20）。
1872
・文部省、学制を発布（9.5）。

第1章　神戸女子神学校　　15

年号	事項
	◇イライザ・タルカット　Eliza Talcott（1836.5.22〜1911.11.1） 　米国コネティカット州ヴァーノンに生まれる。家はピューリタンの子孫であり熱心なキリスト者の家庭で3人姉妹の次女として育ったが、父を11歳の時に失う。ポルター女学校で学んだ後、ニューブリテン州立師範学校を21歳で卒業。6年間の教師生活を、病気のおばを看護のため中断する。10年後におばを見送り日本伝道を志すが、年齢が高いこともあり伝道局は難色を示した。念願かなって1873年に婦人伝道会（WBM）の宣教師としてダッドレーと共に来日をはたす。 　今日の神戸女学院を起こし、教会を支えて婦人会を育て、各地への困難な伝道活動旅行もいとわなかった。一見厳しそうな外貌であったが、堪能な日本語で出会う人たちには分け隔てなく接した。岡山、鳥取での伝道を経て1891年からは京都看護婦学校で教え、1895年には広島の野戦病院で日清戦争の傷病兵の世話にあたる。1900〜1902年ハワイ・ホノルル在住日本人への伝道に従事し、1902年から1911年まで神戸女子神学校の専任教師として教えた。1911年逝去し、春日野墓地（現修法原の外人墓地）に埋葬される。
1874 明7	・ダッドレー、タルカットは塾を花隈から北長狭の白洲退蔵の持ち家に移し、聖書、英語の歌、裁縫などの授業を行う（4.）。放課後は生徒たちの家を一軒ずつ訪問して伝道した。 ・市場丁の真理講義所から摂津第一神戸公会が創立され、アメリカン・ボード宣教師のD・C・グリーンより11名が受洗する（4.19）。 ・ダッドレーは夏の3カ月を三田での伝道に費やす。
1875 明8	・三田屋敷町に摂津第三三田基督公会（→日本基督教団摂津三田教会）創立（7.27）。 ・ダッドレー、タルカットは、旧三田藩主九鬼隆義の支援を受け女子のための寄宿学校を「神戸ホーム」、「女学校」として神戸山本通5丁目に開校。神戸女学院創立（10.12）。 ・キリスト教界初の週刊新聞「七一雑報」が発刊される（12.27）。

解　説	一般歴史

＊神戸真理講義所の安息日（日曜）学校

　この場所は、市場丁に「前田泰一」（前田兵蔵の息子）の表札と「本屋」の看板を掲げた一軒家で、日曜午後になると「真理講義所」の提灯を挙げていたという。これが翌年摂津第一神戸公会（→日本基督教団神戸教会）となる。校長のJ・C・ベリーはアメリカン・ボードの宣教医で、日曜学校カリキュラムである国際統一教案（IUL）の日本で初めて紹介している。初めの入学児童は8名と少なかったが、クリスマスを超え人数を増して40数名が集うようになった。

- 横浜にアメリカン・ミッションホーム（亜米利加婦人教授所）開設（8.28）。
- 太陰暦を廃して太陽暦を採用（12.9）。明治5年12月3日を明治6年1月1日とする。

1873
- 徴兵令公布（1.10）。
- 切支丹禁制の高札が撤去される（2.24）。
- 学制二編の布達（5.14）。神官僧侶学校に関する条項を改正し、公教育と宗教の分離を進める。
- 地租改正条例を布告（7.28）。
- アメリカ人宣教師タルカットとダッドレー、神戸花隈村に私塾を開く（10.）。女学校（1875）、英和女学校（1879）を経て神戸女学院（1894）となる。
- 内務省発足（11.10）。
- 初めての譜付き日本語賛美歌集発行。

ダッドレー、タルカットと子どもたち 1874年前後　（神戸女学院図書館所蔵）

＊神戸教会最初の受洗者たち

　松山高吉、前田泰一、鈴木清、小野俊一、佐治職（つかさ）、太田源造、北村元広、市川まつ、甲賀ふじ、小山りき、太田とら（女性4名を含む11名）。このなかで、前田、鈴木、佐治、甲賀は三田出身者であり、甲賀ふじは後に広島女学校の幼稚園最初の主任保母となる。また、市川まつは、D・C・グリーンの日本語教師を務め、聖書を保持していたかどで捕えられ、獄中死した市川栄之助の妻である。

1875
＊摂津三田教会最初の受洗者たち

　最初の受洗者は16名で、その中の鈴木雅釆（うた）は、ダッドレーの日本語教師である鈴木清の妻である。また創立礼拝の司式者は、新島襄であった。

＊「七一雑報」（しちいち）

　神戸の七一雑報社（神戸市生田区中山6丁目-1）から1875～1883年に発刊された週刊新聞。社長：今村謙吉、編集長：村上俊吉（三田）、記者：前田泰一（三田）、会計：O・H・ギューリック。第11号には、ダッドレーがアメリカの新聞から安息日学校の記事を紹介し、解説を付けた「米国新聞之摘訳（つまみやく）」が掲載されている。この七一雑報社には、もうひとつの看板「米国派遣宣教師事務局」（「米国遺伝教使事務局」）が掲げられ、キリスト教図書の出版がなされていた。

- 東京女子師範学校設立（3.13）。
- 外国人の本邦学校への入学を許可（3.18）。
- 官立学校は日曜日を休日と制定（3.20）。
- 文部省より、官立、公立、私立学校の種別を明確にする布達（8.29）。

- 文部省、学齢を満6歳から14歳までとする旨を布達（1.8）。
- 言論統制令、新聞紙条令（6.28）。
- 出版条例改正（9.3）。
- 教務省、神仏各宗に信教の自由を口達（11.27）。
- 新島襄、同志社英学校を設立（11.29）。

第1章　神戸女子神学校　17

Column 1

バローズのコーヒーとドーナッツ

聖和の歴史には、よく「食べ物」が登場する。度々「茶菓をいただく」「楽しく午餐」などの記述があり、写真も「食べている」風景が多い。その歴史の中で、最古の源流である神戸女子神学校は、保育系の科がない神学校で、どちらかというと地味で信仰熱心、固い印象が強い。そこで、あまり食べてはいないだろうと思っていた。

ところが、女子神学校の創立者のひとりで、半世紀近く学校の始まりを見守ったバローズの離日に際して、ソールが書いた文章（1924年）に、"Her famous coffee and doughnuts"（彼女の有名なコーヒーとドーナッツ）を発見したのだ。聖和の「食べる」文化は、創立のはじめからだったのだと、いたく納得した。

疲れ果て、病んで彼女の家を訪ねた人々が、特権として与えられたバローズの「有名なコーヒーとドーナッツ」は、いったいどんなレシピで、材料はどこから調達していたのだろう。揚げていたのだろうか、穴あきだったのだろうか。キャンパスに 'Mother Barrows' Famous Doughnuts' というお店を開いてはどうだろうなどと、想像はふくらむ。こうして、働き者で家事の上手なマーサ（マルタ）・バローズは、お茶やお菓子など、美味しいもので

晩年のバローズ（左）と
彼女を看とるコザート（右）

人々を慰め幸せにする働きと結びついて深く印象付けられた。

そして1925年、彼女の最期の様子を伝えるコザートの手紙には、甥のチャーリーが見舞いに尋ねてきたときのことがこう書かれている。「バロスさんは元気を出して甥の方をおもてなしになりました。コーヒーだのドーナツト（ママ）だのケーキなどを出されたりなさいました。」（「会報」13号）。

「人を良くする」と書いて「食」と読む――バローズの生涯は最後まで、人を良いものとするキリストの福音を語り続け、もてなし続けた歩みだった。そして、その伝統は聖和の歴史の初めに刻まれ、継承されてきたのだと思われる。

バローズの83回のお誕生日に（1923年7月26日）
引退間際の美しく穏やかな様子がうかがえる。

三田―神戸、30キロの愛

　インターネット時代の「遠距離恋愛」とはいったいどのくらいの距離をさすのだろう。時計の針を140年戻して、明治初めの神戸の人が、30キロ離れた三田の人と結びつくには、どれほどの距離があったのだろう。

　アメリカン・ボードの神戸での宣教、神戸女学院や神戸女子神学校の始まりに、必ず登場するのが旧三田藩主九鬼隆義と三田の人々である。きっかけは、1872年、有馬温泉にアメリカン・ボードの宣教師J・D・デービス一家が避暑のため滞在し、そこを九鬼隆義と洋装の娘をつれた妻、園子が訪ねたことである。翌年3月にダッドレーと共に来日したタルカットが、その年の夏を有馬で過ごした頃から、特にダッドレーは、しばしば三田を訪問し、三田の女性たちとの深い友情と信頼を結び、神戸に帰るときには、少女たちが泣いて一緒に行きたいと願ったという。このつながりから、神戸女学院、神戸女子神学校、神戸教会などが産み出され、支えられていく。白洲退蔵、前田兵蔵・泰一親子、鈴木清、甲賀ふじ、村上俊吉らはみな、三田の人だった。

　一方神戸から30キロ北北東の三田では、ダッドレーが1874年夏に3カ月、翌年には4カ月を過ごし、「数百人の者に感化を及ぼ」し、「同地の女性および家族の間にあって」この人たちを「永遠の住居」に導いていた。こうして女性9名を含む16名の洗礼者を得て、摂津第三三田基督公会が1875年7月27日に設立されたのだ。

　ダッドレーが通った有馬街道は、神戸からまず箕谷・谷上まで天王川沿いを北へ10キロ、谷上から六甲山の裏側を東（北東）へ10キロで有馬に至る。さらに有馬口から五社、道場を経て10キロ北上して、ようやく三田である。しかもダッドレーが初めて三田入りしたのは、1874年11月にこの有馬街道が開通する前のことであった。それまでは「天王谷越」と呼ばれたこの古道は、天王谷では岸壁が迫り、谷への転落死も多かった（それで無事を祈る地蔵が各所にある）とか、天王川を飛び石伝いに何度も渡らなければならない道で、車や馬では通れなかったとある。

　Mr.デービス宣教師はそこを果敢に馬で行ったようだが、女性たちは、「かご」と徒歩。33歳のジュリア・ダッドレーは、いったいどんな格好でこの道を行ったのだろう。写真では、裾がくるぶしまであるロングスカート姿しかみたことがない。川の飛び石を渡る？　靴は？　断崖絶壁の細道は、歩くのも足がすくむが、「かご」に乗って揺られたらもっと怖い。神戸―三田間30キロを超えさせたもの、苦労と困難の山道歩きをジュリアに喜んでさせたもの、それは、神さまへの愛、神さまからの愛。そして、三田の人々への愛、三田の人々からの愛、以外には考えられない。愛は、恐れよりも死よりも強く、遠かったものをも結びつけて実を結ぶ。その愛の結実として、わたしたちの学校は生れ出たのだ。

人力車に乗るタルカット（右）

年号	事　項
1876 明9	・バローズが来日し、神戸ホーム／女学校に着任（4.7）。 ・神戸ホーム／女学校には、米国女性教師4名、タルカット校長、ダッドレー、バローズ、ジュリア・ギューリック（Julia A. Gulick）が働き、校舎増築が願われるほど発展する。 ・ダッドレーは、兵庫地区、尼崎への困難な宣教の他、三田訪問など伝道活動にはげむが肺の痛みをおぼえ京都でしばらく療養する。
1877 明10	・ダッドレー著『聖書史記問答』発行。（同書は、1877 Seisho shiki mondo SS Question Book-2000copies/1878 Sabbath School Question Book-2000copies/1879 Seisho shiki mondo-2000copies と宣教師報告に記載されているが、1877年のものは未確認。ただし『神戸と基督教』の「神戸米国派遣宣教師事務局発行図書」一覧では1877年の出版物であったとされている。） 『聖書史記問答』和綴版 （聖和短期大学キリスト教教育・保育研究センター所蔵）
1878 明11	・バローズは、タルカットらと播州から岡山、倉敷を経て四国へ伝道旅行へ出かける（5.）。 ・ダッドレーは、タルカットと共に明石での伝道を始め、明石公会（→明石教会）が設立される（10.15）。 ・ダッドレー著『安息日学校問答集』発行。（未確認）
1879 明12	・バージニア・クラークソン（Virginia A. Clakson）が神戸ホーム／女学校の校長に就任し、校名を英和女学校と改称する（2.）。ダッドレー、バローズ、タルカットは、授業を助けつつ伝道に従事する。 ・バローズは、病気のため秋から翌年にかけて横浜で静養する。 ・ダッドレー著『聖書史記問答』米国遣伝教使事務局（神戸）より発行。

解　説	一般歴史
	・4月より一・六休日を日曜休日・土曜半休体制に改正（3.12）。 ・マサチューセッツ州立大学学長 W・S・クラーク、札幌学校教頭に就任（7.31）。 ・桜井ちか、桜井女学校を設立（10.24）。 ・東京女子師範学校附属幼稚園開設（日本最初の公立幼稚園）（11.16）。
＊ダッドレー著『聖書史記問答』 　『聖書史記問答』は、安息日学校（日曜学校）の子ども向き教則本で、52章に分かれていることから、日曜毎に聖書を学ぶカリキュラムと思われる。 　たとえば創世記では、天地創造、楽園物語、カインとアベル、ノア、アブラハムというように、事柄を1章ずつ取り上げ、各章は10～20の問いと答えで構成されている。「問：アブラハムの妻はなんと言いしや／答：サラなり」のように、簡単に答えられるものから、以下のような広い概念、知識を問うものもある。「問：旧約聖書に預言の著述は幾篇あるや／答：十六篇なり」「問：キリストの降生ことについて、何預言者が最も多くの事を語りしや／答：イザヤなり」「問：キリストの支配の増殖ことについて、かれが何を言いしや／答：彼の支配は終わらぬなりといえり」などである。 　和綴の原本（写真）には奥付がなく下記のようなメモがはさまれている。「聖書史記問答　明治12年出版　本書ハ米国宣教師ダッレー女史ト其日本語教師鈴木清氏ノ共著ニテ日本日曜学校教材トシテ日本ニ於ケル第2番目ノ書デアリ神戸ニテ七一雑報社ノ印刷ニテ米国遣伝教使事務局ノ名ニテ出版セラレタ」。ここから神戸教会最初の受洗者である鈴木清がダッドレーの日本語教師であり、『聖書史記問答』の共著者（日本語への訳者か）であったことが推察される。この記載が確かならば、ダッドレーの手紙（1874年6月20日付）に登場する三田へ向かう「私の先生」は、鈴木清と考えられる。	・西南の役（2.15）。 ・東京開成学校学校・医学校を合併して東京大学を設立（4.12）。 ・エジソン（米）、蓄音機を発明。
	・文部省、日本教育令案を上奏（5.14）。 ・参議大久保利通暗殺（5.14.）。
	・琉球藩を廃止し、沖縄県を置く（4.4）。 ・学制廃止、教育令が制定される。男女別学を規定（ただし、小学校においては男女が同じ教場でも構わない）（9.29）。

年号	事　項
1880 明13	・ダッドレー著『育幼岬(こそだてぐさ)』神戸福音舎、福音社より発行（9.）。（コラム3参照） ・ダッドレーとバローズは、英和女学校を出て花隈村の鈴木タイロウ宅を借り、女子伝道学校を始める。神戸女子神学校創立（10.）。  最初の6人の生徒たちとダッドレー（左から3人目後姿）
1881 明14	・クラークソンは、病を得て京都、札幌で静養することになり、ダッドレーは、クラークソン不在の寮に夜だけ泊るようになる（6.）。 ・クラークソンは、新学期（9.）英和女学校に戻るものの、12月に父が逝去した後、病状が悪化。ダッドレーにも静養の必要が生じ、バローズは、英和女学校の任務に携わることとなり、女子伝道学校は一時中断する。
1882 明15	・英和女学校は、タルカットを岡山より戻して校長（代行）とする。ダッドレーは、静養休暇のため帰国するクラークソンと同行してヨーロッパ周りの船で米国へ向かう（1.）。
1883 明16	・ダッドレーは、米国を出発し（9.27）神戸に帰着する（10.26）。 ・ダッドレーとバローズは、中山手59番（正式の住所は中山手通6丁目1番地）に移り、O・H・ギューリックの元住居を教師館とし、ギューリック編集の「七一雑報」印刷所の建物の1階を教室、2階を寝室とする（11.）。 ・ダッドレー訳『メレイライヲン一代記』米国遣伝宣教師事務局より出版。

解　説	一般歴史
＊神戸女子神学校の始まりの場所 　学校のスタートの場所は、SUZUKI TAIRO宅とされ、鈴木大老（長老の意？）ではないかと思われる。この鈴木は、三田藩士で、ダッドレーの日本語教師だったとされる鈴木清（1848.4.29～1915.3.21）と関わりのある人物ではないだろうか。鈴木清は、ちょうどこの年の3月に、北海道開拓伝道のための赤心社を興し、神戸市生田区栄町3丁目に本社を置いて社長となっている。 **＊最初の生徒6人** 　女子伝道学校の始まりは、6人の生徒であった。この6人は、すべて既婚者（夫をすでになくした人も含む）で、4人は寄宿舎に、ひとりは教師の家にひとりは兵庫から通学した。彼女たちは、広間の床に座って聖書の講義を聞いていた。ダッドレーは1日に2回同じように床に座って聖書を教えたという。 　ダッドレーの手紙によれば、「女性たちのための小さなクラスは、一応すべりだしました。小さなクラスで、全部でわずか6人ですが（中略）"ゆっくりと確実なのがつねに安全な道"（slow and sure is always the safe way）なのです。」とある（1880年12月3日付ダッドレー書簡）。午前中にマタイによる福音書を、午後はコリントの信徒への手紙を勉強し、また伝道実習も行っていた。ダッドレーは、彼女たちは部分的にではあるが聖書についての知識もかなりあること、日々成長していることを喜び、良き働き手となることを期待している。 　この最初のクラスは、バローズの手紙によれば、6人の他にも学びたい者が来たため、小さな部屋がいっぱいになってしまうこともあったという。	・文部省から東洋古典に基づき『小学校終身訓』刊行。小学修身書のモデルとなる（4.）。 ・桜井女学校附属幼稚園開設（日本最初のキリスト教幼稚園）（4.1）。 ・東京にYMCA創立（5.4）。 ・宮内省式部寮雅楽課、「君が代」を作曲（11月3日に御前演奏）（10.25）。 ・教育令改正。就学義務を強化、学校を増設し、修身を重視（12.28）。
 左からダッドレー、バローズ、クラークソン（神戸女学院図書館所蔵）	・師範学校教則大綱を制定（8.19）。 ・国会開設の詔勅（10.12）。 ・天皇、『幼学綱領』を提示（11.27）。 ・文部省、幼学綱領を修身教師用書とする通達（12.2）。 ・文部省教科書認定制を指示（7.31）。 ・麹町に鹿鳴館開館、舞踏会開催（11.28）。

第1章　神戸女子神学校

Column3

『育幼艸(こそだてぐさ)』の想い

　『育幼艸(こそだてぐさ)』（英語題 Mother Book）は、日本初の育児書として、ダッドレーが助け手の日本人男性と2年の歳月をかけて著した、母たちへの手引き書である。写真のとおりの小さな本だが、ページからは子どもを育てようとする日本の女性たちへの、ダッドレーの限りない愛と、福音（よい知らせ）を伝えたいという熱い応援歌が響いてくる。この本が書かれた意味は、日本人訳者によるまえがきによく表れているので、現代語訳にして、紹介する。

『育幼艸』表紙
左：神戸福音舎 19.3 × 12.5cm　右：福音社（大阪）発行 17.3 × 12.5cm　いずれも 1880 年

　賢い人と愚かな人がいるのは生まれつきにも依るが、多くは子どもの時に受けた教えの良しあしに基いている。とりわけ、母親が朝に夕に心を用いて良いことの癖をつけ、悪い倣(なら)いに染まらないように育てることが肝心なのだが、それはとかく忘れられがちだ。

　我が国では、これまで「女」に学問は全く開かれてこなかったので、身分の高い低いにかかわらず、親であることの責任を自覚する母親は少ない。それで、大切な教えの道に気づかないまま成り行き任せにしてしまうので、性質の良い子どもも、いつのまにか悪い倣いの中で育ち、結果子ども本人だけでなく、親やその親までもが後悔することになってしまうのである。

　子どもを育てるのは親の務めであり、それが悪いのは親の罪である。（中略）そこで、子どもを育てる方法こそ、心して得なければならないものとなる。（中略）「よき子」は親の宝であり、親の心得をおろそかにすることは、その宝を捨てているようなもの。宝を捨てるのは惜しいことだと知りながら、「拾える智恵」を拾わないとすれば、それはとても情けなく、拙いことだというほかない。

　さて、その心得を説き示したのが本著『子育て草』で、親切丁寧なこと、これに勝るものはない。まさに、親の鏡と言えるだろう。
　　　　　　　　明治13年の春　訳者記す

　「これに勝るものなし」の宣伝が効いたのか、よく読まれたようである。中味は2部構成で、後半は、新生児、乳児の具体的育児法が書かれている。この部分は主に当時のアメリカの育児書からの抜粋にあたるものだと思われ、授乳、沐浴、離乳食、添い寝のことなど、日米の育児法の違いが読み取れておもしろい。

　全体の3分の2を占める前半は、「心の部」である。子育てにあたる心構えや親業の基本姿勢が書かれている。その主張の中心は、親が、力でねじふせたり、逆に甘やかしたりするのではなく、本当の権威（威光）をもって、子どもたちをありのままで受け容れ、優しく導くことの大切さであろう。今も、読むべきこと、考えさせられることがつまっていて、興味は尽きない。

しかし、この著作のクライマックスはどこかと問われれば、即、「心の部」の最終章「信仰のこと」を挙げたい。そこには、ダッドレーの宣教師としての最も熱い想いが、宝として埋め込まれている。育児書を読む母親たちに何よりも伝えたかったことは、このことだったのだ。少し長いが、ダッドレーの語りかけ、息遣いを思いながら読んでみよう。

「信仰のこと」現代語訳（抄）

　子どもをひとり育てることは、そんなに簡単なことではなく、親の心配と骨折りはいうまでもない。教育にはお金もかかる。けれども、親のしつけた行いは、子どもの心に沁み込んでその性質となるものなので、親が世にいる間は、怠らないで大切に子どもを育て、よき模範となるように自らの行いを正しくすることが重要である。

　しかし、そうすればするほど、「我が身に落ち度がある」ことに私たちは気づくのだ。そのような中で、模範として欠けるところのないお方は、世の人の救い主イエス・キリストおひとりである。人間の浅はかな了見だけで、子どもをよき道に導こうとするのは、ちょうど棹なしに、船を漕ごうとするようなもの。全てのことにおいて、キリストを手本としてその教えに従うのが何よりの道である。

　キリストは、天より降られた救い主で、昔から他の人が言わなかった教えを授け、人を愛する心に篤く、行いは純朴な方。それで、1800年の昔から今日まで多くの人にあがめられている。（中略）たとえ、子どもに立派な先生を付けて、国いちばんの教育を受けさせ、外国にやって学問をさせ、ついに大学者にしたとしても、真の神のおられることを知らないで、その道に従い、その教えを守り、聖霊の助けをもって心を清くし、欲を捨てて行いをただしく整えることができなければ、学問は「高慢の種」となって、かえってその身の仇となる。

　この世には人を迷わせ、悪い方へと導くものがたくさんある。とくに、享楽や誉れを好む欲望から、人はたやすく悪の道に入ってしまい、身を滅ぼす。それが悪いと思っても、自分には打ち勝つ力がない。親兄弟友だちも、なかなか、それを止めることは出来ない。そんな深い迷いから、引き出す力をもっておられるのは、唯一の導き手である真の神の愛する子、イエスおひとりである。そのキリストの生涯を読み、世の人の罪を赦す力があることを知ったなら、必ず、イエスに従う心がわいてくる。そこで、世間の親たちが日々聖書を勉強し、この道を知ることほど、大切な親のつとめはないといえるのだ。

『育幼艸』挿絵

年号	事項
	 中山手59番の教師館
1884 明17	・女子伝道学校は、正式に再開される（11.4）。欧化主義のさなか、学校への関心は高く、再開時に集まった生徒は19名で、元ギューリック方の向かい側の家を借り寄宿舎とした。  再開時の人々 教師館前で後列左から2番目にダッドレー、5番目にバローズが写る。

解　説	一般歴史
　中山手59番最初の校舎内部　校舎外観の全体写真は見当たらない。 ＊**再開時のころの学校** 　学校名は英名でKobe Woman's Evangelistic School、日本名で「神戸女子伝道学校」となり、「神戸」が加えられた。この呼び名は1908年まで使われる。 ○女子神學校ハ去る四日より開校せられしが各地方より入學したる者及び通學生を併せて廿六七人の生徒あり教授方ハダッレー、馬塲種太郎兩氏専ら擔當せられ多聞敎會の假牧師長田時行氏英和女學校助敎渡邊常、増田都留の兩姉之を助けらるゝ由。 「基督教新聞」の記事	・ウイルミナ女学校創立（1940年大阪女学院となる）（1.7）。 ・桜井女学校幼稚保育科（日本最初の私立保姆養成所）開設（9）。 ・この年、デフレ政策による不景気、農民の生活苦深刻化。

Column4

『メレイライヲン一代記』によせて

聖和の源流となった諸学校の創立者たちのなかで、著作、訳書を本の形に残したのは、ジュリア・ダッドレーひとりである。彼女は「書く人」で、七一雑報の記事、日曜学校カリキュラム、母のための育児書などを書いている。訳出を勧めていた『世を渡るたつきの風琴』はキリスト教児童文学、お話である。ダッドレーは、女性や子どもたちが読めるものを出版すること、文書によってキリストを伝えることに熱心だった。

その中で、『メレイライヲン一代記』は、ダッドレーが1883年に訳出出版したもので、アメリカの女子大学教育の道を開いたマウントホリヨークセミナリーの創立者メリー・ライオン（Mary Lyon）という女性の伝記である。マウントホリヨークは、バローズやクラークソンが学んだ名門で、メリー・ライオンは、内村鑑三の講演録『後世への最大遺物』（1897年）のなかに、「エライ非常な女が居た」と書かれた人物である。

東京のミッションスクールの女学生たちは、ダッドレーのこの翻訳書を繰り返し読んでいた。メリー・ライオンは、当時のキリスト教界の日本女性たちと、女性宣教師のスーパーアイドルとして尊敬され、手本とされていたのである。

ダッドレーももちろん、信仰者、教育者としてのメリー・ライオンの生き方に憧れを抱き、大きな影響を受けたにちがいない。実際に一代記を読んでみると、とにかく、本当にすごい人である。「エライ非常な女」である。が、単なる偉人伝とはなぜか思えない。メリー・ライオ

米国の切手に描かれた
メリー・ライオン

ンは、創立者ジュリア・ダッドレーに似ているのだ。心なしか切手の肖像も、愛嬌があって似ている気がする。幼くして父を亡くし、賢明な母に育てられたこと、貧しい中で信仰と勉学に打ち込む姿、女性たちへの伝道と教育への献身、女性の宗教教育を行う学校を開くこと、外国伝道への想いなど、ふたりはそっくりである。こうしてメリー・ライオンは40歳でようやくマウントホリヨークを建て、12年間の奮闘の末、52歳で亡くなる。ジュリア・ダッドレーもまた、40歳のころ神戸女子神学校をスタートさせ、60歳で病いのためやむなく帰国し、6年後に亡くなっている。

1日16時間から18時間も、心を用い、身体を使って働き、毎朝暗いうちから率先して仕事をしていたメリー・ライオン。ひとりの生徒が大した病気でないのに、夕食に行かなかったところ、大勢の中に彼女がいないことに気づいたメリーは、遠い彼女の部屋まで食事を運んで行った。そのお盆を持って階段を上ってきた姿を見て、生徒は、1杯のお茶、1切れのパンでも食べられる状態なら、決して食事を欠席して

『メレイライヲン一代記』1883年

はいけないと悟ったというエピソードが示すように、学校の規則であれ、勉学、家事労働、聖書を読む習慣、他者を思いやる心であれ、メリーは、寄宿生活の中で生徒と寝食を共にしながら、身をもって教えた。どんな状況の中でも神のみ心に沿うことだけを願い、親しく神にたずね求め、いつも明るく生徒たちを愛したメリー・ライオンの生き方は、『恩師ミス・ダッレー』に記されたダッドレーの生き方と精神に驚くほど重なっている。

特にふたりは、この世における苦しみが、必ず希望につながることを、同じように信じていた。また「常に捷速にして狼狽へる勿れ」というメリーの残した言葉は、ダッドレーの普段の行動そのものだったのではないだろうか。

そして、メリーがマウントホリヨークという学校の形を創りだし、女子教育を今に至る後世に残したように、ダッドレーもわたしたちに学校を、そして、今も手にとって読むことのできる書物を残してくれた。年表を追っていると、ダッドレーが休暇帰米後に、もっというなら「体調を崩し静養中」の後にも、何か出版していることに気づく。くるくると学校で忙しく働き、人々を愛し、遠く伝道旅行をする日々の中で、休暇に向かう船の中や静養先だけが、彼女の書く場所だったのかもしれない。また、日本語にするためには、日本人の協力者を得ての膨大な共同作業も必要だっただろう。

手元に残された『メレイライヲン一代記』には、多くの時間と労力がかけられている。ダッドレーは、この本を送り出すことによって、イエス・キリストの福音に生きたひとりの女性の生き方を、日本のたくさんの読者に見えるように届けたのである。

年号	事 項
1885 明18	・生徒は15名の寄宿生と10名の通学生からなる25名で、修業年限は2年間であった。
1886 明19	・L&L誌に、ダッドレーが福岡で2週間女性たちに伝道した様子が掲載される（2.）。（コラム5参照）
1887 明20	・1887～88年の在校は38名で、うち33人が寄宿生であった。
1888 明21	・ゲルトルート・コザートが来日し、最初の任地新潟に向かう（8.7）。 ◇ゲルトルート・コザート　Gertrude Cozad（1865.4.1～1949.10.30） 　　　米国オハイオ州クリーブランドに生まれる。ウエスタン・リザーブ大学のアデルバードカレッジを卒業。さらに献身のためオベリン大学神学部で学び、1888年8月に妹のJaneと共に中部婦人伝道会の派遣宣教師として来日する。初任地である新潟の男子ミッションスクールで4年間働き、1892年10月から神戸女子伝道学校に赴任。1901年にダッドレーが帰国した後を受けて、36歳で校長に就任した。 　若さと積極的な企画力を持って、伝道学校の整備（本校舎の新築と学則の改定、修学年限を2年から3年に延長、4学期制から3学期制へ移行、伝道実習の時間割化の実施）を行い、寄宿舎を改築して生徒の生活面の充実もはかった。また校名を「神戸女子神学校」と変更した。コザートの改革は、時代の推移に応じた学校制度や学事暦の改定にとどまらず、女性教職者に聖書の知識のみでなく、広い教養を与えるため、教科内容をも変えるものだった。 　彼女は多忙な中でも神戸の歴史や地理に関心を抱き、周辺の神社仏閣を訪ね、古跡の背景を調査して『神戸のロマンス』（The Romance of Kobe, 1918：ジャパン・クロニカル紙ジュビリーナンバー「神戸の伝承」として堀博・小出石史郎共訳『神戸外国人居留地』に所収）を著している。コザートはまた、旅した海外の風俗や女性たちの生活に関心をもち、その根底となる文化や宗教的背景を調べ、「旭光」（1905.7～1906.7）に連載している。 　1926年に引退し、カリフォルニアで1949年、84歳で逝去した。
1889 明22	・第1回卒業式が行われ、6名が卒業する。6名全員が卒業後伝道師となる。

解　説	一般歴史
＊1885年の学校の様子 　新学期から5ヵ月は聖書とキリスト教の基礎授業（旧、新約聖書、歴史、基督教証拠論、生理学；Old & New Testament, History, Evidences of Christianity, Physiology）が行われ、その後4月から生徒たちは、各地に派遣され、実習を行った。教師たちは神戸、兵庫、明石、須磨、四国各地（今治、松山、高松、丸亀、宇和島、高知）の教会を訪問、伝道した。生徒のうち京都からの5〜6名は同志社神学生の妻であった。	・太政官制度を廃し、内閣制度が伊藤博文によって制定される。森有礼、初代文部大臣に就任（12.22）。 ・イーストマン（米）、写真フィルム製造に成功。
	・小学校令（義務教育制）、中学校令、師範学校令公布（4.10）。
	・文部省、教科用図書検定規則を制定（5.7）。
＊初期（1884〜1890年頃）の授業科目と担当教師たちの顔ぶれ 　ダッドレー：旧約、バローズ：新約、村上俊吉（兵庫教会牧師）：基督教証拠論、原忠美（明石教会牧師）：牧会、伝道論、原田助（神戸教会牧師）：教会史、長田時行（多聞教会牧師）：実践神学、溝手文太郎（神戸教会副牧師）：牧会、伝道論、小磯吉人（兵庫県立医学校教授）：生理・衛生、松本萩江（東京女高師卒）：国文・漢文、浦口文治（同志社卒）：英語、英文学、西山小寿(こひさ)：理科	・日本・メキシコ修好通商条約調印（初の対等条約）（11.3）。 ・国歌「君が代」の制定を条約国に通告（11.）。 ・旧約聖書の和訳が完成。

初めの卒業式6名
右から松本萩江、筧りき、針本ふじ、松宮はる、加藤みね、バローズ、津田ゑい子、ダッドレー、前田千代、国府きく、八牧千勢、大倉よし

| | ・大日本帝国憲法・皇室典範を発布（2.11）。
・米婦人宣教師ハウ、神戸に頌栄保母伝習所を設立（10.22）。フレーベル理論と実践を主導。
・頌栄幼稚園開設（11.4）。 |

年号	事　項
1890 明23	・第2回卒業式が行われ、4名が卒業する。
1891 明24	・第3回卒業式が行われ、6名が卒業する。 ・ダッドレーは、日本女性の手による伝道会社（女子伝道塾）を組織し、その経営によって学校を維持することを考え、「レプタ会」を発足する。これは、1906年10月の日本組合基督教会総会で「日本婦人伝道会」へと発展する。
1892 明25	・第4回卒業式が行われ、8名が卒業する。 ・第1回修養会が開催される（10.）。 ・コザートは、前任地の新潟より女子伝道学校に着任（10.）。

Column5

ダッドレーのお茶会

　ダッドレーとタルカットは、初めの女学校（神戸女学院の前身）をスタートさせたとき、毎日のように娘たち、生徒たちの家庭訪問をしていた。ガイジン女性のお宅訪問を受け、お母さんやおばあちゃん、お姉さんたちが出てきては、お茶を淹れてくれたにちがいない。ダッドレーが三田の人々に福音と教育を手渡すことができたのも、「女子会三田支部」とでもいえるようなコミュニティが、彼女を中心に出来ていたためだろう。英文の報告の中にも "her well-known tea meetings in the home"（彼女のよく知られた「お家でのお茶会」）と書かれている。ダッドレーのお茶会宣教は有名だったようだ。

　ダッドレー自身は、1886年にアメリカの支援母体の女性たちへ向けて、福岡で彼女が開いたホームパーティの様子をいくつもの「！」つきで書き送っている。「いつもやるように福岡でもパーティーを開いたわ!!」そして、そこには、夫の許可なしには家を離れることもできないひとりの若いお母さんが、ダッドレーの頼みで夫の許しを得て、初めて赤ちゃんを連れてこのパーティーに参加したことが書かれてい

解　説	一般歴史
＊第1回修養会 「1〜3回までの卒業生は、特別な学びと語らいの数日間を過ごすために、10月に学校に集まりました。彼女たちの多くはわずかなこの休養と気分一新で元気づけられ、よりよい働きへとふみだす力を与えられたのでした。」（ダッドレーによる報告 Brief Summary of Christian Work　1892）。前年のレプタ会も同窓生を中心に創られており、卒業生の交流と学びの場、同窓会結成へのニーズが高まっていたことがうかがわれる。	・「教育に関する勅語」発布（10.30）。

第1回修養会

　る。楽しいパーティーの終わりに、彼女の顔に現れた「ハピネス（幸せ）」を、みんなに見てもらいたかったと。25人もの参加者があり、夜まで「歌い、喋り、友だちになったのよ！」と。

　妻、娘、母、嫁である以前に、「わたし」であることを許されなかった当時の日本の女性たちと、ダッドレーは各地で、お茶を通して出会っていった。福岡のパーティーの報告はこう結ばれている。「わたしたちが祝福された『イエスさまの道』で見つけている希望と慰めの、ほんのわずかなかけらにでも、彼女たちが気づいてくれていますように」。アメリカの、日本の、すべての女性たちが、そして自分自身が、イエスさまの道にある希望と慰めを見出して姉妹として手をつなぐこと、それが人生の「ハピネス（幸せ）」なのだと彼女は知り、信じ、その関係を日本に広げるために、働き続けてくれた。そうしてたくさんの女性たち、姉妹たちが手をつなぎ、今、わたしたちは「わたし自身である」自由を与えられている。

第1章　神戸女子神学校　　33

年号	事　項
1893 明 26	・第5回卒業式が行われ、10名が卒業する。 ・ダッドレー、休暇帰米（5.）。
1894 明 27	・第6回卒業式が行われ、8名が卒業する。 ・ダッドレー、米国より帰任する（4.16）。
1895 明 28	・第7回卒業式が行われ、7名が卒業する（4.20）。 第7回卒業式　後列にコザート（左から3人目）、バローズ（左から4人目）ダッドレー（左から5人目）が写る。
1896 明 29	・タルカット休暇帰米（2.14）。同年神戸に戻る（11.5）。 ・第8回卒業式が行われ、5名が卒業する。1回から8回の卒業生は、54名となる。 ・第2回修養会が開催される。 ・欧化主義による生徒減少のため学校は一時休校とする。在学生数名は、神戸女学院の寄宿舎に移り特別授業を受ける。
1897 明 30	・各地の教会で働いている卒業生を対象に、1カ月にわたる講習会を開催する（1.20〜）。 ・学校が再開され、女性伝道者の教育の基礎が固まる。

解　説	一般歴史
	・文部省、学校の祝日大祭日儀式用の歌詞、楽譜を選定し告示（「君が代」など8編）(8.12)。
＊1894年の年次報告 　1884年に学校が再開されてから10年のまとめの報告によれば、女子伝道学校は40名の卒業生を送り出し、その内28名が直接伝道に関わり、他7名が牧師、伝道師の妻となっていった。	・日清戦争始まる(8.1)。
＊「旭光」（1895.5.5）に掲載された第7回卒業式の様子 　「女子伝道学校卒業式　去月20日午後2時より同校の楼上に於て執行せらる、、松本萩江子の司会にて聖書朗読祈祷の後卒業生を送るの歌1、2年生、次に嶋内うめ子、片岡つや子の文章朗読あり、次に新作歌を卒業生一同にて唄い夫より京都の松山高吉氏の演説、長田氏の証書授与、熊野こま子の別れの辞、同校生徒一同の離別の歌等あり、アッキンソン氏の祝祷を以て目出度閉会せり、来会者は凡そ60〜70名、恰も好し同行の主幹たる女教師ダッレー氏は同月16日安着せられ、其席に列ならるしを以て一層の喜びを増せり。後別室にて茶菓の饗応あり其前庭にては卒業生一同と関係教師の写真を取らるゝあり。」	・日清講和条約（下関条約）に調印(4.17)。 ・台湾に総督府をおく(6.17)。 ・世界学生キリスト教連盟（WSCF）設立(8.8)。 ・レントゲン（独）、X線を発見。
 　　　　　　　　　　若き日のコザートを囲んで	・アテネで、第1回近代オリンピック大会を開催(4.6)。 ・フレーベル会（女子高等師範学校附属幼稚園の保姆会を中心とした保母の団体）設立(4.21)。
	・帝国図書館開館（蔵書数35万）(4.27)。 ・京都帝国大学設立(6.22)。 ・師範教育令公布(10.9)。尋常師範学校を師範学校と改称。

年号	事　項
1898 明 31	・「旭光」に伝道者養成の場として京都の福音学館とならび「神戸に於いてはダッドレー氏の女子伝道学校があり」と記載される（2.5）。 ・バローズ、休暇帰米（10.18）。
1899 明 32	・東京で同窓会が開かれ、7名が出席（2.8）。
1900 明 33	・神戸地方の卒業生が同窓会を組織し、初会合を学校で開く（2.4）。 ・第9回の卒業式が行われ、1名が卒業する（3.14）。
1901 明 34	・ダッドレーは病気のため退職し、帰国。コザートが校長に就任する。
1902 明 35	・タルカットはハワイ伝道を辞し、神戸女子伝道学校の専任教師として就任する（12.22）。
1903 明 36	・第10回卒業式が行われ、5名が卒業する。
1904 明 37	・第11回卒業式が行われ、3名が卒業する。 ・コザートは米国での休暇の後、ヨーロッパ、エジプト、インドを経由して日本に帰着する（11）。
1905 明 38	・第3回修養会を開催する。

解　説	一般歴史
＊福音学館 　徴兵制延期の特権を得るため同志社が綱領の中からキリスト教項目を削除したことに反対し、宣教師が同志社から引き上げる事態となった。これにより伝道者養成のため福音学館が建てられた。	・明治民法施行（7.16）。 ・米、ハワイを併合（8.）。 ・岡倉天心ら、日本美術院を設立（10.15）。
＊東京での同窓会 　井上（釘本）藤子宅で開かれ、その後全国各地で同窓会が開かれるようになっていった。「旭光」（1899.3.5）に報告記事が記載されている。	・外国人居留地廃止（7.7）。 ・文部省訓令第12号公布。公認の学校で宗教上の儀式、宗教教育を禁止。 ・私立学校令公布（8.3）。
＊第9回卒業式 　1896〜97年の一時休校後初の卒業式で、卒業生は1名であったが、コザートは同窓生が卒業式に列席するよう計り来賓30余名が参列した。（「旭光」1900.5.1）	・治安警察法公布、集会及び政治結社法廃止（3.10）。

第10回卒業式　後列右端からスタンフォード、タルカット　ひとりおいてバローズ

	・田中正造、足尾鉱毒事件で天皇に直訴（12.10）。
	・日英同盟協約調印（1.30）。
	・専門学校令公布（3.27）。 ・小学校国定教科書制度公布（4.13）。 ・ライト兄弟（米）、初飛行に成功（12.17）。
	・日露戦争が始まる（2.10）。 ・国定教科書を全国小学校に採用（4.-）。
	・日露講和会議（8.10）。 ・ポーツマス日露講和条約調印（9.5）。

第1章　神戸女子神学校　　37

年号	事　項
1906 明39	・第12回卒業式が行われ、3名が卒業する。 ・ダッドレーは、カリフォルニア州ラホヤにて65歳で逝去する（7.12）。 ・日本組合基督教会に婦人伝道会が結成される（10.）。 ・コザートは、寄宿舎の改築を行い、寮と食堂を整備する。 ダッドレー墓碑の拓本
1907 明40	・第13回卒業式が行われ、4名が卒業する。 ・バローズ、休暇帰米（6.）。 ・ジェニー・スタンフォードは、専任教師として就任し旧約聖書と宗教教育を担当する（9.）。 ・コザートは、校舎の新築に取りかかるため校舎建物を神戸教会の日曜学校校舎として売却する。 ◇ジェニー・P・スタンフォード　Jennie Pearson Stanford （1856.1.14～1941.6.17） マサチューセッツ州ロウエルにJennie H. Pearsonとして生まれる。アンドヴァーのアボットアカデミー卒業後、そこで2年教え、1886年Arthur W. Stanfordと結婚し、同年11月にアメリカン・ボードの宣教師として来日。1895年まで京都に在住し、同志社でアーサーは聖書学、ギリシャ語を、ジェニーは宗教教育を担当する。帰米休暇の後、再来日した1897年からジェニーは神戸女学院に在職し、神戸女子神学校も助けるようになる。1907年から神戸女子神学校専任となり、旧約聖書と宗教教育を担当し、日曜学校の活動を指導する。 　コザート校長が休暇中の1911年、1919年に校長代理を務める。1921年アーサーの逝去に伴い帰米。1922年再来日し、神戸女子神学校で教え、コザート校長引退後1923年に1年間校長代理を務め、1926年に引退する。晩年はロサンジェルスに在住し、1941年逝去した。
1908 明41	・新校舎が完成し、献堂式を行う。コザートは、新校舎のチャペルを「ダッドレー記念チャペル」と命名（4.8）。 ・コザートは、学校名を「神戸女子神学校」に変更し、校則を改め本科と専科を設けた。 ・原とも、舎監に就任。 新校舎外観

解　説	一般歴史
＊ダッドレーの死 　ダッドレーは、1901年に米国に帰った後、南カルフォルニアで草花を育てる静かな生活をおくり、日本にたびたび思いのこもった手紙を書いていた。晩年は妹の世話を受けていたが、心臓病により逝去し、生地イリノイ州ネイパービルの両親の墓地の傍らに埋葬された。 ＊コザートによる寄宿舎改築 　改築費用は、ネリー・ヒンスデル（Nelie Hinsdale）らの寄付とその利息でまかなわれた。ヒンスデルは、ネイパービルの人で、ダッドレーの少女時代からの友だちである。障害をもち50年にわたってベッドに横たわる生活をおくっていたが、ダッドレーの働きのために500ドルを献げたという。	・JKU（Japan Kindergarten Union）結成（8.）。 ・米国で日本人排斥運動高まる。
＊旧校舎移設と新校舎建築 　神戸女子神学校の最初の校舎（1883年に掲載の内部写真参照）は、神戸教会日曜学校校舎として移設され新校舎が建築されることとなる。この費用の半額は米国婦人伝道会の援助であったが、残りは募金とコザート校長らの献金によってまかなわれた。  神戸教会日曜学校校舎となった女子神学校校舎	・小学校令を改正し義務教育年限を4年から6年に延長（3.21）。 ・モンテッソーリ、ローマに「子どもの家」開設。
＊校則改正とカリキュラム 　コザートの改革は、「旭光」（1907.12.1）記事に、以下のように報告されている。「来4月からは校則を改ため、本科、専科の2科とし、本科生は学力高等女学校2学年程度の入校を容し、学期は4カ年にして3年生と4年生は其年の秋期を実地伝道に当るとのことなり、専科生は学期は未定なれども2,3カ年なるべく、学力は神戸女学院卒業程度の入校を許し、此科は神学専攻にして実地修練は最終の年の1期間を之に当る筈なりという、但し改正せられたる校則は正式に来4月より実行の筈なれども、目下既に3名の専科志願者ありて、本年より仮に専	・世界エスペラント協会発足（4.28）。 ・戊辰詔書発布（10.13）。詔書に関する訓令（10.23）。 ・戦後恐慌で失業者80万人。

年号	事　項
	  銘板（右上）の前で講義するコザート　　　ダッドレーメモリアルチャペルの銘板
1909 明42	・第14回卒業式が行われ、5名が卒業する。 ・生徒自治会「知恵会」が発足し、伝道、風紀、弁論、図書、社交、文芸等の活動を行う。
1910 明43	・第15回卒業式が行われ、2名が卒業する。 ・学校創立30周年記念修養会開催。遠近から約70名が新装の校舎に集まった（10.6～11）。 ・「同窓会」が発足する（10.）。 ・長坂鑒次郎、教頭に就任する。 ◇**長坂鑒次郎**　（ながさか かんじろう）（1871.4.7～1952.9.22） 　高崎で生まれる。1897年同志社神学校を卒業し新潟市梨島講義所、日本組合基督教会函館教会（1903～）で伝道に従事した。1904年アメリカン・ボードの宣教師クララ・ブラウン（Clara Louis Brown）と結婚。1906年に神戸女学院へ着任し、神戸女子神学校では1912年までの2年間教える。その後、岡山教会で10年間牧師として働く。1922年から女子神学校に再任（～1943.2）。1927年から校長として4年間学校の運営にあたった。戦時体制のなかでランバス女学院との合同を選択し、聖和女子学院が誕生する。しかし、1943年に全国の女子神学校が東京の日本女子神学校に一本化されることになり、在学生を送り出し神学部の最後を見届けた。この学校の終盤の様子を「神戸女子神学校日誌」（以下長坂「日誌」と表記）に克明に書き記している。 　生徒たちには「先生の新約聖書講解の講義は在学中最大の時であった。教養も体験も乏しい生徒を相手に、次元の高い講義を叩き込む、目をつぶって切々と語られる講義、聴く者の心

解　説	一般歴史
科生の組が設けられ授業を開始され居れば、志願者は試験に及第さえすれば、本年から専科生として入学を許さるべし、然し正式の改正規則実行は来4月よりにて、爾来は他の学校と同じく1年3学期の修学をなさしめ、是までの如、長き夏休の実地伝道を廃し、只全校毎週火曜日を以て実地伝道の日となし、市内各所に訪問伝道を試みる筈なるよし、日進月歩の今日に当つて、婦人間に霊的の善き導きをなす、有為の婦人の多く世に出るよう有度ものであるとは、校長コザット姉の希望である」。 当時のカリキュラムには、従来からあった新旧約聖書、音楽、神学、教会史、心理学に加えて、児童心理学、教育学、社会学、宣教史、比較宗教学などが加えられている。  第14回卒業式　後列左から5人目に若き日の長坂鑑次郎が写る。	・文部省、修身教育の重視と教育勅語・戊申詔書の徹底を直轄諸学校に訓令（9.13）。 ・伊藤博文、満州のハルビンで暗殺される（10.26）。 ・この年のプロテスタント信徒数75,000、教職者数500。
＊学校創立30年周年記念修養会 　修養会は5日間にわたり、海老名弾正、小崎弘道、横川四十八、三戸吉太郎、宮川経輝らの神学、聖書学、キリスト教教育などの講義から「結核蔓延予防法」を伝染病院長から聞くものまで多彩なプログラムでなされている。 30周年記念修養会	・韓国併合条約締結。韓国を植民地化する（8.22）。

第1章　神戸女子神学校　　41

年号	事 項
	にキリスト像を鮮明に映し出した」と評された。クララの病没後、1914年に秋元たかと結婚。たかは、同窓会「会報」の1925年から1940年の編集発行人だった。長坂は1952年京都で逝去し、9月28日聖和女子短期大学にて学校葬が行われた。(コラム6参照) 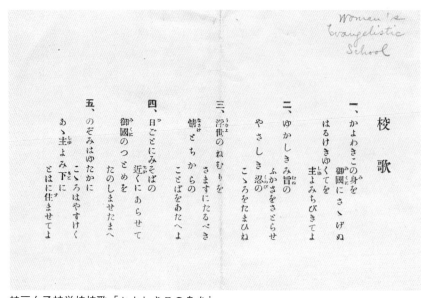 神戸女子神学校校歌「かよわきこの身を」 作詞：長坂鑑次郎、曲は当時の讃美歌321番(1954年度版342番)
1911 明44	・第16回卒業式が行われ4名が卒業する。 ・コザートが休暇帰米のため、J・スタンフォードが校長代理となる（4.）。 ・専門学校として認可（6.）。 ・同窓会誌「会報」創刊（8.15）。 ・タルカット、逝去（11.1）。  同窓会誌「会報」第1号 1911年から40年まで毎年発行され全国各地の同窓生と母校をつなぐものとなった。
1912 明45 大1	・第17回卒業式が行われ5名が卒業する(6.25)。この卒業式に「校歌斉唱」の記録が初めて現れる。 ・長坂は教頭を辞任し、岡山教会牧師となる。

解　説	一般歴史

＊同窓会発足

　創立30周年記念修養会の折、以前あったレプタ会を発展的に解消し、同窓会が組織された。同窓会規則を下記のように制定し、役員選挙を実施、初代会長に大森光子を選出した。また、創立30周年に寄せて記念品募金を行うことを決めている（「会報」1号）。その記念品は、「会報」2号によると「立派な聖書と時計」であった。

「神戸女子神学校同窓会規則
　第1条　本会は神戸女子神学校同窓会と称す。
　第2条　本会は会員の交誼を厚うし、共に母校の隆盛を計るを目的とし、年に1回会報を発行す。
　第3条　本会々員を左の3種に別つ。
　　　　1　正会員　　母校卒業生
　　　　2　会　友　　母校にて修学せし者
　　　　3　特別会員　母校職員及び特別の関係を有するもの
　第4条　本会役員は会長1名副会長1名書記2名会計4名とす。
　第5条　本会は毎年卒業式の当日総会を開き、役員の改選をなし、其他懇談をなす。
　第6条　本会々員は会報発行並に会員異状の際等の経費支弁の為、1カ年60銭を納むるものとす。
　第7条　会員は本部にあて時々現状を報知し、転居するときは其都度必ず通知すべき義務あるものとす。」

＊「専門学校」認可について

　「神戸女子神学校記録簿」（英文）のp.78に、"School Received Government Recognition as a Senmon Gakko June 1911"（「学校は、専門学校として政府より認可された。1911年6月」）の記載がなされているが、この認可の詳細は不明。

・大逆事件の幸徳秋水ら12名死刑（1.24-1.25）。
・中国、辛亥革命始まる（10.10）。

・内務大臣主催で、神・仏・基の「三教会同」の懇談会（2.25）。
・明治天皇没、「大正」と改元（7.30）。

第17回卒業式

Column6

鑒次郎、クララ、ゆきびらの恋

　長坂鑒次郎は、女子神学校にとって特別な人である。この人のことばは、格調高く、聞く者、読む者の心に切々と訴えかけ、熱い。夕礼拝の説教、長坂日誌、会報に書かれた校内の報告まで、読めばすぐにそれが長坂節とわかる。

　1913年「神戸女子神学校卒業諸姉に送る書」の一節を聞こう。「伝道者となる　生活の為にするものはあるまい。割に合わぬ、やり切れぬ。功名心からも出来ない。今の世に我が国に於ては余り名誉にはならぬ。(略)幾度か幾度か同情の断食をせねばならぬ、ひどい断食である。伝道者の胸中には淋しい淋しい修道院がある。」

　そのまま書き写し、口ずさみたくなる。校歌「かよわきこの身を」の詞がそうであるように、長坂のことばは美しい歌となる。長く同窓会会報の編集人となる、卒業生の秋元たかが、彼の妻となったことも一因かもしれないが、長坂の女子神学校への情熱と献身は、他の日本人男性教師とは、まったく違っている。

　誰も知らない、日本最古の女性のための神学校、その歴史に光をあてて壮大な物語『ゆくてはるかに——神戸女子神学校物語』を綴った竹中正夫は、随所に、たくさんの長坂のことばをつかっている。また、まえがき、あとがきを読むと、竹中にこの物語を書かせたのは妻、竹中文子の死と、これらの長坂の言葉であったことがわかる。

　さて、長坂は、女子神学校が1度目の危機と直面し廃校がとりざたされた1929年から、夏の伝道旅行を始める。東北、北海道、四国、九州から、朝鮮、台湾、中国本土まで。あれだけ過酷な公務の中で、なぜ、暑い夏の盛りの休暇

和装のクララ・ブラウン
(『天上之友　第二篇』より)

ごとに、こんなことができたのだろう。彼は決して剛健な人ではない。かえって健康に不安を抱え、病弱だったといっていい。真夏の日差しの下、卒業生を訪ね、その孤独な伝道を応援して説教をしながら旅を行き、廃校の危機に瀕した女子神学校のために祈りを求めて行脚する。言葉のセンスは天賦のものとしても、この女性伝道者たちへの、身を切るような深い愛情はどこからくるのだろうか。

　長坂は同志社神学校を26歳で卒業し、すぐに新潟に赴任する。そこにはクララ・ブラウンというアメリカン・ボードの女性宣教師がいた。クララは、『ゆきびら』という、日本において画期的な子どものための讃美歌集(写真)を発行したことで有名な人である。積極的に日本人として生きようと和装で、「武良温クララ」を名乗った。若き日の鑒次郎は新潟でクララと出会い、『ゆきびら』の中にも6曲の詩をよせている。

第13　別の祈
たがいにわかれて　はなるる身を
ふたたびあうまで　まもれよ神

第85　夕の羊
1　夕日はしづみて　野辺はさびし
　　かよわき羊は　たれにたよらん
2　やさしきイエスこそ　わがかいぬし
　　君のみそばにて　いざやねむらん
3　君にまかせてぞ　こころやすく
　　ゆめにもみかみを　たたえまつらん

　『ゆきびら』発行（1901年）から2年後の1903年、長坂は北海道函館教会へ異動となり、ふたりが住む場所は遠く離れたが、どうやら想いは離れられなかったようである。「別の祈」にあるように、再び会うまで神に守られて、1904年ふたりは結婚する。しかし幸せな日は長く続かなかった。結婚1年でクララが脳出血で倒れ、長坂は1906年から神戸女学院で教師をしながら、妻の介護にあたることになったのだ。そんな日々が5年続き、1911年2月、結婚7年で最愛の妻、クララは永眠したのである。
　『ゆきびら』には、歌集のタイトルとなった「雪びら」という曲が収められている。「あらかわいの　ゆきびらや　ひとつひとつ　ちらちらと　ましろにおおい　つくすまで」（安田秀蘭作詞）ちらちらと空を舞い降りて、手のひらですぐにとけてゆく、雪のひとひら、その最もはかなく、小さなものに注がれた愛。クララは、子どもたちの賛美が、ゆきびらSnow Flakesの輝きをもつものであることを知っていた。それは小さいけれど、この世界を真っ白に覆い尽くす美しい力をもっていることも。クララと鑒次郎は、この世でいちばん小さくはかないものに、目をとめられる神を共にみつめていたのだと思う。

　こうして、ゆきびらの恋人、クララがこの世を去ったあと、鑒次郎は日本で最も小さな女子神学校で、この吹けば飛ぶような学校の存亡に付き添い、はかない女性の身で忍耐を持って伝道を続ける「娘たち」の歩みに寄りそったのである。

※なお賛美歌21-437「行けども行けども」は、鑒次郎の作詞である。

『ゆきびら　少年讃美歌集』（1901年）

第1章　神戸女子神学校　45

年号	事 項
1913 大2	・第18回卒業式が行われ7名が卒業する。 ・「神戸女子神学校卒業生諸姉に贈る書」が発行される（12.）。
1914 大3	・札幌教会牧師、田中兎毛を教頭に招聘する（1.）。 ・第19回卒業式が行われ、3名が卒業する。 ◇田中 兎毛 （たなか ともう）（1864.10.10～1934.12.19） 　岸和田に生まれる。米国でキリスト教信者となった岸和田藩主、岡部長職に依頼され、新島 襄がこの地で伝道したことにより、家老の山岡尹方が入信。山岡の息子邦三郎と甥の田中兎毛が、1878年に同志社に入学する。1884年D・W・ラーネッドより受洗し、仙台の東華学校での教師を経て1895年から札幌で開拓伝道に従事する。一方神戸女子神学校では1910年ごろから、日本組合教会との結びつきを一層深めようとした。そこで、日本人の顧問委員（後の理事）を推挙し、札幌組合教会牧師であった田中を招くこととなる。 　こうして田中は神戸女子神学校教頭に49歳で就任し、女性宣教師たちと日本の教会との関係を保ちつつ、8年にわたって女子神学校の形成に尽力した。田中は「教会人であり学究の人」とされ、学校では聖書、教会史から理科、漢文にいたるまでなんでも教えたという。「ほんとに生徒を愛し、育み、親しく導かれた」（「会報」の追悼文）とされている。その後、大阪、神戸の教会を歴任し、神戸在住中は月刊「旭光」の主筆を務め、1923年からは、宇和島教会牧師（～1932）。引退後は、郷里岸和田で地域の小教会を援助していた。 　1934年12月19日夜、クリスマスプログラムを作成中に「謄写版の鉄筆を握られたるまゝ永眠」した。田中兎毛の長男は、画家の田中忠雄。
1915 大4	・コザート校長は、彼女の父母の記念として「塩屋の別荘」を設け修養会を開催（春）。 ・「塩屋の別荘」を修養施設「静憩館（コザート・ハウス）」として献堂式を行う（6.19）。 ・「開校35年紀念婦人教役者修養会」開催（10.18～22）。 ・日曜学校事業展覧会が修養会会期中に行われる（10.21）。（コラム7参照）

解　説	一般歴史
*その頃の学校の様子 　　1911年の教師と担当科目一覧（「会報」1号） 　　　校長：ジー、コザート　　　校長心得 旧約聖書：セ、エス、スタンフォルド 　　　新約聖書：エ、ム、ゼ、バロス　　聖書英語：イー、タルカット 　　　神学、教会史、説教学：長坂鑒次郎　図画：八木文郷 　　　音楽：山田たか子　　　　　　　　教育学 社会学：横川四十八 　　　衛生：川本恂蔵、松永栄吉　　　　舎監兼歴史：原とも子 　　1914年の学校案内によれば、この学校は、「ダッドレー、バローズの両宣教師によって1880年に中部婦人伝道会（WBMI）によって設立された。その目的は、諸教会ならびに日曜学校、社会事業など伝道の働きに進もうとする若い女性を育てることにある」とされ、ここに学校建学の精神が端的に表れている。	・府県授与の教員免許状を全国有効とする(7.16)。 ・女子校20数校が普連土学園に集まり、女子キリスト教教育会を組織(10.)。 ・中華民国を承認(10.6)。

1914年頃の集会の様子
右から原舎監、田中、バローズ、コザート、スタンフォード

・第一次世界大戦起こる(7.28)。
・パナマ運河開通(8.15)。
・独に宣戦布告、第一次世界大戦に参戦(8.23)。

塩谷での修養会
女子神学校ではほぼ5年ごとに修養会を開き、同窓に大きな役割を果たしていた。

・日華条約調印（5.25)。
・アインシュタイン、「一般相対性理論」を完成。

第1章　神戸女子神学校　　47

神戸女子神学校と日曜学校

　日本のプロテスタント教会とミッションスクールの誕生と歩みは、どこの場合でも日曜学校と共にあった。ダッドレーも、来日した1873年に神戸元町真理講義所での日曜学校から宣教活動を始め、1877年には日曜学校の教則本である『聖書史記問答』を発行している。神戸女子神学校も、神戸、三田、兵庫、明石、尼崎などの諸教会と、関西各地の日曜学校と常に結びついていた。女子神学校の生徒たちは、毎日曜日には実習として諸教会の日曜学校へと派遣され、活躍しながら学んでいたのである。

　信徒たちの働きとして展開された日曜学校運動は、1907年に全国の日曜学校連帯を図るための日本日曜学校協会設立をもたらした。1920年には日本初の国際会議となる世界日曜学校大会東京大会を敢行し、女子神学校からも15名の生徒が参加した。

　その最盛と呼応するように、神戸女子神学校の日曜学校活動も、従来の諸教会の日曜学校を応援するにとどまらず、学校直営の日曜学校を持つようになる。1914年には湊川で「吉井氏の学校」と呼ばれた兵庫上沢通日曜学校を、1915年からは大手村（東須磨）の神社の建物を借りて行った大手日曜学校、さらには1916年に塩屋日曜学校を、学校をあげて開設、運営している。「大手日曜学校」と染め抜かれた日曜学校旗の一部が、今も残されている（写真）。おそらく、どの日曜学校もそれぞれの旗を持ち、毎日曜にたくさんの子どもたちが集っていたのだろうと思われる。

　神学校の授業科目にも、いつも宗教教育に関するものが見られる。神戸女学院の専任教師で、神戸教会の日曜学校校長だった横川四十八は、1910年から女子神学校の講師もつとめ、教育学や米国でスタンレー・ホールに学んだ心理学を教えた。生徒たちの地方巡回伝道に16ミリカメラを手に伴い、人形劇などの子ども会、日曜学校活動を収め、自らも児童について親たちに講演して回ったという。1921年から1936年までは、アメリカで日曜学校教育を学んで帰国した馬場久成が、最新の知識と専門技能をもって、女子神学校の「日曜学校教育」の科目を担当している。宣教師では、ジェニー・ピアソン・スタンフォードが、コザート校長時代を中心に、日曜学校の実践について、長く生徒たちを指導していた。

　2007年に日本日曜学校協会創立100周年記念事業、「日本の日曜学校・教会学校の歩み」展を聖和大学で開催した折には、神戸女子神学校の「大手日曜学校」の旗などの教具が出展された。その中で最も大量に展示されたのが巻物で、それらは当時の「国際統一教案」カリキュラムに沿って、毎週子どもたちに聖書のお話をする時に見せる聖画の掛図だった。古いものでは1880年代の日付と、「バロス」「J. P. Stanford」などの署名がある。そんな紙のポスターが、100年を経て残っていたのは、1本ずつ芯と紐がつけられ、美しく表装されて巻かれていたためである。その数は1000本以上にのぼる。それらが、学校の合併、移転、何度もの引越しの度に運ばれ続けてきたことになる。2007年の日曜学校展の報告を記す。

　会期中延べ726名の来場者を得て、展示会は

終了。資料は持ち主へ、倉庫へと無事帰っていき、手元には、感想カードやお便り、展示を見てのレポートが残りました。（中略）その中で、実はとても多かったのが「日本の日曜学校」展だったにもかかわらず、「聖和の歴史」を知ったというものでした。聖和が大事にしてきたもの、大切に守り、実践し続けてきたことの重みを改めて感じたという教職員、学生の声がたくさんあったのです。キリスト教教育、キリスト教保育の働き人の養成のために、127年の歩みを続け、1年半後に合併を控えたわたしたちの学園にとって、建学の精神として大事にし続けたものがここに重なる、日曜学校を支えてきた篤い想いといっしょなのだと感じている――。小さい者、弱くされた者たちにイエスの示した愛と福音を手渡しながら、生き働くという使命、それを展示の中に見出し、「聖和で学び、働くことの意味と方向性につながらせてもらえたような気持ちです」と書かれたものもありました。
　　（「NCC教育部ネットワークニュース」No. 23）

　神戸女子神学校の働きを伝える1915年11月のミッションニュースに、女子神学校が、開校35周年記念の修養会会期中に日曜学校事業展覧会（S. S. Exhibit）を開催しているという記事と写真があった。そこには、どう見てもあの巻物の聖画が写っている。同じことをしていた。学校の自慢は子どもたちとの写真であり、宝物は教材の絵、そのようにして100年歩んできたのだ。

「大手日曜学校」校旗（部分）

1915年の日曜学校事業展覧会
「ダッドレー記念チャペル」の銘板が右上にかけられている。

2007年の「日本の日曜学校・教会学校の歩み」展

年号	事項
1916 大5	・第20回卒業式が行われ、5名が卒業する（6.22）。 ・「バロス教師在職40年祝会」を開催する（6.22夜）。 ・「故ダツレー、タルカツト両教師記念会」を開催する（6.23）。 ・インドの詩人タゴールの来日に際し、「コザートの引率で講演を聞きに行った」、「女子神学校講堂で英詩の朗誦を聞き、握手をした」などの記録がある。 ・田中兎毛、教頭就任3年を経て学校規則を変更。9月開校を4月開校とした（4.）。
1917 大6	・第21回卒業式が行われ、4名が卒業する（6.）。 ・賀川豊彦、講師として社会学を講義する。（コラム8参照）
1918 大7	・第22回卒業式が行われ、5名が卒業する（6.24）。 ・第一次世界大戦後の救済事業に赤十字社を通して参加し、靴下、包帯、布団作り等を行う。 ・原とも、舎監を辞任し、竹内よね舎監就任。竹内よねは、息子の竹内愛二が社会事業科の専任教師に就任するまで舎監を務める。
1919 大8	・第23回卒業式が行われ、4名が卒業する（6.26）。 ・コザート、家族の事情で急遽一時帰国し、1年の休暇を取る（8.）。
1920 大9	・第24回卒業式が行われ、6名が卒業する（6.25）。 ・日本人女性神学者の織田やすがコザートと共に帰国し（9.）、待望の日本人女性専任教師として就任（～1928）。熱心に旧約聖書を教授する。 ・第8回世界日曜学校大会が東京で開催され、神戸女子神学校から15名が参加（10.5～14）。
1921 大10	・第25回卒業式が行われ、1名が卒業する（6.23）。 ・「教育勅語」謄本が女子神学校に配布（下賜）される（10.29）。 ・創立40周年を記念して修養会が開催され、30名が参加する。3日目午後のプログラムから塩屋の静憩館で行われる（11.10～11.17）。

解　説	一般歴史

＊学校規則の変更

田中兎毛の指導で従来3年であった修業年限は、3年半（3年の座学、半年の実地伝道）と変更され、実際の体験と基礎学力、教養が身に着くよう配慮された。また教会で必要となる音楽、特にオルガン練習を強化している。

・大正デモクラシー運動起こる。

＊卒業生動向報告より

1920年（創立40周年）の報告では、卒業生の総数は120人（「永眠者」19人、「実地に働きおる者」58人、「退職者」43人）とされている。翌1921年の卒業生現状報告では、組合教会、ミッションならびに他教派、その他の教育、社会事業で働くものは68名とされている。これらの報告はコザートによってなされ、男性伝道者の補助的役割として忍従を求められる状態や女性伝道者のあり方を問う記載もみられる。また、各地で働く女性伝道者の待遇の改善をもとめる動きもこのころから出始めていることが報告から読み取れる。

・ロシア10月革命、ソビエト政権樹立（11.7）。

・富山で米騒動が起こり、全国的に波及（8.）。
・大学令（公立、私立、単科を認める）・高等学校令公布（12.6）。

・臨時教育会議廃止、臨時教育委員会設置（5.23）。
・第1回国際労働会議（ILO）（ワシントン）（10.29）。

1921
＊朝鮮からの留学生

この頃以降の集合写真には、多くのチマチョゴリ姿が見られるようになる。朝鮮からの留学生は1919年の卒業生1名から始まり、女子神学校で学んだ者の総計は19名となっている。その中には、1934年に在学した崔容信があり、彼女は、韓国で農村社会事業、福祉分野の国民的指導者として尊敬されている。

＊1921年度の教師陣

専任：バローズ（創立者）、コザート（校長）、スタンフォード、田中兎毛（教頭）、織田やす、竹内米（舎監）

嘱託講師：横川四十八、賀川豊彦、児玉こま、森亟、日野真澄、馬場久成（神戸イエス・キリスト教会牧師。1921〜36年宗教教育担当）、吉崎彦一

・森戸事件（1.10）。
・国際連盟発足（1.10）。
・米大統領選挙で初の婦人参政権行使（11.2）。
・第1回国勢調査（12.）。

第25回卒業式
真っ白なチマチョゴリが鮮やかな1921年第25回卒業式記念写真。（後列中央に賀川）

・全官立大学・高等学校、4月学年始期制を採用（4.）。
・足尾銅山争議（4.2‑4.18）。
・自由学園開校（4.15）。

賀川豊彦と社会事業

　賀川豊彦は、大正・昭和期のキリスト教社会運動家、社会改良家で、日本の労働運動、農民運動、生活協同組合運動などの先駆者であり、自伝小説『死線を越えて』をはじめ、多くの著作も残している。様々な団体や運動の創始者であり、「貧民街の聖者」として日本以上に世界的知名度が高く、ノーベル文学賞や平和賞の候補に幾度となく挙げられた。

　賀川は、神戸神学校の学生であった1909年から、神戸新川のスラムに居住して、伝道と隣保事業に従事してイエス団を起こす。1914年からは、プリンストン神学校に留学し、1917年に帰国。新川に戻って労働運動、農民運動に参加すると同時に、その年から神戸女子神学校の社会学の講師となっている。田中兎毛教頭は、「昨年には米国に留学して社会学を研鑽せられし篤学の先生」から社会問題を教えてもらえると喜んで報告している。

　実際に生徒たちは、賀川からの理論の講義と共に、社会問題の理解と実地体験のために、数名ずつスラムでの働きに参加して学んでいく。1910年代は、貧富の格差が広がり、一気に社会問題が課題としてあらわれてきた時代であり、女子神学校の卒業生の進路にも、伝道者、牧師夫人などに加えて、「社会事業」のカテゴリーが現れる。その始めは1910年で、「社会事業1名」とある。そのようにして神戸女子神学校から卒業後すぐ社会事業に進んだ者は、1910年代に6名、1920年代に3名、1930年代から1941年までに7名の総計16名となっている。

　賀川の講師就任は、その流れの中で起こり、その後の学校の働きと関心に大きな意味を持っていく。たとえば就任翌年の1918年に、生徒たちは第1次世界大戦後の救済事業に赤十字社をとおして参加し、靴下、包帯、布団などを作って送っている。社会と世界の抱える問題へと、女子神学校の生徒たちは開かれていった。第22回卒業式の記念写真には、そのような生徒たちを育てる若き賀川先生の姿が写真に収められている。

　1920年発刊の『死線を越えて』が大ベストセラーとなり、（1921年刊行の続編『太陽を射るもの』に女子神学校の記述がある）、神戸、灘の購買組合（生協）の設立や、三菱、川崎造船所の労働争議と超多忙な中、1921年の6月23日、賀川は、神戸女子神学校第23回卒業式で「建設者の希望」と題して講演している。その後、1923年の関東大震災で、救援のため東京へ移住してからも、賀川は神戸の隣保事業を継続し、1925年には、当時労働者が多くいた大阪の四貫島に、救済ではなく防貧を目的として、四貫島セツルメントを設立する。そして、このセツルメントには、大阪のランバス女学院が関わっていくことになる。

　その後も、賀川は関西と女子神学校との関わりを持ち続け、女子神学校が西宮に移転した後も、それは続いた。1938年賀川は、関西学院の堀峰橘が提唱し、女子神学校の生徒たちも出席した日本農村問題講習会の第1回目の講師として招かれ、講演する。そしてこの折、「女の天分」と題した書を女子神学校のために揮毫し、今もそれは学校に残されている。

　そこに曰く、「（前略）社会事業は女の天分であると言うことが出来る　特にキリストの精神を持つ婦人こそ社会事業に最も適当したる人々であり」、その人たち以外に、貧しい人々の状

況を変える力を持つものはないのだと。この書には、時代的制約を感じる言葉が見られ、賀川の社会解放の限界については批判的検証が必要である。しかし、自分の活動の出発点である神戸の地に建てられた神戸女子神学校とそこに学ぶ女性たちへの親しい励ましは、読みとることができるだろう。それは、キリストの心を心として、弱く貧しくされた者たちと共に働く、キリスト教社会活動の原点そのものが、女子神学校において目指されていることを感じ取っていたからではないだろうか。そして、賀川の強い想いに触れ影響を受けた女子神学校は、1931年より、竹内愛二を専任教師として社会事業科を開くこととなっていくのである。

賀川直筆のイラスト入り聖句色紙

1918年の卒業写真（後列右端が賀川）

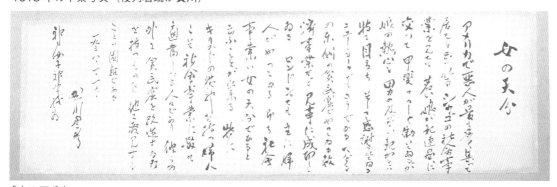

「女の天分」

第1章　神戸女子神学校　53

年号	事　項
1922 大11	・理事会を設立し、神戸女子神学校寄付行為（規約）を制定。西尾幸太郎が、初代理事長に就任する（2.21）。 ・第1回理事会開催される（5.12）。 ・第26回卒業式が行われ、5名が卒業する（6.29）。（伝道師2名、牧師夫人3名） ・田中兎毛、教頭辞任。 ・長坂、10カ月の米国女子神学校・諸教会を視察旅行のため神戸を出発する（12.5）。 ◇**西尾幸太郎（にしお こうたろう）（1868.12.19～1942.1.3）**  　　　　　　　　鳥取に生まれる。1895年同志社神学校を卒業した後、平安教会などで牧師として働き、オベリン大学、ハーバード大学に留学し、オベリン・リベラリズムにふれる。1917年に京都の平安教会を辞し、組合教会本部の仕事に従事しながら、同志社大学神学部で実践神学を教える。神戸女子神学校では、理事長、中央委員会および管理委員会委員長をつとめ、学校の維持発展に貢献した。 　　1933年には、ウィルソン帰米に際して校長代理となる。1938年の御製（ぎょせい）（明治天皇の和歌）誤読事件後公職を辞したが、神戸女子神学校の仕事は継続。大阪教会牧師時代（1940～）には合併の諸問題に対して長坂の相談役的存在であった。日本基督教団成立時（1941）の第3部会長となり東京へ転居。1942年、狭心症と肺炎のため逝去した。
1923 大12	・この年度の卒業生、なし。 ・長坂、欧州を回って関東大震災翌日帰国（9.2）。 ・長坂、教頭に就任する（10.29）。 ・関東大震災の救援活動を実施する。
1924 大13	・第27回卒業式が行われ、4名が卒業する（6.）。 ・エディス・ヒューステッド、音楽教師として着任（9.）。 ・バローズは、引退、帰米する（11.11）コザートは、バローズと共に帰国し、J・スタンフォードが1年間校長代理を務める。 ◇**エディス・E・ヒューステッド　Edith E. Husted （1892.2.12～1988.6.16）**  　　　　　　　　米国オハイオ州オベリンで歯科医の子として生まれる。オベリン高校からオベリン大学へ進み、音楽を専攻、オベリン・リベラリズムの精神の中で育つ。1915年優等生表彰を受け卒業。南ダコタ州のワード・アカデミーで働いた後、1917年からアメリカン・ボードの宣教師として中部婦人伝道会の支援を受けて来日。日本語の研修後、松山及び神戸女学院で教える。1922年帰国してオベリン神学校で学び、再来日。1924年からは神戸女子神学校の専任教師として音楽を担当する。彼女はオルガンをひとりひとりの生徒たちにていねいに指導し、強い召命観と豊かな教養、生来のユーモア溢れる人がらであり、生徒たちは「ヒュー先生」と呼んで敬愛していた。 　　1934年ミッションの経費削減により寮の管理人を得ることができなくなった時「遠くにい

解　説	一般歴史

＊神戸女子神学校初代理事会

　理事会の構成員は、校長、日本ミッション代表者（3名）、同窓会代表者（2名）、日本組合教会代表者（1名）、上記7名の理事より選定された者（2名）の9名とされた。これにより第1回理事会メンバーは、コザート（校長）、A・W・ベネット、G・ストウ、A・P・アダムス（以上ミッション）二宮わさ、児玉こま（以上同窓会）西尾幸太郎（組合教会理事会）米沢尚三、横川四十八（以上理事）であった。

・ソビエト社会主義共和国連邦（ソ連邦）成立（12.30）。

聖劇「モーセ」　クリスマスに行われた劇の様子（1922.12）

＊関東大震災救援活動

　学校より11月1日から3月まで在校生5名を東京へ、5名を教会へ派遣する。織田やすら教師と生徒たちが横浜、本所（東京）で日米救護団の働きに加わり活動した。コザートは、11月2日から東京へ出かけ生徒と共に働き12月10日に帰校。12月12日、14日に報告会を開いた。

・パルモア学院女子部創設（4.）。パルモア女子英学院（1925）を経て、啓明女学院（1940）と改称。
・関東大震災（9.1）。

・甲子園野球場竣工（8.1）。

第27回卒業式
コザート、バローズの姿が見えない珍しい1枚。前から2列目右から7人目が校長代理のスタンフォード。後列左端にバブコックが写る唯一の写真でもある。

第1章　神戸女子神学校　　55

年号	事　項
	て寮の管理をするのではなく、生活を共にしながら自分の責任をはたしたい」と自ら寮に入り、生徒たちと起居を共にした。当時の日本は戦時体制下にあり、情報が厳しく操作され管理されている中で、家族に送った手紙には平和主義者としての痛みの言葉が見られる。1937年から1940年まで厳しい時代の校長を務める。 　戦後1954年に来日し、引退の1961年まで松山東雲学園で働いた。カルフォルニア州のクレアモントで永眠。96歳であった。没後、姪のJ・D・ワンダースレーベンにより残された手紙をまとめた *Gift to Japan* が出版され、聖和大学120周年に、茂純子、長尾ひろみの翻訳により『日本への贈り物』として刊行された。
1925 大14	・バローズ、逝去（3.13）。同窓会主催の追悼会が開催（4.9）。神戸教会にて、教会、神戸女学院、女子神学校、同窓会、頌栄幼稚園共催の追悼記念会が開かれる（4.25）。 ・第28回卒業式が行われ、9名が卒業する（6.25）。 ・米国婦人伝道会からの援助金は3分の1に減額され、学校運営が厳しくなる。 ・グレイス・バブコック（Grace Elizabeth Babcock）、校長就任。 ・バブコック、病気治療のため校長を辞任し帰国（11.15）。 ◇グレイス・エリザベス・バブコック Grace Elizabeth Babcock（1891.12.4〜1940.8.9） 　米国イリノイ州シカゴに生まれる。イリノイ州で育ち、ミシガン大学、シカゴ神学校附属のトレーニングスクール（Congregational Training School for Woman）を卒業後、1922年中部婦人伝道会から派遣され来日。鳥取、東京での2年の語学研修の後、女子神学校で教える。1924年第27回卒業記念写真に、その姿が残っている。1925年、療養中の軽井沢からコザートの後任として神戸女子神学校校長となることを期待されて着任。しかし、眼と胸部の疾患のため同年11月に帰米する。帰国後、米国の中部婦人伝道会と遠く派遣された地にある宣教師たちを繋ぐ働きに大きな貢献をしたが、1940年8月9日テキサス州サンアントニオで逝去。
1926 大15 昭1	・コザートが1週間の予定で来日（1.13）すると学校は経済的危機に陥っており、慰留されて半年を日本で過ごす。 ・J・スタンフォードの送別会が行われ（1.15）、スタンフォードは、定年帰国する。その後ヒューステッドが病気となり公務を担えない状況となる。 ・米国婦人伝道会からの補助金減額に対し、管理委員会は対策として年額1700円から2000円の学校維持金募金を開始。以後、ランバス女学院との合同まで毎年続けられる。 ・第29回卒業式が行われ、3名が卒業する（6.22）。卒業式後コザートの送別会が行われる。

解　説	一般歴史
	・東京放送局放送開始（3.22）。最初のラジオ放送。 ・治安維持法公布（4.22）。 ・普通選挙法公布（5.5）。
第29回卒業式	・幼稚園令交付（4.22）。 ・大正天皇没、「昭和」と改元（12.25）。

年号	事　項
1927 昭2	・長坂が、校長に就任する（2.4）。 ・第43回組合教会総会にて、アメリカン・ボードが経営していた事業機関の管理を組合教会が共同で行う協約を締結し、中央委員会が設置される（4.）。 ・理事会は、管理委員会と名称を変更する。 ・第30回卒業式が行われ、5名が卒業する。
1928 昭3	・第31回卒業式が行われ、7名が卒業する（6.22）。 ・織田やすの辞職に伴い、送別会が行われる（9.29）。
1929 昭4	・エレノア・ウイルソン着任（1.）。 ・「同窓生を中心とする祈祷会」後に、ウィルソン歓迎会と晩餐がもたれる。 ・8年ぶりの修養会開催。講演以外に懇談的研究として実際の伝道について体験学習懇談がなされたほか、近隣教会の牧師による朝夕礼拝、祈祷会がもたれる（5.13～5.17）。 ・第32回卒業式が行われ、5名が卒業する（6.22）。 ・長坂は、8.24～9.3、10.19～10.21、11.2～11.4の3回にわたり同窓訪問を兼ねての伝道旅行を行う。
1930 昭5	・「同窓生を中心とする祈祷日」が開催される（1.30）。 ・4月の入学者急増して12名になる。 ・中央委員会常務委員会にて、ミッションの財政上、神戸女子神学校の継続経営困難と判断、廃校の処置をとることを次回年会に提案することが決議される（4.25）。 ・中央委員会は、移転と教育課程の変更と寄付の増額を条件に、神戸女子神学校の存続を決議する（5.23～5.24）。 ・第33回卒業式が行われ、2名が卒業する（6.26）。 ・創立50周年記念式を卒業式後に開催する（6.26）。『神戸女子神学校五十年記念誌』および『恩師ミス・ダツレー』を刊行。（コラム9参照） ・ウィルソンは生徒を引率し、近江湖畔へ伝道旅行（6.28～7.1）。 ・長坂は、岡山と広島（7.19～7.30）群馬県（8.17～8.26）を巡回し同窓生を訪問する。

解　説	一般歴史
*設置された中央委員会 　委員は、アメリカン・ボードと日本ミッションから7名、日本組合教会から4名からなり、委員長に西尾幸太郎、書記にD・ダウンズ、鈴木浩二が選出された。共同経営の対象となった機関は、①神戸女子神学校②頌栄幼稚園及び同保姆養成所③淀川善隣館④岡山博愛会などであった。これらの機関には、中央委員会から担当者が割り当てられ、各機関はそれぞれに管理委員会を設けることとなった。これによって神戸女子神学校担当者はD・ダウンズ（宣教師）となり、従来の理事会は、管理委員会として機能することになった。 *中央委員会の下に組織された神戸女子神学校管理委員会（旧理事会） 　メンバーは、西尾幸太郎（委員長）、横川四十八、遠藤作衛、児玉こま、長坂鑒次郎、二宮わさ、ミス・デフォレスト、D・ダウンズ、F・バートレット夫人の9名であった。	・金融恐慌起こる（3.15）。 ・ジュネーブ軍縮会議開催（6.20-8.4）。決裂。
◇エレノア・ウイルソン　Eleanor Wilson（1891.11.3〜1972.2.24） 　米国コネティカット州に生まれ、10才で父を16才で母を亡くした体験から信仰を深め宣教を志す。シモンズ・カレッジに学んだ後、1923年にエバンストンの聖書神学校を卒業。ミシガン州カラマズーのYMCAで2年勤務し、1925年から婦人伝道会の指示を受けてアメリカン・ボードの宣教師として来日。神戸女子神学校には1929年1月に着任、1931年6月に校長に就任。歴代の宣教師の中で活動的な異色の宣教師として知られる。 　1930年にはガリラヤ丸での近江湖畔伝道や浦富キャンプへ生徒を引率して自ら活動した。岡田山への移転時の校長として活躍し、村との関わり、京阪神の諸教会、神戸女学院、関西学院との交流を図った。長坂はウィルソンの新しく「勇しい」働きぶりに大いに期待をよせていた。しかし、1933年から35年まで、アメリカン・ボード本部の要請を受けて幹事代行を務めることとなり、学校は大きな打撃を受ける。その後、36年に帰校するが、校長職のまま南洋群島のカロリン諸島のクサイエ島やハワイ島での伝道活動に従事し、37年に正式辞任。1962年に36年間にわたる宣教師活動から引退し、ハワイのカウアイ島のアナホロラ教会の牧師をした後、カリフォルニア州クレアモントにて80歳で逝去。	・三・一五事件（3.15）。 ・思想問題に対処するため文部省に学生課を設置（10.30）。 ・ラジオ体操放送開始（11.1）。 ・文部省に社会教育局設置、学生課は部に昇格（7.1）。 ・ニューヨーク株式市場大暴落（10.24）。世界恐慌始まる。
*中央委員会管理下での動き 　始めに女子神学校と頌栄保母伝習所との合同案が討議され進められていたが、急変し神戸女学院との合流案が浮上する。消滅の恐れを感じた神学校側から修正の提議、合同案は中止となる。 　次に閉校案が出され、①青山学院女子神学部への合流、②同志社神学部と提携、③奨学金を設け学生が希望の学校で学ぶの3つの閉校方法が討議される。ミッション側委員は、青山案を主張、日本側は同志社案に傾くが、両者不成立であれば、奨学金方法もやむを得ないとの議論までなされた。この間同窓生を中心に存続のために再三熱き祈りがささげられるが、ミッションの方針は閉校に傾いていた。	・インド、ガンジー指導のもと、第2次非暴力不服従運動開始（3.12）。 ・日米英、ロンドン海軍軍縮条約調印（4.22）。

年号	事　項
	・夏以降ヒューステッド、ウィルソンが、1年間休暇帰米。 ・日本組合教会総会が神戸で開かれ（10.3～10.7）、期間中の10月6日には宗教教育の協議会が学校で開かれ150人の来会者があった。  ガリラヤ丸での伝道旅行
1931 昭6	・ウィルソンは、休暇中に聖地旅行を経て帰校（4.）。 ・第34回卒業式が行われ、3名が卒業する（6.25）。 ・ウィルソン校長の就任式が行われ、長坂は校長を辞し教頭に就任（6.25）。 ・社会事業科新設のため、前年留学から帰り講師となっていた竹内愛二が専任教師に就任し、母の竹内よねは舎監を辞任。校長が舎監を代理し、児玉こまは寮の顧問となる（6.）。 ・長坂、仙台を中心に、伝道応援と女子神学校の宣伝のため10日間の伝道旅行（8.）。 ・ヒューステッド、1年ぶりに帰校する（9.）。 ・創立31周年記念日に岡田山へのハイキングが行われる（10.15）。 ・女子神学校の山本通5丁目53番地の財産は、中央委員会に引き渡され、学校移転問題は進展する（12）。

解　説	一般歴史
＊不思議な導き 　廃校を覚悟する中で中央委員会が5月23日、24日に行われ、当時の様子を長坂は下記のように書き残している「所が突如として別案が提出され、そして、24日に学校存続を可決しました。全くもって不思議の導きといわねばなりませぬ。誰も彼も驚きました。翌25日は臨時の管理委員会が学校で開かれて中央委員会の新方針を受け入れることに決議しました。私たちは、この問題について組合教会を代表している方々がこの学校の歴史と価値について唯なら理解をもって尽力されたことも記憶せねばなりませぬ」(「会報」18号)。 　この会議では、経過説明ののち、ダウンズより青山学院との共同、西尾よりバプテスト女子神学校、ランバス女学院神学部及び同志社神学部に関する報告がなされ、長時間の審議の結果、満場一致で下記のような決議がなされた。 　「(1)　頌栄幼稚園及同保母伝習所を永久に神戸市中山手通6丁目59番地に移すこと 　(2)　神戸女子神学校は其授業課程に改善を加へ、且つ地方有志の寄付金を増額するの見込を以て、之を継続すること 　　A.　若し必要ならば、一時的に神戸市山本通5丁目53番に移すこと 　　B.　永久的位置は、神戸女学院及び関西学院の附近たること 　　C.　前期の出来ざる場合は同志社との共同を考慮すること」(1930年、第46回総会記録) 　つまり神戸女子神学校校地は頌栄の校地となり、女子神学校は神戸女学院、関西学院と連携がとれる場所に移転し、時代に即した規則の改正を行うことで学校を再生するという決議であった。 **＊近江湖畔伝道旅行** 　ウィルソンはガリラヤ丸と名づけられたヴォーリズ所有の船に乗り、学生達と共に琵琶湖周辺の教会、サナトリウムを訪ねて集会を開き、お話・歌・人形劇などを用いて伝道して回った。大人から子どもまでが大いに集まりどの会場も「満堂立錐の余地なし」と記録されている。	
＊移転前の岡田山へのハイキング 　長坂の報告文書によれば、6時半の祈祷会の後、「9時出発して西の宮の北方、岡田山へ向かいました。ここは学校の移転地。澄み切った秋空の下に乱れ咲く秋草の中、且つ歌い且つ祈りました。長坂は学校の歴史を物語りました。ひるめしを共にする、すがすがしい風が娘たちの髪を吹く、百舌がしきりに鳴く」(「会報」19号)。移転先の秋の草はらでも学校の歴史が長坂によって物語られていた。	・文部省、思想問題対策のため国民精神文化研究所設立(8.23)。 ・柳条溝事件、満州事変起こる(9.18)。

忙しい記念日

　1930年6月26日、夏の陽ざしの午後、神戸にある小さな神学校には、多くの人が集まっていた。午後2時、第33回卒業式がヒューステッドの美しい奏楽で開会し、会衆賛美、聖書（ヨハネ21：15-17、テモテⅠ　4：11-12）朗読、祈祷の後、生徒一同の合唱「生命の言」。続いて長坂校長は証書を授与して只一言、「今読みあげられた聖書の語こそあなた方出発に際して最もよき御勧めである。即ち心の限りを尽くして基督を愛すること、自己を全て奉仕に捧ぐること、喜び勇んで十字架の途を進むことが大切である」と述べた。（ママ）祝辞の後、卒業生ふたりのうちの崔銀峯が、流暢な日本語で答辞として「覚悟を語」ったという。聖歌を歌って終わり、ただちに学校創立50周年記念式に移る。

　校歌「霊交の歌」を一同で合唱し、長坂校長が式辞で学校の起源及び歴史を語り、「50年記は感謝しても感謝しきれないものがあると思う」と締めくくる。管理委員長西尾による祈祷、在校生合唱（今度は「祈の歌」）の後、来賓からの祝辞をいただく。

　神戸女学院のデフォレストの祝辞は、この学校の特色をよくあらわすものだった。「祝辞を述べるために、ミッションニュースやミショナリーヘラルドを調べてみたが、この学校に関する記事はひとつもなかった。しかし、ダッドレー、バローズが女性伝道師を連れて四国など各地の諸教会で伝道し、教会が作られ、励まされた話がたくさん出てくる。この学校の事業は学校内で起こったのでなく、学校外であった。これが、普通の学校と異なるところである。」と。

　こうして、頌栄、祝祷の後、また「生徒のいとしめやかなる応答の歌」が歌われ、式典は終了。会堂から皆で移動し、「校庭にて記念撮影をなし生徒の手になれる、アイスクリームを御馳走になった。会衆200余名。」とさらりと報告してある。

　アイスクリーム！　夏の午後、外で、200人分の手作りアイスクリーム!!　どうやってつくって冷やしておき、どんな器、スプーンでお出ししたのだろう？　次の会の報告を読むとアイスの前の記念撮影にひまどって、時間がおしたとある。なんてことだ。ちなみにこの1930年は、国産電気冷蔵庫の第1号が造られた年で、家庭に普及するのは、もっとあとのこと。学校に米国製の冷蔵庫がすでにあったとしても、大型冷凍庫があったとは考えられない。卒業式で、式典で、何度も合唱していた生徒たちが、前夜から式直前まで、アイスクリームと氷と格闘していた姿が浮かぶ。大切な50年、暑い中、学校に来てくださったお客さまに、できるだけのおもてなしが、「それでもアイスクリーム」だったのだ。

　その後、「記念撮影にひまどって、晩餐迄の一寸のひまだったので、至って簡略にした」ところの新会員歓迎会及び同窓会総会が開かれ、管理委員の教師たちは別会合のため中途退出。残った同窓生たちは、「数名の祈祷を以て終り、直ちに晩餐に移った。みなみな懐旧談に花を咲かし、いよいよ愛校の精神に溢れ次の会まで時の移るのも覚えなかった」。

　ところが、それだけでは終わらない。「これは忙しい日であった」とある通り、創立50年記念の夕が、管理委員会と晩餐会から戻った

人々と共に、7時半から開かれたのだ。そして、夜が更けても「諸姉の感激に満ち涙を催さしめるお話がきりもなく続いた」。ついに「長坂校長は祈りに移るべく提言され」というから、尽きない話に、とうとう長坂が、祈りを持って終わろうと促したのだろう。こうして祈りへと移ったのだが「田山姉からはじまり熱き祈りがひっきりなしに捧げられた。10時半になって漸(ようや)く終了した」そうだ。50周年記念日は「学校の葬式になる」(長坂)と誰もが思っていたのだから、語り、祈り、感謝せずにはいられないのも無理はない。

　こうして想いが尽きず、忙しい記念日の最後の夕は、ようやく終了した。が、もちろんその後には、「番茶とお菓子が出て歓談は尚もつきなかった。40余人の会合であった」。泊りがけで記念の日に来ていた同窓生たちは、きっと夜のお茶とお菓子で、さらに夜が更けるのも忘れて話しこんでいたのだろう。就寝の時間は書かれていないが、翌日早朝には、聖別会が開かれている。「学校の乞いにより田中兎毛先生が特にお勧めをして下さ」ったほか、ウィルソン、ヒューステッドらも語り、最後に聖餐式をもつ聖別会であった。

　祈り、歌い、聖書に聞き、食し、最後は主の食卓を一緒に囲んで、各地から集まった同窓生を、女子神学校のフィールドであるそれぞれの働きの場所へと送りだす。生徒を学内で教育、養成することにとどまらない、外の社会での働きとつながり。それを支え続けた神戸女子神学校の歩み方を、50年記念の日は映し出していると思われる。その、目のまわるような忙しさも共に。

創立50周年記念式　アイスクリームの前の記念撮影

第1章　神戸女子神学校　63

年号	事　項
1932 昭7	・女子神学校と頌栄保母伝習所の建築について、山本通5丁目53番、中山手通6丁目59番の校舎及び寄宿舎と2万円の工事費で請け負うという建築契約を竹中工務店と結ぶ（1）。 ・中山手校舎における最後の生徒祈祷会、お別れ会が開かれる（1.28）。 ・旧校舎の取り壊しのため、仮校舎、寄宿舎へ移転（2.1）。 ・学科課程の改定を行い本科に神学科、社会事業科を置く（4）。 ・西宮市大社村広田岡田山(兵庫県西宮市広田字漆畑20番地ノ1)で新校舎の定礎式を行う(6.3)。 ・第35回卒業式が神戸教会の会堂において行われ、3名が卒業する（6.25）。 ・第4回神戸女子神学校浦富キャンプ（鳥取）を数年ぶりに開催（6.28～7.4）。ランバス女学院から広瀬ハマコが参加。 ・9月の落成は延期となったが、ウィルソンとヒューステッドは岡田山に転居し（10.5）、学校も建築中の校舎に移転して第2学期を始業する（10.18）。  神戸女子神学校　岡田山に移る 1932年11月3日付「基督教世界」（第51年44号）

解　説	一般歴史
＊移転前、仮校舎で 　中山手6丁目59番地の校地を頌栄保母伝習所に譲渡するために、校舎は取り壊されることとなる。この間、女子神学校は下山手6丁目の神戸教会日曜学校舎（1907年に同教会にゆずった旧校舎）で授業を行い、仮寄宿舎は山本通4丁目88番に置いた。移動も多く不便な状況であった。また教師たちも、ウィルソンはミッションハウスから、ヒューステッドは夙川から通うこととなった。 　このような物理的な困難以上に財政面での苦しみは深く、長坂は「会報」に以下のことばを寄せている。「閉校の難は免れたが、財政難は免れられない。米国の不況は日本のそれをしのぐ。神学校へのボードの配給はづんづん減る。日本の不況は組合教会諸兄姉の援助を予算までなかなか満たし得ない。年末は心細いものであった。然し同窓会の負担はいつでも予算を欠くことはない。どれほどの励みか。ボード本部に学校の価値を認識せしむるにどれほどの事実か。皆さんに改めて感謝する」。 ＊社会事業科の設置 　社会事業科では、竹内愛二による理論の講義と共に、実習、実地見学に時間が割かれていた。大阪毎日新聞附属の巡回看護婦会、大阪淀川善隣館、神戸市営託児所、神戸市職業紹介所、児童感化院、神戸孤児院、同情館、新川の賀川セツルメント等で両学科の生徒が毎週半日の実習を行っていたという。 ＊神戸女子神学校　岡田山に移る（1932年11月3日付「基督教世界」記事全文） 　「西宮市外岡田山の木々鬱蒼たるなかに、次々に新装を凝らした神戸女子神学校校舎が姿を現すので人々は驚異の目を見張っているが、その直ぐ北隣で関西学院や甲山に面して、楚々たる2棟のクリーム色した建物が竣成した。知らない人たちは矢張り神戸女学院の一部か関西学院の校舎だと思うかもしれぬが、これぞ今秋から移転し来つた我が神戸女子神学校の新校舎とその寄宿舎である。 　3年前の卒業式当時は学校の存亡問題で関係者が非常に憂慮奔走していた時であつた。恐らく閉校の運命になるのであらうと同窓の姉妹方学校当局は暗い思ひに閉ざされていた。然るに今や此慮に心機一転して、此の立派なる校舎を得んとは、只だ感謝感激あるのみである。されば、学校当局並に学生は見えざる聖手の大能に対して感激と感謝を覚えつゝ、この大自然の美と人工の美につゝまれて、新しき希望の生活に自らなる心の躍動やみ難きものを経験している。 　賛美の声は窓にもれ、祈りのうたは木々の梢にこだましている。只管精進の道へと覚悟を新たに立てる姉妹たちの姿に、その顔の輝きに、更生の力あふるゝを見受けらるゝのである。 　総敷地は1270坪、校舎の総建坪200坪、寄宿舎170坪である。そして校舎には4個の教室と6個の音楽練習室、又各教師の部屋と図書室があり、なお100余名を容るゝ美しいチャペルも設備されている。 　寄宿舎には28名を収容する部屋と、食堂、病室。浴室など、いづれも便益と審美とを兼ね考えられて作られている。 　右の外目下外人教師のための家屋と日本人教師のためのそれとが各の1棟、校舎の西方に竣工をいそいでいる。 　庭園や運動場の完成までには未だ相当の時日を要するので、多分献堂披露の	・上海事変起こる（1.28）。 ・ジュネーブ軍縮会議（2.2〜）。 ・満州国建国を宣言（3.1）。 ・五・一五事件（5.15）。

第1章　神戸女子神学校

年号	事項
	 神戸中山手校舎のお別れ会 壁には、左から、コザート、タルカット、ダッドレー、バローズの写真が掲げられていた。
1933 昭8	・ウィルソンとヒューステッドは、完成した宣教師館に移る（3月中旬）。 ・新校舎の献堂式が行われる（3.28午前）。 ・第36回卒業式が行われ、5名が卒業する（3.28午後）。この年より卒業月を6月から3月に変更。 ・農村伝道講習会をランバス女学院（メソヂスト派）、十三女子神学校（バプテスト派）、芦屋の聖使学院（聖公会）と神戸女子神学校（アメリカン・ボード／組合派）の4校の学生の参加により学校で開催する（6.26〜7.5）。 ・ウィルソンの送別会開催。西尾幸太郎、代理校長となる（7.10）。 ・長坂、伊予、讃岐へ同窓訪問伝道旅行（8.10〜8.24）。  新校舎献堂式

解　説	一般歴史
祝賀式は明春3月になるであろうとのことである。経費は敷地購入費、校舎その他の新築費を合算すると約10万金に達するということである。 　それ故未だ竣工したということは出来ないが、学校では出来上った丈けの設備を利用して、天恩に応えるために、既に日曜日の午後附近の少年少女のため日曜学校を開き、又その夕には礼拝を執行しているが、之はやがて公開するようになろうとのことである。 　斯く新しい校舎の建築契機として神戸女子神学校が積極的勢いを示して来たことは我が組合教会全体の陣容に対しても新しき力を加えることであって慶賀至りに堪えない。願くは同校が今後益々神の国建設運動の戦線へ有為有望なる闘士を送り、以て将来に対して多大の貢献を致されんことを祈ってやまない。(写真、上は校舎、下は寄宿舎)」 ＊**岡田山キャンパスとヴォーリズ建築の校舎** 　岡田山の始めのキャンパスは、わずか4つの建物からなる小さなものだった。そのうち「基督教世界」が「2棟のクリーム色をした建物」と伝えた校舎と寄宿舎、ならびにその西側の宣教師館は、W・M・ヴォーリズの建築による建物で、それにもう1棟、日本家屋の教師住宅があった。	
＊**新校舎の献堂式** 　式辞については、「会報」20号で下記のように報告されている。「ウィルソン校長は、学校の歴史を物語り、又学校の目的は婦人伝道師養成にありそのためには聖書を教えるのが重要な条件になるということを話さる。そして女性を中心とした宗教運動のためこの建物を神に捧げたいと、最後静かに神に対する感謝の思いをのべて式辞を結ばる。」 　参加者は「基督教世界」によれば、200余名だったという。 ＊**ウィルソン校長の離任** 　米国の伝道部では、ウィルソンの能力を高く評価し本国の婦人部長就任を決定した。女子神学校にとってウィルソンは、得難い校長であったため、この異動に学校側は大きなショックを受けた。送別会に現れた先生の和服姿を見て、生徒たちは涙ながらに見送った。急遽中央委員会は後任として西尾を立て代理校長とした。	・ナチス（独）、政権獲得（1.30）。 ・ルーズベルト米国大統領、ニューディール政策開始（3.4）。 ・日本、国際連盟脱退通告（3.27）。 ・児童虐待防止法公布（4.1）。 ・京大・滝川事件（4.22）。 ・独、国際連盟から脱退（10.14）。

年号	事項
1934 昭9	・「同窓生を中心とする祈祷会」が開催（1.25）。 ・第37回卒業式が行われ、6名が卒業する（3.28）。 ・全校生徒で近江兄弟社見学と琵琶湖畔への伝道旅行をする（6.27〜6.30）。 ・2回目の農村伝道講習会を、4校合同で開催する（7.1〜7.10）。 ・経済的理由によりヒューステッドは、宣教師館より寮に移り舎監を兼務。

Column10

岡田山スタートの風景「まぁ、これが神学生？」

　創立50年以後の歩みを続けることになった女子神学校は、1932年、神戸の地を離れ西宮へ移転する。「廃校は免れたが、財政難は免れ得ない」と長坂が書いているように、きびしい経済状況と苦労の中ではあったが、ヴォーリズ建築の真新しい校舎、寄宿舎と、岡田山での再出発の日々は、希望と明るさに満ちている。移転当初の様子を、「会報」に書かれた先生たち生徒たちの岡田山報告からみてみよう。

　まず、長坂は「美しい校舎だ。美しい寄宿舎だ。勿体ないようだ。風景も美しい。あたりは静かだ。祈りによく、勉強によい。」と記し、移転した32年当初から学校では、村の子どもたち150人もがあつまる日曜学校がひらかれ、村に下っての路傍日曜学校にも60人も集まっていたと伝えている。また、神戸女学院工事関係の労働者が、幻燈を使って行う日曜の集会に「群れをなして」来ていたとしている。

　織田うた子によれば、「火〜土までの私たちの校舎は、日曜午後には近所の130〜140人の子どもたちの楽しい日曜学校となり、夕には、100人余のたちを容れる講堂が音楽、幻燈、説教などで神に近づく夕拝所となる。土曜午後に小学校6年生の女子のためのクラブを開き、村人の家庭訪問や家庭集会もあった」とする。

　移転前後の神学校を導き、西宮での女子神学校の歩みを切り開いたのは、エレノア・ウィルソン校長だった。長坂は、「ウィルソン校長の働きは、勇しいもの」で、村との関係、阪神諸教会や京阪組合教会牧師たちとの関係が広く深くなされていったこと、また神戸女学院との「共学の実現」がなされたことを特筆している。女子神学校の生徒が、日に日に美しく整えられていくお隣、神戸女学院高等部キャンパスに出向いて、同じ教場（教室）で合併教授を受け、教師たちも双方向での教授をしていたという。更

解　説	一般歴史
＊琵琶湖畔への伝道旅行 　長坂、ヒューステッド、竹内引率で全校生徒11名が社会事業見学と伝道旅行を行っている。彦根教会など滋賀県内の教会で紙芝居、童話、合唱、劇を持って巡回奉仕した。 ＊岡田山の宣教師館 　新築当初ウィルソンとヒューステッドが居住していた（1933.3～）が、同年夏にウィルソンが米国に呼び戻され、神戸女学院教師のマリオン・ケーン、アンジー・クルーが一時的にヒューステッドと同居していた。しかしふたりは1934年夏に女学院キャンパスに移ることとなる。このためヒューステッドは、ひとりで宣教師館に住むことを避け、寮への移住を決める。こののち、女子神学校の管理委員でアメリカン・ボードのジャパン・ミッション財務責任者であったハロルド・ウォレス・ハケット（Harold Wallace Hackett）が家族と共にこの宣教師館に住むこととなった。	・満州国帝政実施（12.5）。 ・ワシントン条約単独廃棄決定（12.5）。 ・文部省に国語審議会設置（12.22）。

に、関西学院の教師、学生たちとの交流、人々の行き交う様子を記した竹内の文章には「カレッジタウン――大学街、しかも基督教の大学街がこの甲山麓の斜面に現出しようとしています。」との記載がある。「カレッジタウン西宮」の始まりを、ここに見る感がある。

このような新しい交流、発展の中、1番の推進者であったウィルソン校長が、その能力をかわれて本国宣教師会の任に就くことになったのが、学校の最も大きな心配の種であったようだ。しかし在校生（織田志満子）から「同窓のお姉様方に近頃の神学校風景の一端をお知らせ」した文章をみると、どうも、余所（外）からはもっといろいろ心配の種と声があがっていたようだ。

「山の上の学び舎は今、みどりに包まれています。どこを見てもみどりの氾濫です。（中略）ここに学ぶ娘達は初夏の空の如くに明るく朗らかです。」と、彼女の報告は元気に始まる。しかし、新しい学校の様子に「"これが神学校？　こんな贅沢な文化的生活をしていたらとても田舎伝道師なんかになれやしない"とはある牧師様の御嘆息」や、「"まぁこれが神学生？　なんてお若いんでしょう！　まるで女学生のよう。それにあらわれないもんですわね、やはり女学院のお側だものだから、皆様ハイカラなお洋服ですのね"とは、ある御婦人の御観察。そのお瞳の色は明らかに"神学生らしくない"っておっしゃっていました。」なども。

けれども彼女は言う。「若くはあれ、しかし、誰も彼もバイブルに集中して」、特に新約の時間は「おぢいさま」（「わたくしたちに命を培ってくださる師の君」＝長坂鑑次郎）の一言一句を全身を耳にして猛烈に聴いていると。そして続ける。「この世にありてこの世を離れ、この世にありてこの世を捨てて」、この山の上で「おぢいさまに導かれて、孫娘ども、専心神中心的生活に向かって居ります」。岡田山の新しい学校の生徒たちは、外見が神学生らしいかどうかということよりも、もっと大切なもの、もっとほんとうのことに向かって深く、豊かに育まれていたのだと、確信させられる。

永久に忘るべからざる風景

　神戸女子神学校の歴史は、聖和の歴史128年の60年以上を占めていて、それはもちろんどの学校よりも長く、「岡田山の聖和」を生み出す起源となっている学校として、意義深い。そこで、他の章とはずいぶん違ったトーンで多くのコラムを挿入している。その最後に、女子神学校の1935年の秋の日のことを記しておきたい。

　実は、これ以降から合同して聖和になっていく（1941年）期間は、日本が軍国主義へと突き進む中での学校の歩みとなり、その悲惨で、哀しい日々をコラムにすることは、とても出来なかったのである。解説においた5つの「軍国主義体制下の学校」と、3つの「長坂日誌に見るランバス女学院との合同」の中に、精一杯をとどめて記している。ぜひ、読んでいただきたい。知らなければならない、忘れてはならない歴史である。

　その厳しく、暗い終わりが来る前の「最も美しく良き日のこと」を、6年ぶりに開かれた1935年9月23日～27日までの「修養会の模様」（「会報」23号）から聞き、心に深くおさめたいと思う。

　9月23日の夕、その開会式がある。長坂が司会する。竹内教授が諸報告をする。西尾校長代理が老練な開会の辞を述べる。やがて席を講（公）堂から2階の音楽堂に移す。歓迎会である。自治会が主催する。高橋貞子さんが用意周到な司会ぶりを発揮する。大道八重子さんが天真爛漫な歓迎の辞を述べる。浜坂からの高田なか子刀自（とじ）が答辞を陳べる。それから茶菓が出る。全部が自己紹介をする。哄笑がある。爆笑がある。横川先生が女子神学校風景の活動映画をやって下さる。出席しているものたちが、そこに動いているのだから興味100パーセントである。

　軽快な初日の報告である。記録者の名前はないが、長坂以外に考えられない。老練な辞、用意周到な司会、天真爛漫なことば、茶菓（もちろん）、哄笑、そして爆笑、お隣の横川先生がいつも生徒たちを撮ってくださるものを観せていただく夕べ。長坂の説明だけで、その場に座っているような気持ちになる。それにしても、西尾の老練な挨拶とは、どんな話だったのだろう。資料庫には、なんだか不思議な臭いのする、ふるーいフィルムらしきものがあるが、あれが横川先生のフィルムだろうか。

　翌朝8時からは、しっかり学ぶ。それ以降毎日朝8時から講演を聞いている。この人たちはいつも朝早い。24日は、午前中に、青木澄十郎の講話、黒崎幸吉の黙示録講演、魚木忠一の現代神学の諸思想の講演。昼食は「食堂賑わう」。お昼休みにだろうか、「長坂宅で21人が集い同窓会」。午後の講演は、保科一雄の讃美歌学と練習で、夜は協議会。「自由に活発に皆なが意見を述べる。都市教会が問題である。あとから横川先生が映画、フランシス物語のを見せて下さる。大なる興味をもって10時まで楽しく過ごした。」

　25日は午前青木、釘宮辰夫、亀徳一男の講義。そして「正午は女学院の裏山、人も訪（と）い来ぬ松林、はるかに海を見る閑寂の地にピクニックを催す。一行40人いつまでも楽しき思い出となるであろう。帰校休息して茶菓の会に出で、そ

れから又楽しい讃美歌練習始まる。」女学院の裏山から、西宮浜の海が見えていたとある。秋の日の、静かな松林から40人でみつめる海の輝き。その静寂の風景はいつまでも、心に留められたと信じたい。

こんな調子で毎日びっしりのプログラムも、最終日を迎える。「午後2時、2階音楽堂で協議会がある、これが最後の集会である。……諸姉が自然に自由に意見を述べる。感情が和らぎ友誼が深まり時に真剣。時に爆笑。近来稀に見る快談。」とある。修養会や研修会には、ディスカッションや分団討議がつきものだが、この時のような「快談」と呼べるものにはあまりお目にかかれない。心をゆるし合い、自由に、ありのままの素直な言葉を受け容れ合い、真剣に、ユーモアをもって語る。豊かな修養会の最後にふさわしい時だったにちがいない。ここにいた人たちは、プログラムの最後が、女子神学校の「最後の修養会」の最後であることなど、予想もしなかっただろう。それなのに、まるで、それを予見するかのように、長坂の言葉はこんなふうにこの美しい時を締めくくって語る。

「秋晴れ美しき野山のけしきを背景にして、女人44人、真実と親密、涙して祈り、感激して歌う。永久に忘るべからざる風景であった。」

年号	事　項
1935 昭10	・「同窓学生祈祷日」が開催される。同窓生の祈祷会がこの年より早朝から開かれるようになる（1.24）。 ・山陰地方伝道旅行を実施（2.15〜2.18）。 ・第38回卒業式が行われ、4名が卒業する（3.28）。 ・入学者は増加し、聴講生を入れて19名となる（4.）。 ・長坂、九州組合諸教会を訪問（7.17〜8.7）。 ・6年ぶりの修養会開催。同窓28名が参加（9.23〜9.27）。（コラム11参照）
1936 昭11	・学校維持金捻出のため、竹内を中心に「映画講演会」を企画し、委員会を大阪教会にて開く（1.13）。 ・「同窓生を中心とする祈祷会」が開催される（1.30）。 ・同志社大学神学科学生と祈祷会・親睦会を催す（2.5）。 ・二・二六事件勃発のため「映画講演会」を急遽中止する（2.29）。 ・第39回卒業式が行われ、6名が卒業する（3.23）。 ・管理委員会において、39回卒業式直前に帰任したウィルソンを校長職のまま南洋伝道に送ることを決定（3.26）。 ・昨年に引き続き入学者は多く14名。また日曜夕拝も盛んになる（4）。 ・延期していた「映画講演会」を大阪朝日開館で催す。久留島武彦の講演と映画「ウィリアム・テル」と「いたずら小僧」を上映。入場料と寄付をあわせて1470円の純益をあげる（4.2）。 ・ウィルソンを南洋伝道に送り出す（4.23）。カロリン諸島クサイエ島着（5.16）。 ・長坂、同行者3名と満州・朝鮮伝道旅行（8.14〜8.31）。 ・女子神学校合同問題協議会がランバス女学院にて開催され、ヒューステッド・竹内・長坂が出席。聖使女学院、バプテスト女子神学校、ランバス女学院の代表者と協議する（10.10）。 ・困窮する学校のために関西学院記念祭でバザーを開催（10.17）。 ・竹内は、インドで開催された万国基督教青年会に日本代表の一員として出席。約2カ月の旅行となる（12.〜）。

「教育勅語」謄本
この頃全国のあらゆる学校には「教育勅語」が配布され奉読されていた。神戸女子神学校のような小さな学校にもそれは1921年配布（下賜）された。その「教育勅語」が現在も残っている。

作成した慰問袋と

解　説	一般歴史
＊山陰地方伝道旅行 　琵琶湖畔への伝道旅行や農村伝道講習会への参加がきっかけとなり、恒例の卒業旅行は、この年山陰地方伝道旅行へと変えられている。浦富、青谷、鳥取、物部を4日間で回り、人形劇、子どもの歌、合唱、証、映画などをしながら子ども会や大人の集会を行った。	・湯川秀樹、中間子理論発表（2.-）。 ・天皇機関説事件（2.18）。貴族院で美濃部達吉の天皇機関説攻撃される。
＊学校で行われた日曜夕拝 　学校の昨今を記した長坂のことばによれば、「日曜夕拝　これが近来著しく発展してきた。元来、日曜の夕に、思い思いの教会に出席したここの学生もこの山に来てから娘たちの身として夜の外出はできなくなってしまった。それで内での夕拝なるものが起こった。所が、今では関西学院の専門学生や、女学院の寄宿生や、職員などが参加するので山上静寂の小会堂は50人、60人の熱烈にして厳粛なる夕の礼拝が行われている。ここにそことも違うこの学校特有の空気が漂うている。」（「会報」23号）	・二・二六　事件（2.26）。 ・日独防共協定調印（11.25）。

夕拝の行われた礼拝堂
ヴォーリズ建築による現ダッドレー・メモリアルチャペル

＊バザーの開催
　これは前年から行われていたもので、「会報」24号には「関西学院校内に堂々と神戸女子神学校売店を開きました」と報告されている。

＊軍国主義体制下の学校①
　1937年の秋、学校を取り巻く状況は大きく変わり「会報」25号には、以下のような記述が表れている。
　　○10月12日からの国民精神総動員の週間には、毎朝神戸女学院のチャペルに出かけていた。「ラジオを通じて、我が日の本の国民として厳粛裡に之を守りました。岡田山にも非常時風景の色濃きこの頃です。」
　　○10月15日の創立記念日も、時局がら〝日の丸〟のおにぎりを持って女学院の裏山にでかけ、創立者たちの話を聞く。
　　○11月1日、慰問袋発送の日。聖書を入れ伝道的なことを書きたかったが「そうしたことを禁ぜられて」、生徒は大変苦心してそれでも心を込め愛を込めて作成。「一同はめいめい袋1個ずつを持ちて玄関前に並び竹内先生より記念撮影していただきました。」

年号	事項
1937 昭12	・臨時管理委員会開催。ウィルソン校長辞任申出について協議し、留任懇請の書信発送を決定（1.29）。 ・同志社神学科と神戸女子神学校の卒業年度生とで大阪へ社会事業見学に行く（2.20）。 ・第40回卒業式が行われ、5名が卒業する（3.19）。 ・管理委員会は、ウィルソン校長の南洋クサイエ島伝道のための辞任を承認（4.15）。 ・社会事業科生9名が竹内引率の下、東京での社会事業の見学を行う（7.9〜）。 ・長坂は、北海道の組合教会10か所を訪問（夏）。 ・57周年創立記念日（10.15）。 ・ヒューステッド、校長の事務取扱就任披露会を内輪で行う（10.30）。これによりヒューステッドが多忙のため、鹿子木津也子が無給の舎監に、山瀬たみが、器楽の教師に就任する。 ・中央委員会は、ヒューステッドを校長心得として選定（11.13）。
1938 昭13	・「同窓生を中心とする祈祷会」（1.27）。 ・堀峰橘提議の農村問題講習会に参加（1.7〜1.13）。開会講演者の賀川豊彦から、「女の天分」を贈られる。（コラム8参照） ・紀元節は、神戸女学院の式典に合流して参加（2.11）。 ・西尾幸太郎、「西尾舌禍事件」がおこり（2.14）その後謹慎。 ・第41回卒業式が行われ、10名が卒業する（3.18）。ヒューステッドが証書を授与する。 ・長坂は、組合教会本部の依頼で台湾諸教会を訪問（5.3〜5.13）。 ・阪神大水害により学校の石垣が崩壊する（7.5）。学生たちで学校前の村道修理を実施。 ・ヒューステッド校長事務取扱が兵庫県より認可される（7.19）。 ・ランバス女学院と合同で、橿原神宮での勤労奉仕を行う（11.4）。

橿原神宮での合同勤労奉仕

解　説	一般歴史

＊西尾舌禍事件

　この年組合教会は、天皇へのキリスト教界の忠誠心を示すため、主要都市における「伝道報国」講演会を企画し、2月14日午後7時よりその第2回となる大阪中央公会堂での「伝道報国大講演会」を開催していた。講師は、組合教会会長の西尾幸太郎ほか2名であった。会場には大阪憲兵隊本部特高課からの憲兵が監視のために来ており、また反キリスト教の同志社校友会右翼学生らが騒動を起こすために集められていた。不穏な空気と野次の中で西尾は講演中、明治天皇御製（明治天皇の詠んだ125首の和歌のこと）の一首「罪あらば　我を咎めよ　天津神民は　我が身の生みし子なれば」を奉唱したが、「我を咎めよ」を「我を殺せよ」と誤読してしまう。講演会終了後、西尾は憲兵より厳重警告を受け、翌日大阪憲兵隊に召喚されて取り調べを受け、西宮の自宅及び組合事務所も捜索される。ところが、この捜索で西尾の弟西尾寿造が陸軍中将であり、教育統監に就任予定の陸軍有力者であることが判明し、西尾への追及は終わった。

・盧溝橋事件。日中戦争始まる（7.7）。
・伊、日独防共協定に参加（11.6）。
・大本営設置（11.18）。

＊軍国主義体制下の学校②

　いよいよ戦争の色は濃くなり女子神学校の学園生活にも変化が訪れる。1938～40年の学生の勤労奉仕を中心に「会報」より抜粋して記載する。

○赤十字病院の傷病兵を訪問して音楽合唱の慰問。
○大阪陸軍病院の傷病兵慰問に出かける。2部構成で歌や器楽、紙芝居（放蕩息子）を演じる。「兵隊さん方にもプリントを配って」キャンプソングを共に歌ってもらい「大変愉快そう」だった。1938年10月27日。
○ランバス女学院と合同で橿原神宮での勤労奉仕。1938年11月4日。
○近隣の戦死者宅（遺家族）を訪問し「英霊に敬礼し、手製のおみやげを届ける」。1939年2月17日、5月26日、11月10日、1940年2月2日。

・国家総動員法公布（4.1）。

＊神戸女子神学校とランバス女学院合同勤労奉仕

　「11月4日、この日は私たち一同は竹内先生に引率されてランバスの方々と共に橿原神宮へ建国奉仕に行きました。朝早く中村さんや鹿子木先生が日の丸弁当を作ってくださいました。私たちは5時起床、勇ましく身支度を整え未だ明けやらぬ空に星のまたたきを仰ぎつつ、先生方、中村さんに見送られながら校門を出ました。阪急を過ぎて市バスにゆられながら東の空に上り来った真赤な太陽を屋根の間に見つつ、建国奉仕の意気に燃ゆるのでした。8時30分頃橿原に到着いたしました。隊列になって神宮へ参拝し、神鍬を授与され9時40分頃現地へ到着いたしました。指揮台を中心に式が行われその後で作業係員に指示されて作業を開始いたしました。私たちの仕業は石はこびでした。30分毎に15分の休憩がありました。お昼食も楽しくいただきました。2時35分に作業を終了いたしまして一同建国体操をなし隊旗や用具を返納いたしました。6時頃元気に讃美歌を歌いながら帰校いたしました。」（「会報」26号）

年号	事　項
1939 昭14	・関西学院一麦寮での農村問題研修会に参加（1.13）。 ・「同窓生を中心とする祈祷会」(1.26)。 ・第42回卒業式が行われ、6名が卒業する（3.18）。 ・武庫川の堤へ全校ピクニック（5.4）。 ・ヒューステッド休暇により、西尾幸太郎が校長代理となる（5.17）。 ・ヒューステッドの送別会が開催される（6.24）。この1年の休暇中ヒューステッドはオベリン神学校で学ぶ。 ・長坂、基督教同盟の協議会（於：御殿場）に出席。女子神学校同士の連携をとる組織づくりについて協議する（7.27）。 ・長坂、上州諸教会へ伝道旅行（9.23～10.1）。 ・合同を協議してきた3校は、ランバス女学院において神学校連盟会を開く（10.30）。ランバス女学院8人、聖使学院8人、神戸女子神学校13人が参加。 ・ウィルソン、南洋クサイエ島より一時訪問、歓迎会開催（11.17）。 ・全国女子神学校連盟の大会（於：大阪教会）に長坂に引率された生徒が参加する（11.23）。
1940 昭15	・関西学院での農村伝道講習会に参加（1.6）。 ・「同窓生を中心とする祈祷会」が開催され、その後女学院の大祈祷会に参加する（1.25）。 ・第43回卒業式が行われ、4名が卒業する（3.18）。 ・入学者33名、「近年にないにぎやかさ」となる（4）。 ・管理常務委員会はミッションスクールに対する日本政府の干渉に対して緊急に論議（9.4）。 ・ヒューステッド米国より再着任（9.22）。 ・ヒューステッド、時局に応じ校長職の辞表を提出。西尾幸太郎は、校長に就任（9.25）。 ・ヒューステッドの歓迎会の日に憲兵隊より学校に調査が入る（9.30）。 ・アメリカン・ボードの神戸女子神学校廃止案が、西尾より長坂に報告される（10.13）。 ・外国人教師について調査のため、県警外事係が来校する（10.14）。 ・紀元2600年の式典は、神戸女学院に合流する（11.6）。 ・管理委員会臨時総会開催（11.8）。 ・創立60周年記念祝会開催。西尾校長が式辞を述べ約80名が参加。謝恩会を催し、現旧教職員、講師に謝意を表す（11.26）。 ・臨時管理委員会総会開催（12.7）。 ・自治会主催でヒューステッドの送別会が開かれる（12.20）。 ・合流問題についてランバス女学院と初会合。ランバス側から、広瀬ハマコ、田中貞、カーブ（John B. Cobb）、女子神学校側は、西尾幸太郎、ハケット、長坂鑑次郎、ヒューステッドが出席（12.21）。 ・同窓会主催のヒューステッドの送別会を開催。於：北口福音教会幼稚園（12.23）。当日夕方には管理委員会の送別会と非公式の委員会が神戸頌栄保育学校で開かれる。出席者：西尾、ハケット、長谷川直吉、ヒューステッド、児玉、書記として長坂。

解　説	一般歴史
＊神戸女子神学校の最後の教師たち（1939～1941年） 　外国人宣教師：ヒューステッド、専任教師：長坂鑑次郎（聖書・教会史、教頭・校長）、竹内愛二（社会事業）、民秋重太郎（宗教学・音楽）、鹿子木つや（舎監）、非常勤：溝手文太郎（実践）、今泉真幸（旧約・比較宗教）、児玉こま（児童心理学）、横田栄三郎（宗教教育） **＊軍国主義体制下の学校③** 　神戸女子神学校が、神学校つまりキリスト教に特化された学校であったためだろうか。日米開戦前の1940年の秋にすでに宣教師の存在が問題とされる。特にヒューステッド（米国人）が校長となることは、数年前より問題を孕んでいた。そのような中、ヒューステッドは1940年9月22日に校長として再着任するが、すぐに辞表を提出することになる。彼女の歓迎会を予定していた当日、学校は憲兵隊の調査を受ける。こうして表向きには西尾を校長代理としてヒューステッドの働きを目立たないようにする必要に迫られたのである。結局、41年1月にはヒューステッドは離日する。そんなきびしい監視の目が女子神学校に注がれる中でも、下記のような記述がみられる。 　1月25日午前9時より女学院の大祈祷会に参加したあと「例によって茶菓、談笑つきず」。5月3日、長谷川初音、バッハについて特講。5月22日、大勢の入学者と六甲山に遠足、野外礼拝。6月21日、音楽リサイタル。民秋先生指揮の下、ハレルヤコーラスを歌う。10月2日、ヒューステッド歓迎音楽会。どんなときにも音楽と食べ物、そして生徒たちの笑顔はあったようだ。	・文部省、各大学で軍事教練必修とすることを通達 (3.30)。 ・満州国境ノモンハンで、満・外蒙軍隊衝突（ノモンハン事件の発端）(5.12)。 ・国民徴用令公布 (7.8)。 ・独軍、ポーランド侵攻、第二次世界大戦始まる (9.1)。
＊神戸女子神学校廃止案 　アメリカン・ボードの米国側委員は、神戸女子神学校を廃止して女性伝道者養成を他校で行い、奨学資金を募金して女子神学校からは、奨学生を送る形で養成を行ってはどうかとの意見をもったようである。その意向が学校の管理委員会に告げられた旨、西尾管理委員長より長坂は報告される。 **＊警察からの調査** 　当日の長坂「日誌」によれば、日米問題切迫を受け、ヒューステッドが決心を固めていた10月14日の夕刻に刑事たちが来校した。ヒューステッドをはじめとする外国人教師にとどまらず、神戸女学院、関西学院のことまでも聞いていったという。 **＊11月8日の管理委員会** 　アメリカン・ボードとの関係が絶たれた場合、学校はどうすべきかで数案が提出される。①廃校　②ランバス女学院と合流　③同志社へ合流　④組合教会機関となる。このうち④が「望ましき」ものとされ、この案を中央委員会に推薦する事を決定。 **＊12月7日の管理委員会を経て** 　当日の長坂「日誌」によれば、ランバス女学院との合流問題が浮上し、「先方熱心に申し込み来る」と記載されている。 **＊12月21日のランバス女学院との初会合を経て** 　当日の長坂「日誌」によれば、「先方は突進的、当方は悠然。兎に角望ましい意見を示した。方法と内容とは委員を挙げてこれからの事とする。」と記載されている。	・日独伊三国同盟調印 (9.27)。 ・大政翼賛会発会式 (10.12)。

年号	事　項
1941 昭16	・ヒューステッド、神戸より出帆しインドに赴任する（1.7）。 ・神戸女子神学校にてランバス女学院との交渉委員会が開かれる（1.11）。ランバス側は田中、広瀬、ホワイトヘッド、神学校側は長坂、竹内。 ・設備問題について合同委員会を開催。ランバス側は広瀬、尾崎、マシューズ。神学校側はハケット、竹内、長坂、西尾（1.15）。 ・ランバス女学院で学課委員会。ランバス側は釘宮、広瀬、ホワイトヘッド、高森（陪席）神学校側は竹内、長坂、児玉。保育部門と神学部門をどのように調整するかで論戦激烈。神学校は、神学部独立を主張し、ランバス案は撤回される。次回は神学校より案を提出することとなる。夕食の後、委員の権限に関して論争となり、西尾に決定を求めることとした（1.18）。 ・ランバス女学院で学課規則に関して協議。教育課程をめぐる難問題で一応の合意を見る(1.27)。 ・賀川豊彦が来校し「十字架を見つめて」と題し講演する（1.29）。 ・「同窓会中心とした祈祷会」6時から早天祈祷会、午前は神戸女学院で中山昌樹の説教を聞き、午後は聖句祈祷会に全員で参加（1.30）。 ・ランバスにて合同委員会。校地の問題を協議（2.10）。 ・大阪YMCAにてランバスとの合同小委員会。教育課程の問題が解決する（2.12）。 ・管理委員会臨時総会、西尾、芹野、福永、児玉、長坂、参考人竹内。合同問題経過報告がなされる（2.17）。 ・合同委員会開催。設備の件について14時から18時まで協議。ランバスはカーブ、広瀬、ホワイトヘッド、神学校はジレット、長坂、竹内（2.18）。 ・竹内、広瀬が神戸女学院の畠中院長、福光と会見し、設備について協力を要請するが、話し合いは難航。広瀬が合同に対して悲観的になっていることを聞き、長坂はハケットと会談して尽力する（2.19）。 ・長坂、ハケットが、財産目録について相談する（2.25）。 ・女子神学校にて設備委員会開催。ランバスは、広瀬、ホワイトヘッド、女子神学校は、ジレット、竹内、長坂。神戸女学院との問題も打開の見込みがつく（3.1）。 ・前校長ウィルソン南方任地より帰米の途中で東京にたちよる。長坂が学校代表として上京する（3.2）。 ・設備委員会に近江兄弟社のW・M・ヴォーリズも出席して協議（3.8）。 ・土谷ソノ子が学徒動員のため、寄宿舎で送別会（3.10）。 ・新しい学校の第1回理事会を開催。寄附行為を審議し、理事15名を選出。両校合同の校名を「聖なる和合」から聖和女子学院と決定し、広瀬ハマコを院長に選出（3.11）。 ・ランバス女学院卒業式に学校を代表して長坂が出席（3.13）。 ・第44回卒業式が行われ、7名が卒業する（3.18）。 ・卒業式に続いて閉校に際して短い式を持つ。同窓会開催と並行して管理委員会が開かれる。児玉、芹野、西尾、参考人として長坂。閉校のため教師たちに慰労金を贈ることを決定。夕刻より同窓会主催の最後の晩餐会が甲東教会で開かれる（3.18）。 ・8時より生徒全員と同窓生が出席し、聖別会を行う。奨励：民秋、聖餐式：長坂（3.19）。 ・合同委員会開催され改築、財団、財産目録の件などを協議。ランバスは、広瀬、ホワイトヘッド、山川、女子神学校は、ジレット、長坂他（3.24）。 ・ランバス女学院にて合同職員会。ランバスは広瀬、山川、立花、佐久間、近藤、上野、元森、ホワイトヘッド他1名。神学校は長坂、竹内、民秋の3名（3.31）。

解　説	一般歴史
＊長坂「日誌」に見るランバス女学院との合同① 　1月11日の交渉委員会から合同が具体的に協議されていく。この会で提示された始めのランバス案は、保育科のみの学校を考え、伝道を志す者は保育課程2年終了後に1年の伝道課程を加えればよいというものだった。女子神学校側には全く納得のいかない提案を受けたことになる。 　1月12日、長坂は、早速浪速教会で、芹野理事と合同について話し合う。芹野は教職合同委員としてランバス案に反対した。1月13日、長坂は、合同問題を同窓生福永菊枝（1909年の卒業生。京都教会、大阪淀川善隣館ほか朝鮮、台湾の教会でも伝道）に相談。この状況のまま1月15日に、設備に関してランバスとの合同委員会が開かれる。 　1月16日、長坂、旧教師中江汪を訪れるも不在であった。1月17日、中江が来校する。ランバスと妥協しないで、神学部を確立させるようにとの意見。夕方になって長坂のところへ全学生押しかけて来る。「すこぶる不穏。合同問題である。」と記載されている。生徒たちは、教頭に直談判にやってきたのだろう。 　翌1月18日、いよいよ教育課程を協議する委員会が開かれる。保育部門と神学部門をどのように調整するかで「論戦激烈」であったという。神戸女子神学校は、神学部独立をあくまで主張し、ついにランバス案は撤回されることとなった。次回委員会には、神学校より教育課程案を提出することとなる。夕食後、「委員の権限に関して論争となり、西尾に決定を求めることとした」とされているので、すぐに別の問題が出てきたようである。 　1月19日、長坂は、管理委員のひとりで、女子神学校で学んだ鈴木玉子の夫でもある神戸教会牧師鈴木浩二に相談し、「"神学校は神学校"として持続すべき」と語られたことを記している。そこで1月22日には、神戸頌栄保育学校にて、長坂、児玉、竹内は神学部を独立維持し、保育部も尊重する教育課程の新案を作成。この神戸女子神学校案を持って、1月27日ランバス女学院へ行き、学課規則を議論する。こうしてこの難問題は一応の折り合いをつける方向へと向かった。 　しかし、この間も女子神学校側の心情には、様々な揺れがあったようだ。1月24日に長坂は西尾と電話で話している。「氏曰くランバスはずうずうしい。当方の意見を強く主張すべしと憤慨して通話。」と。また26日には、長坂は直接大阪教会の西尾を訪ねて、「氏曰く、神学の面目を失ってはならぬ。不合理の合同大反対。すこぶる強硬意見。」と記録している。女子神学校の教頭である長坂は、一方でなんとかランバスと合同できる方策を捜し新案を作りながら、校長である西尾の強い思いを受け止め、彼のことばをそのまま記録したいと思ったのであろう。 **＊長坂「日誌」に見るランバス女学院との合同②** 　教育課程問題が決着したあともランバスと合同することへの動揺と不安は女子神学校側に強くあった。 　2月13日、中江汪が再び長坂を来訪、夕刻よりはハケットが訪れ、いずれもランバス問題ついて語り合っている。2月16日には、「午後、西尾氏来る。合同順調に進むように大阪教会より直接ここに来る。また、教会に行く。老翁の身案じられる」とあり、日曜礼拝後のわずかな午後の時間に岡田山まで来ずには	・国民学校発足（4.1）。 ・日本軍、ハワイ真珠湾を空襲（12.8）。対米英両国に宣戦詔書。

第1章　神戸女子神学校

年号	事 項
	・聖和女子学院入学式（4.15）。 ・兵庫県知事より神戸女子神学校の校名変更、聖和女子学院への認可がおりる（4.26）。 ・聖和女子学院開校式（5.27）。これにより5月27日を創立記念日と定める。 ・聖和女子学院神学部第1回生の繰り上げ卒業式（12.27）。

解　説	一般歴史

いられない西尾の思いが長坂の筆から伝わってくる。

　2月18日からは、いよいよ学校の設備や財産などの協議が進められ、合同が刻々と具体化されていく。そんな中、在校生、卒業生の抵抗感はつのるばかりだったようである。2月19日、「神戸に電話2通、西宮へ1通、京都へ1通、みな合同問題。夕、生徒ふたり合同問題について質問に来る。」3月1日、長坂宅に同窓生11名が来訪し、合同問題を説明。また、神学部生徒がひとり教頭室に来た話も記載されている。「保母の免状をとらせる話があるというが伝道に専心召された者として遺憾。もしこのような合同ならば私立神学塾を新設してほしいと言う、学生間の精神風景をあらわしていると思うので記す。」とある。

　おそらく長坂は具体的な交渉や説明においては、自身の心のうちを語らなかったのだろう。しかし次のような日誌のことばには、無念の想いが込められていて読むだけで切なくなる。3月5日、廃校することとなった芦屋聖使女学院の閉院式に出かけて、「現在の生徒には修業証を授与す。式後の挨拶交換は悲壮であった。然しかくも温しく廃止する方が無理な合同などするよりもよいのを感じた（長坂）」。3月6日、東京、京都、松山、九州と婦人伝道師の要請が来ることに対して、「有害無益の存在といわれた先年の事を想うと昨今の現象果して」どんな意味を持つというのか、とも嘆息している。

＊**軍国主義体制下の学校④──土谷ソノ子のこと**

　とうとう生徒の中から、学徒出陣者が出る。看護婦資格のあった土谷ソノ子が北支（中国北部）野戦病院へ赤十字看護婦として従軍するため、学徒動員を受けたのである。3月10日に寄宿舎の客間で送別会が開かれた。長坂の日誌によれば「長坂勧め、近藤ゆりの送辞、鹿子木舎監聖句、土谷答辞、皆で短く祈る。祈りいつまでもつづく、涙をのむ声が聞こえる、司会は裁松知子、あとは夕食事ヒューマー（humor ユーモア）が流れる」。

　土谷ソノ子がその後どうなったのかは不明である。残念ながら卒業生、会友の名簿にその名は見当たらない。

＊**長坂「日誌」に見るランバス女学院との合同③**

　合同劇の最終幕のような3月18日であった。まず卒業式は「西尾校長の証書授与及び訓辞、今泉組合協会長の祝辞、高杉三四子の祝辞、いづれ簡短にして意味深長」とある。続いて「閉校式とでもいうべきもの」が執り行われた。芹野管理委員長が式辞を語り、長坂の祈祷、同窓生の3名の祈祷。続いて記念撮影、食事とあるが、現在その写真は残っていない。その後、同窓会と並行して管理委員会が開かれた。「最後の晩餐会」について長坂は、ひとこと次のように記している。「歓みと悲しみの集いであった。」

　こうして神戸女子神学校の最後の長い1日が終わり、3月末に向けて合同委員会、職員会が開かれていく。3月31日の最後の合同職員会は、ランバス側が9名、神学校側が3名の出席であった。この日の長坂日誌をもって、ランバスとの合同の結末、そして女子神学校の終わりがやってきたのである。「全く圧倒さらる気分になる。然し、打ちとけて親しく相談した。合同問題は擱筆（注：筆をおいて書くことをやめること）してよいと信ずる。神戸女子神学校は明治13年爾来満63年也」。

第1章　神戸女子神学校　81

年号	事　項
1942 昭17	・理事会議長の西尾幸太郎が逝去する（1.3）。 ・神学部第2回生第1次繰り上げ卒業式を行う（9.30）。 ・臨時理事会は、神学部を日本女子神学校に合同することを決議する（11.11）。
1943 昭18	・聖和女子学院は、女子神学校の統合合併に伴い、神学部の廃部を決定する（2.10）。在籍中の神学生は、東京に新設される日本女子神学校に一部が編入し少なくとも4名が、日本女子神学校で卒業を迎えることとなる。 ・神学部第2回生第2次卒業式を行い、神学校閉部式を実施（3.17）。同夜、神学部に尽力した教職員の感謝慰労会を開催する。 ・財団法人聖和女子学院設立認可（5.26）。 ・神戸女子神学校の同窓会は、学校の精神を継承して、キリストの働きを続けるため「いづみ会」を結成。長坂を顧問とし、児玉こまを会長とする（8.11）。

解　説	一般歴史
＊軍国主義体制下の学校⑤ 　神戸女子神学校の受難はランバスとの合同以降も終わらなかった。戦時下でキリスト教諸宗派の大合同がなされ日本基督教団が1941年6月に成立した。1943年には、この教団内の神学校の統合が進められ、男子の神学校は、日本東部神学校と日本西部神学校に、女子の神学校は、東京で日本女子神学校に一本化されることとなったのである。こうして神学部は、卒業生を幾度も繰り上げて卒業させ、43年3月17日には閉部式が行われた。	
＊神戸女子神学校の歴史の終わり 　日本女子神学校への合併について書かれた長坂の激しい思いを下記に全文掲載し、神戸女子神学校の歴史の終わりとする。 　昨今の心境 　ついに解消した。聖和女子学院の中に残りし、神戸女子神学校の面影までも解消した。これで何もかも終わりを告げた。昭和15年に神戸女子神学校60年紀を催した。あれがこの学校の終わりを示した。16年にはランバスと合同した。しかし合同は一種の死であった。学校も個性を持つ存在だ。特徴が強ければ強いほど合同は困難だ。ふたつを併呑することなら簡単だ。しかし合同には当時の大勢であった。やむを得なかった。ためにずいぶん苦労した。なんとかして生かせるだけは生くべく戦った。両方の特徴を尊重してと心を砕いた。そして幾分は実現したと思う。しかし合同生活2年というものは、悪夢の見続けともいうべきであった。しかるにここに神学校が解消して、天下の諸学校と共に日本に唯ひとつの新しい学校へと合流したのである。これは合同や合併ではない。大河も小河も茫漠たる海洋に解け込んだのである。私もここに至っては神戸女子神学校の祖先たちに対してもう責任を果たし終わった感じがする。解消何の心境たるや。何ぞそれ清爽たる。何ぞそれ悠々たる。(「いづみ会会報」1号)	

第 2 章

広島女学校保姆師範科

1886(1895)-1921

Hiroshima Girls' Kindergarten Normal Department School

年号	事　項
1856	・砂本貞吉、広島の甲斐に生まれる（9.30）。 ◇砂本貞吉（すなもと　ていきち）（1856.9.30～1938.5.7） 　安芸国佐伯己斐村（現広島市西区己斐）に生まれ、幼くして父を失う。1882年、航海術を英国で学ぼうと函館より出航したが途中、サンフランシスコで下船しキリスト教と出会う。1883年5月7日オークランドでギブソン牧師（Otis Gibson）から受洗し、同地の福音会講義所で伝道に従事する。広島の母や親族にキリスト教を伝えたいとの強い思いから1886年日本に帰国。 　帰国した砂本は、東京英学校長R・S・マクレイ（Robert Samuel Maclay）を訪ね、神戸のアメリカ・南メソヂスト監督教会宣教部のJ・W・ランバス父子を紹介される。開所間もなかった宣教部では、英語のできるクリスチャン、砂本の来訪を歓迎しJ・W・ランバスは、マケドニアン・コールと呼んで喜んだ。 　砂本は、広島に帰郷し、1886年10月1日女子教育のための私塾「女学会」を市内西大工町（現中区榎町）に開く。10月25日には待望のランバス博士を迎えて、広島市鳥屋町（現大手町1～2丁目）野口旅館で伝道集会を開く。 　その後砂本は、西大工町の三戸蔵之助の家を借り、宣教師の宿舎及び集会所として使用し、塾では自ら聖書、英語他を教えた。本人口述によれば「聖書研究もし、ABCも教えた」。翌1887年学校を細工町（現中区大手町1丁目）に移し市内の杉江タズの家塾と木原適處の私塾とを合併しその校主となり認可を得て「私立英和女学校」とする。10月のN・B・ゲーンズ着任を受け、学校を任せて広島を離れる。 　以後はJ・W・ランバスらと共に宣教に従事1891年にはホノルルさらにサンフランシスコにも赴き宣教活動を行う。1894年母の死に伴い帰国。長崎、下関など日本各地の教会に赴任。1925年引退し、神戸、東京に住む。1938年5月7日受洗記念日に東京渋谷区にて81歳で逝去し、広島市茶臼山に埋葬される。
1860	・ナニー・B・ゲーンズ、ケンタッキー州モーガンフィールドに生まれる（4.23）。
1886 明19	・アメリカ・南メソヂスト監督教会監督のマクタイアー（Mctyre）は、J・W・ランバス、メアリー・I・ランバス、W・R・ランバス、O・A・デュークスの4人を日本宣教に任命する（4.20）。 ・J・W・ランバス、メアリー・I・ランバス、デュークスは、神戸に到着する（7.25）。 ・W・R・ランバス夫妻、中国より横浜に来日する（9.13）。 ・アメリカ・南メソヂスト監督教会日本宣教部の開所式を行う（9.17）。 ・砂本は、広島女学会（→広島女学院）を創立する（10.1）。 ・J・W・ランバスは鈴木愿太（げんた）（上海からJ・W・ランバスと同道。第3章参照。）と共に神戸から広島で初の伝道集会を開く（10.25）。 ・砂本、W・R・ランバスが開設した神戸の「読書館」開館式で講話（11.26）。

解　説	一般歴史

◇ナニー・ベット・ゲーンズ／Nannie Bett Gaines（本名 Anne Elizabeth Gaines）（1860.4.23〜1932.2.26）

　ナニー・ベット（家族からの愛称で、自身もこの呼称を生涯用いた）は、父ガスタバスと母キャサリン（クロムウェル）の長女として、米国ケンタッキー州モーガンフィールドに生まれる。14歳でフランクリン・フィーメルカレッジに入学。在学中にランバス夫妻の中国伝道について聞き、感銘を受ける。地元の公立学校で教えた後、フロリダ・カンファレンスカレッジで教員となる。1887年27歳の夏、アメリカ・南メソヂスト監督教会の機関誌「クリスチャン・アドボケイト」に日本へ派遣する婦人宣教師を求める記事を見つけ、南メソヂスト監督教会伝道局主事G・ジョンに手紙を書いて応募する。ケンタッキーでの夏休みの終わりに「あなたを日本へ派遣する」という手紙を伝道局から受け取り、その四日後には、日本に向かうため大陸横断列車に乗っていたという。

　1887年10月12日、広島に到着し翌日には広島の生徒たちと会い広島英和女学校で教え始める。1889年春には、いったん閉校を余儀なくされるが、9月に学校を再開。1891年地元の要請を受けて幼稚園を開設する。これが聖和の幼児教育の原点となる。幼稚園は、開園直後から度重なる困難に遭遇したが、幼な子をキリストへ、幼な子に最高の教育をと願って続けられ、1895年には保姆養成科を設置する。

　1919年、同じ南メソヂスト監督教会の「ランバス記念伝道女学校」（神戸）との再編が検討され、新しい学校を大阪に設立することが決まり、1921年、保姆師範科の教員生徒を、大阪に新設された「ランバス女学院」へと送り出す。ゲーンズは、広島に留まり名誉校長となった後も、教育と伝道に情熱を注ぎ続けた。

　ヒルバーン著『ゲーンス先生』には「〈サムライのような〉精神と行儀作法の生活態度を持った先生であった」と記されている。1932年2月26日、肺炎のため逝去し、広島市比治山市民墓地に埋葬された。

＊広島女学院の創立

　砂本は、広島でのキリスト教伝道をこの広島女学会を創ることによってスタートし、ランバスファミリー[注*]に協力を要請している。J・W・ランバスとデュークスは、10月末の初来広以降、月1、2回広島での砂本の伝道を助けた。

・小学校令（義務教育制）、中学校令、師範学校令公布（4.10）。
・英和幼稚園（現存する最古のキリスト教幼稚園、金沢）設立（10.）。
・米国人宣教師J・W・ランバス、神戸にパルモア英学院を設立。

注＊　ランバスファミリー（メアリー、J・W・ランバス、W・R・ランバス）については、第3章に詳述。

第2章　広島女学校保姆師範科　　87

年号	事 項
1887 明20	・砂本は、私立英和女学校（以下、英和女学校と表記）を鉄砲屋町中の丁筋に開業する（2.10）。 ・英和女学校、細工町33番邸に移転（3.8）。 ・メアリー・ランバスは、女学校を組織するため来広する（春）。 ・3塾合同が行われ、砂本が校主となる（4.）。 ・細工町の教会で、最初の洗礼式が行われ、広島美以教会（→日本基督教団広島流川教会）が設立される（5.8）。 ・ゲーンズ、サンフランシスコより「シティ オブ ニューヨーク号」で日本に向け出帆（9.1）。 ・ゲーンズ、横浜に到着（9.23）し、神戸へと向かう。 ・ゲーンズは、W・R・ランバス夫妻と子どもたち（デビット、メアリー）と共に広島に到着する（10.12）。 ・ゲーンズ、細工町の2階の教室で、初めて生徒達に会う（10.13）。 ・「芸備日報」に英和女学校の大広告が掲載される（10.23）。 ・英和女学校から広島高等女学校へ生徒が転出する（12.6）。 ・第2回宣教部四季会（神戸）で、砂本は広島でのキリスト教の求道者が27名に達すると報告している（12.31）。  ゲーンズ（後列左端）、日本到着当日に旅を共にした人たちと（9月23日）
1888 明21	・英和女学校に、メアリー・ランバス、ゲーンズが教師として加わるとの記事が掲載される（「芸備日報」1.14）。 ・ゲーンズは神戸で開催されたアメリカ・南メソヂスト監督教会の日本年会に出席する（8.31）。 ・ゲーンズによる「幼年英語会」の生徒募集記事が掲載される（「芸備日日新聞」10.3）。

解　説	一般歴史
＊私立英和女学校開校当初 　この学校の歴史は、のちの原爆投下による資料喪失もあり、地方紙や宣教師報告等を手掛かりにたどることにした。初期の歴史に関しては諸説がある。 　1887.2.6日付の「芸備日報」広告欄には、学校の開業と英学、和学を教えること、杉江田鶴（広島出身の梅花女学校卒業生）が教師となることが、記載されている。しかし、杉江は、1887年10月31日付で広島高等女学校に転任している。鉄砲屋町の女学校はすぐに手ぜまとなったため「細工町西蓮寺門前」「細工町郵便局隣」に移り2階を女学校の教室に、1階を教会の集会所とした。（『南美宣教五十年史』以下『南美』）しかし、1909年の私立広島女学校の沿革の記載によれば、広島市内にあった杉江田鶴の「女子英語塾」と木原適處の「英学校附属女生徒教場」と合同して、校舎を細工町内の西蓮寺前（現在の大手町1丁目附近）においたとされている。 ＊広島美以教会最初の洗礼者 　砂本の母八重子、三戸蔵之助、三戸とき子、松本益吉など12名がJ・W・ランバスより受洗。すでに受洗していた三戸久次、砂本貞吉とあわせて会員14名の教会となった。 ＊ゲーンズの来日 　ゲーンズは、横浜でW・R・ランバスからの歓迎の電報に迎えられ、神戸で宣教部第1回の年会開催を知り直ちに神戸に赴く。神戸駅にはJ・W・、W・R・ランバス父子が迎えに来ていた。神戸で居住特別許可証を受け取ったゲーンズは、当時神戸以西に鉄道はなかったためW・R・ランバス一家と共に船で宇品港に上陸し、広島の松本旅館にクリスマス前まで滞在した。	・文部省、教科用図書検定規則を制定（5.7）。 ・文部省音楽取調掛「幼稚園唱歌集」（最初の幼稚園の唱歌教科書）刊行（12.）。
＊1月14日の「芸備日報」 　記事には、「美以美教会附属英和女学校に於ては」今年から一層「広島婦人の道徳学術を養」うために、今までの女性漢学教師に加えて「美以美教会宣教師ミツセツスランバス氏ゲヘーン女史を教師となす」ほか、女性宣教師一名を新たに加える予定であることが書かれている。また、規則の変更と「外国教則普通学科」に基づく教育の実施が記事となっている。 ＊10月3日の「芸備日日新聞」（「芸備日報」の名称が変更されたもの。以下「芸備日日」） 　「男女問わず有志子弟に、学校において会費5銭で実地の英語を教える」という内容の広告だった。	・日本・メキシコ修好通商条約調印（初の対等条約）（11.3）。 ・国歌「君が代」の制定を条約国に通告（11.）。 ・旧約聖書の和訳が完成。

第2章　広島女学校保姆師範科

「種を蒔く人」のたとえ ——ナニー・ベット・ゲーンズと広島

　聖和の保育者養成と幼稚園の歴史は、広島から始まる。ナニー・ベット・ゲーンズが、広島女学校に創設した保姆師範科と附属幼稚園が、「聖和の保育」の原点である。しかし、それが神戸や大阪（関東で言えばさしづめ横浜や東京）ではなく、広島に始められたことは、他の学校とは明らかに違う道行きをこの小さな学校に歩ませることとなる。

　学校の始まりは、困難を極めた。広島は、安芸門徒と呼ばれる熱心な仏教徒の多い土地柄で、そこにキリスト教（ヤソ）の「オンナ」の学校を、見たこともない「ガイジン」たちが創ろうというのだから、もともと無理な話だったのだ。1887年2月10日、砂本貞吉によって開業された「私立英和女学校」は、89年には閉校、ゲーンズは神戸に撤退を余儀なくされる。やはり無理だったのだとの声の中、ゲーンズは広島に戻り校長として学校を再開するのだが、それ以降も建てたばかりの園舎の倒壊や、自慢の新校舎の全焼など、窮地に追い込まれ続ける。

　それに加えて、広島の歴史を記そうとすると、原爆による歴史資料の焼失というもうひとつの壁が立ちはだかる。広島女学院によって掘り起こされ刊行されている歴史も、数少ない資料によっており、戦前の写真等は、戦災に遇わなかったランバス女学院に移されて聖和へと引き継がれているものの方が、自校に保管されているものより多いのではないかと思われる。

　学校の創立も、小学校の始まりも、保姆師範科の始まりも、年号を確定しようにも資料からはどれも幾通りにも読める。たとえば「学校」としての開設は、1887年なのだが、それに先立つ1886年10月1日が「広島女学会」創設の日とされ、これを創立記念日としている。小学校も1891年1月に尋常小学校として開設され、女子生徒が募集されているが、正式な創立は1893年である。保姆師範科の始まりも1891年9月の幼稚園開園時に、保育生（園児）と共に「保姆伝習生数名入学ヲ許ス」とされているが、正式には1895年に開設となっている。新聞広告などの断片的な記載をつなぎ合わせてとどめた広島女学校の歴史は、当然謎だらけなものとならざるを得なかったのである。

　しかし、このような広島の歩みの中で、確かに一筋の道を歩いたひとりの女性、ナニー・ベット・ゲーンズがいた。そして、広島の地に広島女学校保姆師範科は創設されたのである。

　私たちにはなかなか想像できないのだが、新聞に「アーメン」という見出しで、女学校の教師中野兵二郎がキリスト教信仰をもつようになったことを「病の為めアーメン（免か）となりしはお気の毒」と報じられた、などという記載を見ると、学校を取り巻く雰囲気が、本当に宗教的嫌がらせに満ちていたことが推察される。そしてそんなミッションへの逆風に拍車をかけていたのは、広島が当時の大日本帝国の軍事拠点であったということだ。

　広島女学校の記録には、しばしば陸軍関係者や陸軍教練場、呉の軍港など軍に関することがらと、天皇家、宮家、教育勅語などに関わる記載が出てくる。たとえば1890年発布の教育勅語について、他の学校（神戸女子神学校、ランバス記念伝道女学校）には見られない記述がある。

　たまたま、勅語発布30日前の1890年10月

実科生作法

本科生会食

1921年の卒業アルバムに掲載された授業と学生生活の様子。他の学校には見られない古風で規律正しい風景が学校内にあった。

1日に、広島女学校では新校舎の開校式が執り行われているが、そのプログラムは「芸備日日新聞」記事によれば、「讃美歌・祈祷・聖書朗読・讃美歌・開校式文朗読（校主松浦豊吉）・沿革報告（幹事尾藤徳義）・音楽（ミッセス・ウオータース）・伊達某ほか来賓の諸氏の演説・答辞（ミッスゲーンス）・頌歌」となっている。そして、教育勅語発布（10月30日）から3カ月経ずして、1891年1月13日その「教育勅語」が広島女学校に「下賜」されてきた。それから半年後の第1回卒業式プログラムは、「讃美歌・祈祷・讃美歌・聖書朗読・讃美歌・歓迎の辞・唱歌・勅語朗読（松浦豊吉）・卒業証書授与・英語唱歌・勧話・英語讃美歌・英文朗読・讃美歌・来賓祝辞・閉校（終業）式の辞・唱歌・終わりの頌歌」となる。開校式と卒業式という式典内容の違いがあるので、単純な比較はできないが、ゲーンズ校長をはじめとする宣教師の名前がなくなり、式の中心に日本人校主による勅語朗読が据えられている。

戦前の記録として現存する数少ない広島女学院『創立五十周年記念誌』（1936年）の巻頭写真ページには、校舎と創立者たち、学校関係者の顔写真に続いて、幼稚園、小学校、女学校生活の楽しいスナップや記念写真が多数載せられている。そこにいきなり表れるのが「比治山御便殿」と「招魂社」の大きな鳥居と、「大本営跡」の写真で、「厳島神社」も続く。大本営跡？大本営と言えば、第2次世界大戦の時「大本営発表！」として記録映画などで聞き覚えがある、戦争時の司令部報道局なのだろうかというぐらいの認識しかなかったため、広島の大本営を慌てて調べた。そもそも大本営とは、戦時中に組織される天皇直属の最高統帥機関で、1893年の戦時大本営条例によって法制化されたもの。日清戦争時の大本営（1894年6月5日設置）は、広島におかれたため、天皇が広島へと移り、1894年9月15日から1896年4月1日の解散まで、広島大本営があったのだという。

1894年から96年まで、明治天皇がいて大本営があった町、それが広島だったのだ。ゲーンズが保育者養成を正式に始めた時（1895年）はまさに、この広島大本営時代であった。

大本営跡

第2章 広島女学校保姆師範科　91

ルカ福音書には、イエスの「種蒔く人」のたとえが記されている（ルカ8：5-8）。鳥に食べられてしまったり、せっかく芽を出しても妨害されて枯れてしまったり、蒔いても、蒔いても、芽が出ず、実を結ばない種蒔きは続く。しかし、ある種は豊かな実を必ず結ぶ――と、その話は淡々と語られている。「種蒔く人」は、まるで広島の町のゲーンズではないか。

　保姆師範科1期生の芝春江は、「（ゲーンズ先生は、）一粒の種子を蒔いてその種子の実るまでの経路はいかに私共の幼児教育に多くの示唆を与えるかについて話されました」と回想している。広島という土地で、一粒の種を蒔き続け、その種の実りを信じて待った種蒔き人は、生涯を広島の学校にささげ、広島の地に葬られている。

　広島女学院の校章には、アヤメとCUM DEO LABORAMUSの文字がかたどられている。アヤメは、ゲーンズが流川筋の菖城跡の外濠に咲くアヤメの花を愛したことにちなんで定められ、「たとえ汚い泥沼の中に育つとも、その気品ある紫色の優雅さと純潔さとを誇り得る事を表し」ているという。CUM DEO LABORAMUS（クム・デオ・ラボラムス）は、ゲーンズの比治山の墓石にも刻まれた言葉で、「我らは神と共に働く者なり」（Ⅰコリント3：9）を意味する。苦労に苦労を重ね、不毛に見えるその種蒔きは、神のみ心であり、神が共にいてくださる喜びの働きですな（言葉の終わりに「……ですな」と付けるのがナニーの口癖だった）と、今もゲーンズは語りかけているかのようだ。

広島女学院校章

年号	事 項
1889 明 22	・砂本、ホノルルの日本人移住者伝道のためハワイに渡る（春）。 ・英和女学校の本日限りの廃校と宣教師の帰国記事が掲載される（「芸備日日」3.26）。 ・ゲーンズは、広島から撤退し神戸に引き上げる（4.1）。英和女学校より「休校広告」が出される（「芸備日日」4.3、4.5）。 ・アメリカ・南メソヂスト監督教会日本宣教部年会にて、ゲーンズは「広島英和女学校」校長に任命される（8.）。 ・ゲーンズは細工町の英和女学校を上流川町45番邸の仮校舎に移転し、校長として新たに学則を制定。普通科4年、本科2年の6年制で、別に専修科をおき、外国人女性教師2名と日本人教師数名で教育を再開する（9.11）。
1890 明 23	・メアリー・F・バイス（Mary Florence Bice: p.140参照）、神戸に到着し（1.29）、直ちに英和女学校に赴任（2.7）。この頃、L・ストライダー（Laura Strider）も着任している。 ・広島美以教会は、学校と離れ紙屋町に教会堂を献堂（5.18）。英和女学校の礼拝は、1902年5月までこの紙屋町の教会堂で行われていた。 ・校主松浦豊吉は、幹事制度を導入し、W・R・ランバスがゲーンズの補佐として選んだ尾藤徳義を幹事とする（7.）。 ・上流川町2番に広島初の洋風建築の新校舎が完成する（7.）。 ・細工町より移転し、落成式を兼ねて開校式を行う（10.1）。予備科2年、普通科4年、高等科普通科2年の8年制に教育制度を変更する。

解　説	一般歴史
＊広島からの撤退 　キリスト教に対する迫害と広島高等女学校への生徒の引き抜きのため、1889年には生徒が13名にまで減少した。南メソヂスト教会の監督ウィルソンの妻に宛てたゲーンズの書簡によれば、「W・R・ランバス博士が広島を去った後、時間をさいて広島に来てくれる宣教師はひとりもいません」とある。砂本が広島を離れ、ゲーンズを助ける日本人も宣教師もいなくなる中での撤退だった。 　「休校広告」は、「都合により本月1日から1学年休業し、上流川町の所有地に新校舎を建て米国からの教師も増やして再開する」という内容だった。ここに書かれている所有地は、同年2月3日付の「芸備日日」に「W・R・ランバスがキリスト教の学校を建てるため某氏より土地を借り受けた」と報じられた土地であったと思われる。 　当時、不平等条約への不満も強く、外国人に禁止されている土地購入や工事事業には、きびしい見方があったことが以下の記事から推し量られる。 　居留地外に於いて土地を購入し若しくは家屋を建築する等の事は外人の為し得べからざる規則なるに夫の耶蘇宣教師共は何の地方に於いても皆は此規則を破り（表面上或は然らさるものもあり）盛んに土地を購入し会堂を建築する等のことあり近年世間の一問題となり居る処なるが茲に当地居留の宣教師ランバス氏は……本区流川町某氏の地処を借り受け耶蘇教場を建築するよしにて……此等も表面に任っては或はランバス氏自身の工事にはあらざるか知らねども兎に角外人が居留地外に於いて諸種の工事を営むが如きは聊か解し兼ぬる点もあるなり （2月3日「芸備日日」の非難記事）	・大日本帝国憲法・皇室典範を発布（2.11）。 ・W・R・ランバス、関西学院（神学部と普通学部）の設立認可を受ける（9.28）。 ・米婦人宣教師ハウ、神戸に頌栄保母伝習所を設立（10.22）。フレーベル理論と実践を主導。 ・頌栄幼稚園開設（11.4）。
＊この頃の英和女学校の教師 　3月11日の新聞広告によると「ゲーンズ氏、バイス氏、ウォータース氏（Tallulah Harris Waters = Mrs. B. W. Waters）の3女教師と邦人3名で懇切丁寧に教育する」ことが記されている。またバイスの年次報告によれば、彼女は、広島到着の翌週から女学校で1日3～5時間授業を持ったという。科目は、英語読解、スペリング、文法と歴史、作文、地理の他、日々行われる聖書講義も担当した。 ＊英和女学校の校主たち 　キリスト教への迫害の激しい広島においては、日本人を校主とすることは重要であった。宣教師は「校主」をJapanese Principal（日本人校長）と呼んでいた。 　初代：砂本貞吉（1887.12まで）2代：岡健太（1887.12～1888.6 南メソヂスト監督教会における3番目の日本人受洗者。1887～89年には大分国東高等小学校の校長でもあった。）3代：松浦豊吉（1888.6～1894.9 庄内で英語教師をしていたが、1887年5月に老ランバスから受洗。）4代：鵜崎久平（1894.9～1902.12 病気のため引退。）5代：西村静一郎（1902.12～1928 宇和島で英語教師だったが、老ランバスから受洗。宇和島教会を開く。英和女学校では教務を兼任。）	・富山で米騒動（1.18）。 ・第1回総選挙（7.1）。有権者は国民の1.2％。 ・「教育に関する勅語」発布（10.30）。 ・第1回帝国議会招集（11.25）。

年号	事 項
	 上流川町最初の校舎
1891 明24	・「教育勅語」の謄本が学校に下付される（1.13）。（コラム12参照） ・小学校の生徒募集広告が出される（「芸備日日」1.13）。 ・幼稚園開設の要請を受ける（春）。 ・英和女学校、第1回卒業式が行われ、4名が卒業する（6.30）。 ・甲賀ふじ（頌栄伝習所教員）と同伝習所第1回卒業生の黒田しなが幼稚園開設のため着任（7.）。（コラム14参照） ・幼稚園児と保姆伝習生の募集広告が出される（「芸備日日」8.23）。 ・園舎が完成し、幼稚園開園する（9.10）。 ・開園3日目に台風のため園舎倒壊（9.14）。 ・校舎が原因不明の出火により全焼する（10.15）。 ・ゲーンズは、上柳町9番邸を仮教場として10月26日から授業を開始すること、幼稚園と寄宿舎は上流川町45番邸に置くことを新聞広告に掲載する（「芸備日日」10.21）。 ・アメリカ・南メソヂスト監督教会伝道局より"Rebuild"（再建せよ）の電報が届く（10.28）。

解　説	一般歴史
＊上流川町最初の校舎 　この校地は、アメリカ・南メソヂスト監督教会伝道局の400ドルの資金で購入されたもので、ゲーンズは校舎建築資金として私財を投じたほか、内外の寄付をつのっていた。瓦屋根の木造総2階の建物で、玄関の上に大きな飾り破風（はふ）とバルコニーがあり、屋根には煉瓦の煙突という洋風の外観であったため、市民の見物がたえなかったという。また、この時、寄宿舎も建築された。 　校舎落成式典には「大沼陸軍少将、橋本副官、大河内学務課長、伴市長、岩本中学校長を始めに高等官の夫人等併せて五十余名」の来賓があり「耶教主義の女子教育」ではあるが学校として公的に認知されたことを示している。	
＊小学校の開始 　1月13日には、「今回学級生徒を募集（さら）し更に尋常（じんじょう）小学校を新設し満6年以上の女子は入学を許（ゆる）す」の広告が出され、女子のみの募集がなされた。これが3月には共学の「附属小学校」としての募集広告に代わっている。つまり英和女学校附属小学校は正式認可（1893年4月）の2年以上前に組織されていたことになる。 ＊幼稚園開設に向けて 　1891年春、ゲーンズの下に、公立学校の校長が訪れ、市内で唯一の幼稚園が資金難のため閉園すること、英和女学校が幼稚園を開くなら約70名の園児を送ることを告げた。これによりゲーンズは幼稚園開設を決意する。 　幼稚園開園準備のためゲーンズは、共に来日していたアニー・L・ハウを神戸の頌栄保母伝習所に尋ね、協力を要請し、甲賀と黒田ふたりを伴い帰広している。こうして開園準備の整った幼稚園より、「今般米国高等幼稚園師範学校を卒業し帰朝の後（のち）神戸頌栄幼稚園担任（へいよう）者たりし甲賀藤嬢を聘用（こんばん）し、幼稚園を新設したるに付（つき）、保育生45名、保姆伝習生数名入学を許（ゆる）す」との募集広告が出された。幼稚園開設と同時に保姆養成科が計画されていたことになる。 ＊幼稚園の開始と困難 　幼稚園開設を望むゲーンズに対し、米国の伝道局は建築費の援助はしないという条件で幼稚園開設を許可していた。そこでゲーンズは自分の俸給を抵当にしてようやく園舎建築にこぎつける。こうして幼稚園を開園してみると入園児は、70〜80人の応募者から45名の入園を認めていたが、実際に来たのは13名という状況であった。 　しかもその幼稚園舎が3日で倒壊してしまう（9月）。しかしゲーンズは、園児の親の厚意で控訴院判事邸にてすぐに保育を再開する。1カ月後追い打ちをかけるように、竣工1年の新校舎が全焼。それでも10日後には仮校舎で授業を再開したゲーンズに、米国の伝道局から再建の指示と支援が届くこととなった。	

第2章　広島女学校保姆師範科

年号	事項
1892 明25	・英和女学校の状況と活動プログラムがゲーンズにより報告される（1.）。 ・幼稚園設置の認可がおりる（2.）。 ・全焼した女学校校舎と講堂、寄宿舎、園舎が上流川町の校地に再建され、完成式典を行う（9.30）。  火災後再建された洋風建築の校舎  倒壊後再建された園舎 左端に座っているのがゲーンズ。  幼稚園の内部　後方右奥にゲーンズ、後方左奥に甲賀ふじ。
1893 明26	・附属小学校設置認可を受け単級制として開校。学年度開始がこの頃より4月となる。 ・ゲーンズ、1887年の来日以来初の休暇帰米（6.）。 ・8年制の内容を予備科3年、本科3年、高等普通科2年に改定する（9.）。

解　説	一般歴史
＊ゲーンズによる *Year Book, METHODIST EPISCOPAL CHURCH SOUTH*（以下MECSと表記）への報告 　「生徒は学業に励み、そして生活の中に神の影響を色濃く見せている。そして家庭にもその影響を持ち込んでいる。クリスチャンの家庭から来ているものは少ないが、何に対してでも真剣にとりくみ、キリスト教の教えをまっとうしようとする姿勢は、今日の若者にはなかなかみることができないものである」と女学校の様子が書かれている。また1888年からの「幼年英語会」や日曜学校などの試みがなされていたこと、ワタナベ氏による「恵まれない子供達の為の学校」を英和女学校内に開き「収容できる限りの生徒を取った」ことが記されている。 　特にメソヂスト教会の日曜学校については、「女学校の教師と生徒による援助がなければ、この活動を行っていくことは不可能である。（略）少女達が熱心にクラスを受け持ち、日曜学校の生徒によい影響を及ぼしている」としている。 ＊「開校式及開園式順序」 　このプログラムから当時の学校と学校を取り巻く状況が推察される。 　「讃美歌3番（合唱）祈祷、聖書（田中義弘）唱歌君が代（一同起立合唱）、歓迎辞（尾藤徳義）唱歌金剛石（幼年生）、勅語奉読（松浦豊吉）、唱歌御国の旗（同校生徒）、幼稚園開園式開諧遊戯、讃美歌英語83番（同校生徒）、勧話（吉岡美国）、讃美歌ひのもとなる（同校生徒）、来賓祝詞、祝文（錦織ユキ）、答辞（エム・ビー・ゲィンズ）、頌歌2番、祝祷」（「芸備日日」10.1）	
＊創立当初の卒業生数 　「広島県統計書」「文部省指定私立広島女学校校則（1910.7改正）」によると、卒業生は、第1回（1891）3名、第2回（1894）5名、第3回（1896）3名、第4回（1897）4名、第5回（1898）6名である（卒業生数が異なる報告もある）。いずれにしても、在校生に比べ卒業生数は少なく、学校創設当初の12年のうち卒業生を出したのは5回にとどまっている。	・文部省、学校の祝日大祭日儀式用の歌詞、楽譜を選定し告示（「君が代」など8編）(8.12)。

年号	事 項
1894 明27	・第2回卒業式が行われ、3名が卒業する（3.）。この年から卒業時期を3月とする。 ・日清戦争（1894〜1895）が勃発し、学校をあげて戦争に協力する。 ・ゲーンズは、A・D・ブライアン（女学校を援助するため自費で来日）を伴って学校へ戻る（9.）。
1895 明28	・校庭で、米国音楽博士オールチン氏による幻燈会が開かれ「放蕩息子（ほうとうむすこ）」と日清戦争の動画が併せて映写される。1000人以上が参加（4.16）。 ・保姆養成科を開設。修業年限2年、生徒12名で発足（9.）。 ・西村静一郎が着任し、教頭に就任する（9.）。 ・招魂祭での参拝が行われる（10.13）。
1896 明29	・校名を「私立広島女学校」（以下、広島女学校と表記）と改称し、これまでの高等科を教育科、文科、理科の3科に改組し専修課程を独立させて裁縫専修科を設置（3.）。 ・西村と同時に安永夫妻も着任し、小学校教育に尽力する。 ・附属第二幼稚園（三川町）を開園する。
1897 明30	・保姆養成科第1回卒業式が行われ、4名が卒業する（7.）。 ・甲賀ふじは、ハワイのホノルルで幼稚園教育に従事するため辞任する。

保姆養成科第1回卒業生と教師たち
後列右端に甲賀ふじ、ひとりおいてゲーンズ。

解　説	一般歴史
＊広島の大本営 　日清戦争勃発に伴い、9月に大本営が、東京から広島城内の第五師団司令部の建物に移転される。英和女学校では、教員の粟屋七郎が第五師団に戦争協力の書状を送り、学校は衛戍病院(えいじゅ)(陸軍病院)の包帯作りや傷病兵慰問の協力を行った。 　しかし、宣教師が国家主義、軍国主義がきわめて強い広島の風土を理解することはむずかしく、翌年3月3日付「芸備日日新聞」には、有栖川宮の死去後謹慎する女生徒たちと讃美するよう命じるゲーンズ校長とのやり取りが報じられている。	・日清戦争始まる (8.1)。
＊保姆養成科の始まり 　保育者養成は、1891年の保姆伝習生の募集広告や卒業生の記述からもわかるように、すでに始まっていた。それが1895年になって正式に「保姆養成科」として修業年限2年、生徒12名で開設された。これは、国内3番目の保育者養成機関であった。初期の科目と担当者は、ゲーンズ：保育原理、フレーベルの母の遊戯、甲賀ふじ：実習、ブライアン：音楽であった。 ＊招魂祭での参拝 　学校として早くから取り組んでいたものと思われ、この年の参拝順序は、尋常学校（公立学校）に次いで、私学で始めに広島女学校となっている。	・日清講和条約（下関条約）に調印 (4.17)。 ・台湾に総督府をおく (6.17)。 ・世界学生キリスト教連盟（WSCF）設立 (8.8)。 ・レントゲン（独）、X線を発見。
＊広島女学校附属第二幼稚園 　貧困家庭のための「無料幼稚園」として開設された。1907年に、夜間の英語学校とチャペルに併設の「フレーザー幼稚園」(Fraser Institute Kindergarten)として、献金者フレーザーを記念して名称を変更。現在は、学校法人広島南部教会学園フレーザー幼稚園となっている。	・アテネで、第1回近代オリンピック大会開催 (4.6)。 ・フレーベル会（女子高等師範学校附属幼稚園の保姆を中心とした保母の団体）設立 (4.21)。
＊保姆養成科の卒業生 　第1回目の卒業者は、芝春枝（松本）（附属幼稚園主任を務め、関西学院副院長松本益吉と結婚）、上代ハナ（豊崎）、神山テイ（真片）、西村トシエ（牧野）の4名であった。	・帝国図書館開館（蔵書数35万）(4.27)。 ・京都帝国大学設立 (6.22)。 ・師範教育令公布 (10.9)。尋常師範学校を師範学校と改称。

Column 13

ダッドレーからの贈り物

　広島女学院の幼稚園は、ゲーンズの強い願いから興されたもので、後に広島での働きを振り返ってゲーンズは「私が本当に自ら進んでやった仕事があるとすれば、おそらくそれは幼稚園だったと思います」と語っている。しかし、その幼稚園は、最初の主任保母、甲賀ふじの存在なしには到底実現できなかった。甲賀ふじは、日本人女性で初めて保育、幼児教育を海外で学び、生涯研究と実践を続けた幼児教育・保育学の先駆者である。この甲賀が、初めの留学から帰国し、頌栄保母伝習所（アメリカン・ボード）で保育者養成を始めて半年で、ハウの下から、まだ何ひとつ始まっていなかった広島女学校（米国南メソヂスト派）へとやって来たのである。どうやってゲーンズは彼女を口説いたのだろう。

　後年、ゲーンズが楽しそうに語ったという、幼稚園開設時にミス・甲賀にたしなめられたエピソードが示すように、ゲーンズは甲賀ふじと深い信頼関係を結んでいた。しかし、甲賀の広島滞在は実は6年とあまり長くない。その間に、残された写真は多く、特徴のある丸顔のふじは、写っていればすぐ見つかる。ごく初期の幼稚園児を前に、園舎倒壊のため外で保育している様子、ゲーンズとふたり、再建された園舎で子どもたちといるところ、保姆養成科の生徒と並ぶ記念写真、そして、立派な青年となったかつての園児と誇らしそうに写るスナップの数々。幼稚園開設の立役者となり、ゲーンズと教え子たちの心に長く尊敬を持って刻まれた甲賀ふじとはどんな人だったのか。

　甲賀ふじは、1856年三田藩士甲賀政之進忠輝、くまの次女として生まれる。1868年に父が壮年で亡くなり、母は翌年藩主九鬼家の奥女中となる。ふじも13歳で姉ふみと共に御殿奉公に入り、九鬼家の姫の子守役となっている。転機は1872年夏に訪れた。九鬼の殿様の命で、有馬に滞在していた宣教師デービス一家の下へ出向き（コラム2参照）、この年の秋、デービスの娘の子守役として神戸へと出て行ったことが、その後のふじの生涯を変える。1873年10月、「タルカット、ダッドレーが花隈に塾を開かれてからはずっとそこに通って教えを受けて親しくキリスト教を学ぶ。この時のタルカット、ダッドレー両女史との出合いがふ志子の生涯を決定した。」こうして1874年4月19日の、摂津第一神戸基督教会設立時に、ふじはグリーンから最初に洗礼を受けた11名のひとりとなるのである。（三田藩士族㉖甲賀ふじ「六甲タイムス」1990.8.3）

　こうして、12歳で父を亡くした三田の貧しい少女は、神戸へやってきて、宣教師たちと英語、キリスト教との出会いを与えられ、新しい世界へ羽ばたいていく。まず初めの学校は、ダッドレー、タルカットの神戸英和女学校（神戸女学院の前身）で、1882年に第1回卒業生となる。ふじにとって、10代後半から20代の若い日に生活も学びも信仰も共にすることになった偉大なふたりの宣教師の影響は計り

神戸女学院 The Earliest Photograph, 1875（神戸女学院図書館所蔵）　恩師ダッドレー（中央に座る3人の宣教師の右端）、タルカット（3人の左端）と共に若き日のふじ（後列6人の内右から3番目）が写っている。

102　　第Ⅰ部

広島幼稚園時代(1894年頃)園児たちとのスナップ
左柱前の笑顔のゲーンズと前方右でしゃがんでいる甲賀ふじ。

知れず、彼女の性格は、「タルカットの厳格とダッドレーの寛大を兼ね備えた」と言われたほどであった。

1887年から90年に、第1回目の保育の学びのために米国留学。その後広島での働きを辞した1897年から、ハワイ共和国ホノルル日本幼稚園へと向かうが、1904年4月には、保育学の新旧の流れが交錯する中、その学説と潮流を学ぶべくホノルルから直接米国へ再留学する。この時学んだシカゴ大学での出会いをきっかけに、帰国後1906年から成瀬仁蔵の創立した日本女子大附属豊明幼稚園初代主任保母に就任。それから21年間、東京で勤務することになるのである。

明治、大正の時代に、三田の片田舎から、保育学、幼児教育学の第一人者として世界を飛び回ったふじは、自ら記した「自己の天職等に関して覚悟したる場合の経験談」において、次のように述べている。まだ、どの道を歩いていくのかを決めていなかったとき、「一方の教師は、貴女(あなた)は是非(ぜひ)看護婦になれと勧めて呉(く)れました。(略)これと同時に、他の一方からは、貴女(あなた)は是非(ぜひ)幼稚園の保母となったが宜(よろし)いと云(いう)ふて、切(しき)りに勧めて下さるのです」と。おそらく、後に看護学校でも働くこととなるタルカットが、ふじに看護学を勧めた教師で、それには「旅費も服装其(そ)の他の準備金も出して洋行させる」と、留学までついた勧誘だった。もう一方の、何の保障もない保育者を勧めたのは、ダッドレーに違いない。

そしてふじは、その保育を選ぶ。

ふじがハワイの幼稚園で働いていたその時期に、タルカットはハワイ宣教に従事している(1900～1902年)ことからみても、看護を選ばなかったふじとタルカットの親交はその後も深かったと思われる。ふじの生涯と飛び回り方、その行動力は、タルカットの生き方によく似ている。しかし、なんの顧みも望めなかった保育の道を、愛の天使といわれたダッドレーは、おそらく、ただ愛のゆえにふじに選ばせた。ふじに受け継がれた「タルカットの厳格とダッドレーの寛大」を、こう言いなおしたい。甲賀ふじは、「タルカットの強さと勇気、ダッドレーの優しさと愛」をその人生に映して生涯保育の道を歩いたのだと。

ダッドレーが生みだしてくれたふじがいて、広島に幼稚園が生まれ、保母養成は始まった。ダッドレーの神戸女子神学校が岡田山に存在して、広島からランバス女学院へと続く保育の系譜が、聖和に存続することができた。「聖和の保育」の源流は、隠れたダッドレーからの贈り物だといっていい。そしてそれは、深く不思議な、人が「摂理(せつり)」としか呼ぶことができない、神の恵みの計画、愛の贈り物だったのだ。

立派になった卒園児と
写真の裏には「大正元年11月」の日付と3人の元園児の砲兵中尉、法科大学学生などの肩書、名前が記されている。誇らしげなふじ先生が美しい1枚。

第2章 広島女学校保姆師範科 103

年号	事項
1898 明31	・音楽教師としてアンナ・B・ラニアス（後にスチュアート校長夫人となる Anna Bird Lanius）来日（9.27）。 ・保姆養成科第1回卒業生の芝春枝、幼稚園主任となる。
1899 明32	・私立学校令、文部省訓令第12号（公認学校での宗教教育禁止）が公布され、学校への管理が強まる（8.3）。 ・有料幼稚園と無料幼稚園2か所（小網町と的場町）の運営がMECSに報告される。
1900 明33	・音楽部生22名が在籍し、ピアノとオルガンを習う。
1901 明34	・ファンシー・C・マコーレー（Fannie C. Macaulay）、幼児教育の専門家として4年間の契約で米国より着任。保育にスキップを導入し、園児と生徒は、マコーレー考案の両肩フリル付きエプロン（「天使のエプロン」と呼ばれた）を着用するようになる。 ・小学校の児童数は94名に増加する。
1902 明35	・保姆養成科第2回卒業式が行われ、2名が卒業する（5.）。 ・西村静一郎、校主となる（12.1）。 ・聖日礼拝を学校講堂で行うようになる。

解　説	一般歴史
	・明治民法施行（7.16）。 ・米、ハワイを併合（8.）。 ・岡倉天心ら、日本美術院を設立（10.15）。
*ミッションスクールの状況 　私立学校令により、教員は原則国語に通じるものとされ、外国人経営の学校への管理が強まっていく。また、訓令12号に対してゲーンズ校長は、建学の趣旨を守って認可高等女学校ではなく、各種学校になって宗教教育を行うことを選択するが、これが後に入学者減を招くこととなる。 *幼稚園児への保護者への教育 　幼稚園では、「毎回25名から50名の母親が出席して毎月開かれる」女性宣教師による母の会（Mothers' Meeting）がもたれ、聖書研究会、礼拝が行われキリスト教への理解が勧められていた。母親教室や子育てに関する講習会も開催されている。	・ハーグで、第1回万国平和会議（参加26ヶ国）（5.18）。 ・幼稚園保育及設備規程制定（6.28）。幼稚園に関する最初の単行法令。 ・外国人居留地廃止（7.7）。 ・文部省訓令第12号公布。公認の学校で宗教上の儀式、宗教教育を禁止。 ・私立学校令公布（8.3）。私立学校の監督の強化。
*広島女学校の音楽教育 　1900年年報によると、ラニアスは週9時間唱歌のクラスを教えていた。広島女学校は広島での洋楽の発展に貢献し、多くの音楽教師が指導に当たっていた。1905年には、音楽部に41名が在籍し、欠員待ちが10名もいたという。ここから1910年に、音楽選科、英語選科が設けられている。音楽教育と英語教育（ゲーンズは亡くなるまで自ら英語教授を担当）が広島女学校の特色であった。	・野口幽香・森島峰、東京麹町に二葉幼稚園開設（1.）。 ・治安警察法公布、集会及び政治結社法廃止（3.10）。 ・小学校令改正（義務教育4年制、授業料徴収せず）（8.20）。
	・神戸・下関、山陽鉄道が全線開通（5.27）。 ・田中正造、足尾鉱毒事件で天皇に直訴（12.10）。 ・ノーベル賞（物理・化学・医学・文学・平和）制定、第1回受賞行われる。
	・日英同盟協約調印（1.30）。 ・シベリア鉄道開通（1.～）。 ・教科書疑獄事件起こる（12.17）。

保姆養成科第2回卒業生とゲーンズ（後列左端）

年号	事項
1903 明36	・ゲーンズ校長勤続15年記念祝会を開催する（6.12）。 ・ゲーンズ、創立17周年記念日に出席後2回目の休暇帰米（10.1）。 ・在校生、卒業生合同の「生徒会」を、「同心会」として組織し、雑誌「如蘭」を発行する。
1904 明37	・幼児教育の専門家で宣教師のマーガレット・M・クックが着任する（2.3）。 ・保姆養成科第3回卒業式が行われ、6名が卒業する（3.）。 ・アイダ・L・シャナン（Ida Love Shannon: p.176参照）着任（9.12）。 ・「広島女学校附属保姆養成講習規則」制定。 ・無料幼稚園についてマコーレーが年報に報告する。

◇マーガレット・M・クック／Margaret Millikan Cook（1870.3.1〜1958.6.26）

米国ジョージア州にてメソヂスト教会の牧師家庭に生まれる。初等教育専門のアトランタ保母師範学校（幼稚園師範学校）を卒業後、ニューナンの幼稚園で教師をしていた頃、保姆養成科のために幼児教育の専門家を求めていたゲーンズと出会い、1904年に来日した。クックは、保母の養成に努める傍ら附属幼稚園主任となり、広島女学校が併設する幼稚園・保育所全ての責任を持ち、母親たちの指導にもあたった。また、保姆養成科の生徒たちに「日曜学校教授法」を講義した。休暇帰米の際にはコロンビア大学ティーチャーズ・カレッジに学び、再来日後、JKU（Japan Kindergarten Union）の会長に選出された。常に幼児教育界の動向に注意し、デューイらの進歩主義教育をいち早く取り入れた。保姆師範科の大阪移転、ランバス女学院の設立時には準備委員として、また院長が決定するまでの3年間を責任者として学院の維持運営にあたった。

ことあるごとに「その方、祈って、考えて、責任もって」と言った言葉が、卒業生たちに語り継がれている。聖和短期大学時代の理事J・B・カーブの妻セオドラ・クックは姪にあたる。

1938年、34年間の働きを終えて引退した時、ランバス女学院は名誉院長の称号を贈った。帰国後も働きを続け、米国児童教育協会の終身会員であった。1958年、テネシー州モンティグにて逝去。『小さき者への大きな愛』（2006）参照。

クックの授業風景
黒板右にパレスチナの地図が見られることから聖書の授業だと思われる。

解　説	一般歴史
＊ゲーンズの休暇 　ゲーンズの帰米は、1893年以来、来日2回目で「賜暇帰米」（いただいた休みの意）として言い表されている。宣教師としては、まれな長期在日を繰り返したゲーンズは、休暇中も米国で各方面に協力を求め1904年2月のクック、9月のシャナンの来広につなげたほか、1905年の新校舎建築のための資金援助に奔走していた。	・専門学校令公布(3.27)。 ・小学校国定教科書制度公布(4.13)。 ・ライト兄弟（米）、初飛行に成功(12.17)。
 第3回卒業生アルバム この年から1920年第18回までの卒業写真は、手書きの花や飾りと個人写真がきれいにデザインされた手作りの卒業アルバムとなっている。 ＊「広島女学校附属保姆養成講習規則」（『聖和保育史』pp.60〜61） 　○科程科目 　　生理学、心理学、教授法、教育史、遊戯の心理及歴史、フレーベルのマザー・プレー（母の遊戯）フレーベル恩物及使用法、手工、体操、音楽（課外） 　○入学者の資格 　　一、年齢18歳以上の女子 　　一、品行方正なるもの 　　一、英文教科書を用いるを得る者 　　一、高等女学校の卒業証書を有する者若くは之と同等の学力ある者 　○科程 　　一、毎日午前児童保育を実習し午後学科を修めしむ ＊無料幼稚園 　マコーレーの報告によれば、「最も貧しい地区の小さな日本家屋」で開かれ、65名の在園児があって「入れてほしいとの願い出が後をたたなかった」という。	・日露戦争が始まる(2.10)。 ・国定教科書を全国小学校に採用(4.〜)。

年号	事　項
1905 明38	・「芸備日日新聞」に附属幼稚園の保育について紹介記事が掲載される（2.24）。 ・ゲーンズは休暇を終え帰任し、土地購入と財団法人私立広島女学校の認可申請をすすめる（6.29）。 ・マコーレー、契約を1年延長し、広島に留まる。 ・保姆養成科第4回卒業式が行われ、7名が卒業する。
1906 明39	・初の留学生が清国より入学（2.12）。 ・文部省より財団法人としての認可を得る（8.7）。 ・マコーレーは、離任帰国し、クックが幼稚園主任に就任する。 ・校地の整備と新校舎の建築が進む。 ・第5回卒業式が行われ、5名が卒業する。

1906年の幼稚園
後列中央に主任のクック、後列右端に呉月娥の姿が見える。

解　説	一般歴史
＊附属幼稚園の保育　「其身体を健全にし其能力を発揮し善良の言行を習熟せしむる」ことを保育の目的とし、保育の特徴としては「フレーベル氏の主義に基き、実地に適応せる実物を以て其科目を恩物、手業、会集、修身、遊戯、唱歌、植物栽培等」とされている。（「芸備日日」2.24）  1905年ごろの宣教師たち　左からマコーレー、ソーター、シャナン、ゲーンズ、クック。	・日露講和会議（8.10）。 ・ポーツマス日露講和条約調印（9.5）。
＊清国からの留学生　広島における女子で最初の留学生呉月蛾が入学。彼女は、日本での学びを終えた後、1908年中国メソヂスト教会初の幼稚園を蘇州に開設するため帰国する。これを皮切りに中国や朝鮮からの留学生が次々と学ぶこととなった。 **＊財団法人認可**　これは海外の宣教団体からの財政援助をはなれて、資産を日本人の所有とすることを意味した。邦人経営が実際に行われるのは1932年以降だが、「日本人による日本の学校」を目指したゲーンズは、他に先がけて財団法人化を行った。 **＊1906年の保姆養成科の教員** 　科長兼教師：マーガレット・クック 　助教師：調所クラ、市川ヌイ 　講師：西村静一郎（心理教育・校主）、山田　央（国語）、イ・ソーター（音楽）田辺琢爾（図画） **＊校地の整備** 　休暇帰米中にゲーンズの集めた募金により、校地の拡張が進められ、1905年に400余坪、1908年に550余坪となる。この土地に広い教室とチャペルのある新校舎建築が進められる。	・JKU（Japan Kindergarten Union）結成（8.）。 ・米国で日本人排斥運動高まる。

Column 14

素夫くんの幼稚園 ──幼い日に信じたこと

「広島女学院創立五十周年　記念展覧会出品」のラベルが貼られた1冊のアルバムのようなノートが、聖和の歴史資料の書庫に残されている。そのラベルの出品者欄には、「幼稚園同窓　阪田インク会社　社長　阪田素夫」と記されている。ノートは「明治廿七年」（1894年）頃の幼稚園児による手技帳、手工帳で、中には見事な縫い取りで線をステッチしたカボチャの絵や、色あせない折り紙、美しい配色の組み紙などが貼られている。

これらの作品を作った素夫くんは、ゲーンズと甲賀ふじの幼稚園の園児で、このノートのほかにも、たくさんの広島女学院、幼稚園、幼稚園の同窓会の写真を聖和大学に寄贈している。彼は大人になって、聖和大学の理事を務め、彼の息子、芥川賞作家の阪田寛夫が、聖和大学校歌「新しき歌」の作詞を手掛けてくれることとなったのである。

阪田素夫は、1888年、豊田郡役所に勤めていた阪田恒四郎の次男として広島忠海に生まれる。「基督教世界（第3081号）」誌の「人物素描」欄が伝えるところでは、「兄弟が多かった為家計は相当苦しかったらしい。その為か、広島の叔父の許にあずけられて、そこで新しく創設された広島女学院附属幼稚園に入園した。ところがコチコチの門徒一門である阪田家は、『素夫がヤソの幼稚園に入ったゲナ』ということで大問題となって、彼を忠海に引取ろうとした。その時に園長甲賀藤子女史が両親を説いて、ここに留ることが出来たのが、彼がキリスト教の信仰に導かれるはじまりであった」という。手技帳は、素夫くんがヤソの幼稚園に通い続けることを許されて、年長さんの時の作品ということになるだろう。

その2年後に、一家は大阪へと移転し、父、恒四郎は大阪で新聞インキ専門の阪田インク会社を興し、成功をおさめる。素夫は大阪で育ち、1910年には父の家業を継いで社長となる。

阪田素夫の手技帳
←① ↓②

①出品ラベルを貼った表紙。
②食器とかぼちゃの縫い取り（左ページ）と組み紙。当時は糸で紙にステッチする縫い取り絵がさかんになされていた。（右の写真参照）

縫い取りの実技風景
保育科生が枠組みだけの縫い取り専用机の前でステッチを指している様子。

素夫くんにとっての広島は、ごく幼い日の幼稚園の1〜2年の記憶にすぎないはずである。しかし彼は、その後の生涯を熱心なキリスト者として歩んでいく。南大阪教会の設立から役員として教会を支え、特に幼児期からの宗教教育の重要性を説いて、立派な日曜学校校舎建築と教会附属幼稚園を設立し、自ら創立以来長きにわたって南大阪幼稚園長を務めていく。「幼稚園の仕事に異常なまでに熱心であったのは、氏が広島幼稚園で甲賀フジ先生から純真な信仰を、海綿の如き心に吸収した経験に基づいているものであります」と、林信男は述べている。「阪田素夫氏と南大阪教会」（『南大阪教会五十年史　付南大阪幼稚園四十五年史』p. 99）

　このほかにも、YMCAや日本聖書協会に関わり関西学院、神戸女学院、大阪女学院、聖和の理事監事などを兼任し、大阪クリスチャンセンターを設立して理事長に就任。晩年には奈良学園前に大和キリスト教会を創立して、教会を中心とする「キリスト村」を創るべく移住をすすめ尽力したというから、驚きである。「国際人として通用する」大きな方であったようだが、「温顔、寛容」で、教会と牧師家庭、キリスト教の働きのために「ひたすら祈り、常に励み、おしみなく財をささげられた」。教会のオルガニストであった妻、京（「新しき歌」の作曲者、大中恩の父である大中寅二の姉）との温かな家庭は、南大阪教会の聖歌隊メンバーの憩いの練習場だったと言う。

　素夫くんが、ゲーンズ先生と甲賀先生を通してキリスト教と出会ったこと——それは阪田家にとってはあり得ない迷惑なハプニングであったが、誰の目にも小さく、些細な、幼い日の出来事にすぎない。幼稚園や保育園のことなど、わたしたちはいったいどのくらい憶えているだ

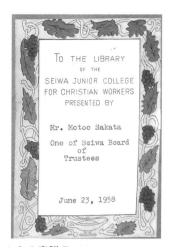

阪田素夫からの寄贈ラベル
理事 Mr. Motoo Sakata から聖和女子短期大学へ贈られた資料であることを示すこのラベルが貼られた写真は、数多い。

ろう。その時の作品集を大切に保存し、20歳を過ぎた青年期に母園・母校の創立記念展覧会に遠くから誇りをこめて出品するなど、思いもよらないことではないだろうか。素夫くんとて、きっと幼稚園児の当時は、甲賀先生と両親が一体どんな話をしたのか、ゲーンズ先生がどれほどの苦労と想いをこめてその幼稚園を経営していたかなど、知る由もなかっただろう。

　戦時中の1945年3月、彼が園長をしていた南大阪幼稚園は、空襲と園児の疎開のためやむなく休園。敗戦間際の7月に「当局より阿倍野高等女学校に近接の理由で日曜学校々舎と幼稚園舎とが強制疎開を命じられ、取り壊しをしている最中に終戦となった」。米国の日曜学校を視察して建てた自慢の日曜学校校舎と、園児のためにと、7000円の私財を投じて増築した園舎を自ら取り壊さなくてはならなかった無念を思う。それでも、終戦後、61歳になった素夫は、改めて園舎を建て、大切な幼稚園の再開園を果たすのである。

　素夫くんが当時通った幼稚園は、大好きな甲

賀先生とゲーンズが夢を込めて建てた最初の幼稚園が台風で一夜にして吹き飛ばされ、校舎もほどなく全焼して、仮住まいの教育、保育を経て「Rebuild！（再建せよ！）」の命をうけて造り直された幼稚園だった。小さな子どもだった素夫くんは、その園舎で、確かにゲーンズの「四方から苦しめられても行き詰まらず、途方に暮れても失望」しない（Ⅱコリント４：８）、キリストにある希望にふれたのだと思う。

　68歳になってなお、大阪クリスチャンセンターの構想を打ち立て、夢を語る阪田素夫について、「彼は今でも甲賀女史の偉かったことを語りつづけている」と記者は記している。「偉かったこと」とは何だろう。生涯を賭けることのできるキリスト教への閉まりかけた扉を幼い日の彼に開いてくれたこと、小さな自分の手技を喜び、揺るがない自尊感情を育んでもらったこと、鮮やかで美しい色と音楽に包まれた喜びや優しさの原体験。忘れ得ぬその保育の「偉かったこと」が、「聖和の保育」を始め、長い年月を経て続いているのだと、素夫くんの生涯の証しは、語りかけているのではないか。

ゲーンズ先生、甲賀先生を囲む初代卒園児の東京同窓会
この写真も阪田素夫から寄贈されているが、若き日の阪田がどの青年であるかは不明。右の成人した阪田から推察されたい。

『南大阪教会五十年史付南大阪幼稚園四十五年史』より

写真掲載、阪田家ご遺族との連絡等、日本基督教団南大阪教会、岩河敏宏牧師のご協力をいただいた。

年号	事 項
1907 明40	・己斐教会幼稚園（附属第三幼稚園）が、「仏教の盛んな西広島」に建てられる（4.）。 ・生徒が減少する中で、ゲーンズは、認可を得るため学校改革を続ける。
1908 明41	・保姆養成科は保姆師範科と改称される（4.）。 ・広島県より広島女学校本科卒業後、保姆師範科を卒業した者に「幼稚園保姆資格」の無試験検定が許可される（5.）。 ・保姆師範科第6回卒業式が行われ、5名が卒業する。
1909 明42	・西村は、新教育研究のため1年間渡米する。 ・「高等学校入学資格の許可」を申請する。 ・保姆師範科第7回卒業式が行われ、3名が卒業する。

解　説	一般歴史
＊ミッションスクールの運営 　女子教育におけるミッションスクールの低迷期に、文部省の宗教教育への干渉も加わりミッションスクールの運営は厳しさを増していた。一方1907年新学校令が発布され、文部省認可に必要な条件、基準が整備されて行く中で、ゲーンズは教科課程や教師陣、設備を文部省の設置基準に対応させるよう知恵を尽くした。この改革が1910年、正規の高等女学校としての認可に結びつく。	・小学校令を改正し義務教育年限を4年から6年に延長 (3.21)。 ・モンテッソーリ、ローマに「子どもの家」開設。
＊保姆師範科 　保姆師範科は、高等科の中に編入され、独立の師範科課程として公認される。  第6回卒業生アルバム　左端にチャイナドレスの呉月蛾 (Wu Yoelingoo)。	・世界エスペラント協会発足 (4.28)。 ・戊辰詔書発布 (10.13)。詔書に関する訓令 (10.23)。 ・戦後恐慌で失業者80万人。
＊西村教頭の研究渡米 　コロンビア大学にてデューイ、ソーンダイク等を受講。コロンビア師範大学附属ホーレス・マンスクールでプロジェクトメソッドやヒル指導のモンテッソーリ教育法などを学ぶ。 **＊高等学校入学資格の許可申請** 　1903年の「専門学校入学者検定規程」により卒業生が上級学校への入学を許可されないこととなったため、申請が必要となる。 **＊1909年師範科の教師** 　「幼稚園に於けるフレーベルの理論並に実際　師範科主任　マーガレット・エム・クック、助教　調所クラ、同　市川ヌイ、教師に、フレーベルの母の遊戯　ナニー・ビー・ゲーンズ、心理及教育　西村静一郎、国文　児玉弥三郎、図画　田辺琢爾、音楽　エディス・イー・ソーター、遊戯体操　アンナ・ビー・ラニアス」と「右の本学期間三宅教授特殊の題目を選して教授せらる」とあり、このころまでは師範科の専任は、3、4名で他は本科の教師が兼任していた。(『広島女学院百年史』p. 94)	・文部省、修身教育の重視と教育勅語・戊申詔書の徹底を直轄諸学校に訓令 (9.13)。 ・伊藤博文、満州のハルビンで暗殺される (10.26)。 ・この年のプロテスタント信徒数75,000、教職者数500。

第2章　広島女学校保姆師範科

年号	事 項
1910 明43	・「文部省指定私立広島女学校校則」を改定する（7.）。 ・新しい幼稚園舎が完成する（9.）。 ・創立記念式で幼稚園舎の改築竣工を祝い、「日本のアンデルセン」と称された久留島武彦が講演する（10.1）。 ・的場教会幼稚園（附属第四幼稚園）が「比治山礼拝所に関連して」開設される。 ・保姆師範科第8回卒業式が行われ、13人が卒業する。 ・クック、休暇帰米。  **創立記念式** 幼稚園児、小学生から来賓までが幼稚園舎を前に記念撮影。
1911 明44	・マコーレーは、クックの休暇帰米中に再来日し、幼稚園及び師範科で教授する。 ・保姆師範科第9回卒業式が行われ、6名が卒業する。

解　説	一般歴史
＊新しい幼稚園園舎 　1階が269.52坪で、吹き抜けの大遊戯室（大広間）を囲んで各保育室、職員室、事務室がある。2階は、手すりがついて1階広間での保育を観察できるようになっている。この園舎の建築計画により1908年に県は幼稚園を公認し、同時に保姆師範科卒業生の「幼稚園保姆資格無試験」許可につながることとなった。 **＊次々と建てられた幼稚園** 　1900年に241園だった全国の幼稚園は、1909年には442園（うち私立232園）となり、増加の一途をたどった。これと共に広島女学校幼稚園も次々と開設され、園児数を増やしていった。  バルコニーのある新幼稚園舎内部。保育風景「ごあいさつ」。	・韓国併合条約締結。韓国を植民地化する（8.22）。 ・大逆事件の幸徳秋水ら12名死刑（1.24-1.25）。 ・中国、辛亥革命始まる（10.10）。

第2章　広島女学校保姆師範科

年号	事 項
1912 明45 大1	・帰米中のクックは、コロンビア大学でデューイから新教育（進歩主義教育の理念）を学び、教育学の特別ディプロマを受ける。 ・クックは、J・フルトンを伴って帰任。児童中心主義に基づく自由保育、統合主義保育へと保育を転換させる。 ・ゲーンズは、妹レイチェルが腰の骨を折る重傷のため帰米し、以後2年以上米国に滞在し看病する。 ・保姆師範科第10回卒業式が行われ、11名が卒業する。
1913 大2	・クック、JKU（Japan Kindergarten Union）会長に就任する。 ・フルトン、幼稚園主任となる。 ・第六幼稚園は、鷹匠町託児所と無料幼稚園として開設される。JKUには"Free Kindergarten in School Neighborhood"として紹介されている。（第五幼稚園は、1911年頃に開設されているようだが詳細は不明。） ・保姆師範科第11回卒業式が行われ、12名が卒業する。
1914 大3	・広島女学校附属幼稚園の「保育綱目」がつくられる。（『聖和保育史』p.38に全文掲載） ・保姆師範科第12回卒業式が行われ、12名が卒業する。

解　説	一般歴史
＊ジェーン・フルトン／Jane Fulton 　フルトンは3年契約の協力宣教師として来日。コロンビア大学大学院課程（教育学）を卒業後、エシカルカルチュア幼稚園師範学校（Kindergarten Normal Ethical Culture School）で学んだ後、同校で長く教鞭をとり保育経験を積んでいた。  第10回卒業生アルバム	・内務大臣主催で、神・仏・基の「三教会同」の懇談会（2.25）。 ・明治天皇没、「大正」と改元（7.30）。
＊JKU（Japan Kindergarten Union） 　1906年、教会や学校に付設されたキリスト教幼児教育施設の保育を充実させるために、キリスト教保育にかかわっていた外国人女性宣教師らが軽井沢で立ち上げた協議会組織。現在のキリスト教保育連盟の前身となる。初代会長は、頌栄保母伝習所のA・L・ハウ。	・府県授与の教員免許状を全国有効とする（7.16）。 ・女子校20数校が普連士学園に集まり、女子キリスト教教育会を組織（10.）。 ・中華民国を承認（10.6）。
＊「保育綱目」 　フルトンの主任就任により幼稚園教育に大改革がなされ、活気に満ちた一時期を築く。生徒等とともに「保育綱目」（1914）をつくり『遊戯唱歌』（1915）を編纂出版し、フレーベルの幼稚園教育からの進歩発展に大きな貢献をした。 　当時の画期的なフルトンの保育について師範科第11回卒業生の佐野小春は、下記のように回想している。 　　明治45年の春クック先生はフルトン先生を同伴帰校されました。大正を迎えた母校は教育上にも大変化で未曾有の大改革の時代でした。（略）日本びいきの（フルトン）先生は（略）優れた事はひとつだに逃さじと、かぶき劇には実に熱心に行かれて、それこそ幼児劇のドラマに表情に早速応用されるのでした。リズム体操も当時出来初めだとのことでアメリカ土産として野球も教えて遊ばせて下さった。音楽唱歌の時間にアクビの練習、口笛の稽古にはとっても驚かされました。 　　作詞、作曲、メロディーに対しての調和音の作譜等素晴らしい指導振りで其頃に歌詞改訂、リズム、唱歌の書籍出版までされたものです。画も大胆	・第一次世界大戦起こる（7.28）。 ・パナマ運河開通（8.15）。 ・独に宣戦布告、第一次世界大戦に参戦（8.23）。

年号	事　項
1915 大4	・ゲーンズ、手術を受けた妹レイチェルを伴って広島に再着任（4.）。 ・広島女学校保姆師範科より『遊戯唱歌』出版される（6.）。 ・生徒・園児が着用していた両肩フリル付きエプロン（マコーレー考案のもの）は使われなくなる。 ・保姆師範科第13回卒業式が行われ、9名が卒業する。
1916 大5	・クック病気静養のため、一時帰国する。 ・保姆師範科第14回卒業式が行われ、15名が卒業する。
1917 大6	・クックは、賜暇帰米中のため不在。 ・任期を1年延期したフルトンに代わり、長崎の活水女学校よりジェシー・マクドウェル（Jessie McDowell）、幼稚園主任に就任。ゲーリーシステムを教授する（10.）。 ・保姆師範科、幼稚園課程と初等教育課程の両免許が取得できる学科課程となる。 ・保姆師範科第15回卒業式が行われ、11名が卒業する。
1918 大7	・クックは、アンナ・K・ハッチャー（Anna Katherine Hatcher）を伴って帰任。 ・ゲーンズは、アメリカ・南メソヂスト監督教会宣教部に対して学校の将来に関わる課題の検討を依頼する。 ・保姆師範科第16回卒業式が行われ、10名が卒業する。

第17回卒業生アルバム

解　説	一般歴史
な指導方法に一転し、手技は小を大に、材料を豊富にして、自由制作にと指導されるので、木片、紙片、古箱、空缶等何でもが作品材料にされる事になりましたので当時手技係であった私は毎度仰天していました。保育時間割を一切廃止して、入門から左様ならまで子供の側に指導、見守り役の私達は当分はかなりとまどい続けでした。（『広島女学院百年史』p.91）	
＊『遊戯唱歌』 　保姆師範科が幼稚園児のために編纂した、歌の遊戯とリズム曲集。音楽遊戯の研究者であったフルトンが、附属幼稚園の子どもたちを3年間観察した上で適切な楽譜を選び、それに卒業生数名が歌詞を付けた歌や、リズム運動、音楽遊びに適したピアノ曲が収録されている。（『聖和保育史』pp. 77～80参照）	・日華条約調印（5.25）。 ・アインシュタイン、「一般相対性理論」を完成。
	・大正デモクラシー運動起こる。
	・ロシア10月革命、ソビエト政権樹立（11.7）。
	・富山で米騒動が起こり、全国的に波及（8.）。 ・臨時教育会議、女子教育に関する答申（良妻賢母主義を強調）（10.24）。 ・第一次世界大戦終結（11.11）。 ・大学令（公立、私立、単科を認める）・高等学校令公布（12.6）。

『遊戯歌唱』上：中表紙　　下：「音楽師」の楽譜と動作や歌い方の指示。

年号	事 項
1919 大8	・第33回アメリカ・南メソヂスト監督教会宣教会議において「広島女学校の再組織に関する事項」が協議される（8.26）。 ・第33回アメリカ・南メソヂスト監督教会年会がパルモア学院においてランバス監督召集のもとに開催され、広島女学校保姆師範科とランバス記念伝道女学校の合同が決議される（11.4）。 ・保姆師範科第17回卒業式が行われ、14名が卒業する。 日曜学校へ教えに出かける寄宿舎生（1919 または 1920 年）
1920 大9	・S・A・スチュアート(Stephen Alexander Stewart)が校長となり、ゲーンズは名誉校長となる。 ・保姆師範科第18回卒業式が行われ、9名が卒業する。
1921 大10	・保姆師範科第19回卒業式が行われ、広島で最後の10名が卒業する。 ・在学生とクック、ハッチャー、ニューカムは、ランバス女学院開学のため大阪に向かう（4.）。 広島での最後の卒業式

解　説	一般歴史
＊第33回アメリカ・南メソジスト監督教会宣教会議 　この会議では、マベル・K・ハウエルが、保姆師範科およびランバス記念伝道女学校の再編成と場所等について意見を述べた。協議の結果「広島女学校、ランバス記念伝道女学校に関する委員会」が設置され、委員には、W・A・ウィルソン、N・B・ゲーンズ、A・B・ウィリアムズ、S・H・ウェンライト、J・C・C・ニュートンが任命された。 ＊第33回アメリカ・南メソヂスト監督教会年会 　この年会において先に組織された委員会より報告書が提出された。その報告書には、「a. 婦人部に属する広島女学校の保姆師範科とランバス記念伝道女学校とが合同して、キリスト教活動の高等教育機関として充分に整備されること。b. その新しい学校は、校地の価格が許せば大阪に設置すること」が記されていた。 　この会議に出席していたクックは、その時の思いを以下のように記している。 　　この措置はメソヂスト派100周年前進運動の線に沿って前向きにとられたものでした。ランバス監督、ローリングス博士、ミス・ハウエルも会議に出席しておられて喜びをあらわし、新しい学校と広島女学校の両方に影響のあるこの処置の成功を保証されました。我が校はなおも続けて師範科となる生徒を送り込み、新しい学校とできる限り密接な関係を保ち協力してゆかなければなりません。	・臨時教育会議廃止、臨時教育委員会設置（5.23）。 ・ベルサイユ講和条約調印（6.28）。 ・第1回国際労働会議（ILO）（ワシントン）（10.29）。
	・森戸事件（1.10）。 ・国際連盟発足（1.10）。 ・米大統領選挙で初の婦人参政権行使（11.2）。 ・第1回国勢調査（12.）。
＊広島女学校保姆師範科の卒業生 　保姆師範科（1895年設立）は、1897年に第1回卒業生を送り出してから、広島で19回の卒業式を行ったこととなる。卒業アルバムには、Post-Graduate Courseとして3名の卒業生も記されている。保姆師範科26年の歩みの中で学科卒業生は164名であった。	・全官立大学・高等学校、4月学年始期制を採用（4.）。 ・足尾銅山争議（4.2～4.18）。 ・自由学園開校（4.15）。

広島女学院とランバス女学院の卒業生　城山幸子さんのこと

　2010年の夏のこと、聖和大学同窓会から、関東支部会が東京原宿教会で開かれた折、広島女学院とランバス女学院の両方を卒業された同窓生が出席されていた、ぜひ一度お話をうかがっておいてはと連絡をいただく。

　電話でお話すると奇遇にも、筆者の叔母と阿佐ヶ谷東教会の阿佐ヶ谷幼稚園で共に働いていて、叔母が亡くなるまで友人として長くおつきあいくださっていたこともわかり、2010年11月25日、東京のご自宅に伺うこととなった。

　保姆師範科を大阪のランバス女学院へと送り出した広島女学院で学び、次の合同（ランバス女学院の閉校と岡田山への移転）直前にランバスの保育専修部を卒業して、敗戦、戦後を生涯保育者として生き抜かれた数奇な人生は、妹さんが西宮の聖和女子学院で学ばれたことを含めて、広島に始まり、大阪ランバス、西宮聖和へと続く学校の物語を、学んだ者の立場からなぞるようにたどっている。広島女学校とランバス女学院を結ぶストーリーとして、広島での歴史の最後に記したい。

　城山幸子さんは、1920年（大正9）群馬の前橋で、クリスチャンのご両親のもとに生まれ、高知で小学校生活を送る。1930年代、天皇制に基づく軍国主義教育は、日本中の子どもたちと学校に忍び寄っていた。瀬戸内海沿いでは早くからキリスト教伝道が行われ、理解もあったと思われるが、高知は四国のなかで太平洋に面していることもあって、クリスチャンの家庭はスパイのように言われていた。1932年（昭和7）城山さんが小学校6年生のとき、学校に御真影と呼ばれる天皇皇后の写真がやって来て、講堂の正面にそれがかけられ、そこで教育勅語の奉読などを含む長い式典が行われるようになった。そんな式典があったある時、横の列に並んでいた小学校1年生の子が、式の最中に体がゆらゆらしていたという理由で、教師から革靴で頭を殴られた。「私はその時から、貝になっちゃったの」。学校でするべきことだけして、1分でも1秒でも早く、この小学校を卒業したい。それだけを念じて彼女は口を閉ざし、ただ黙々と卒業の時を待った。そして卒業をむかえる3月に、両親から「おまえは広島の女学校にいくんだよ」と突然言われたという。

　自分以外にも姉妹がいて、特に裕福であったわけでもないのに、両親は寄宿舎に入れてまで広島女学院を選んでくれた。布団や羽織は母が揃えてくれ、高知から船で神戸へ、そこから広島への最初の道のりも母と行った。記憶にあるのは、寄宿舎について部屋に自分の机があったこと、押し入れの上に布団、下に行李を置いたこと。そして、入学式に新入生が列をつくって講堂へと入っていった瞬間、講堂の正面にかかる立派な大きな額が目に飛び込んできた。御真影の代わりにそこで彼女を迎えたのは、「それ、神はその独り子を賜いしほどに世を愛された」（ヨハネ3：16文語訳）の聖書の言葉だった。

　日曜学校へ行っていたことが思い出され、ミッションスクールの生徒になった感激でいっぱいになった。保姆師範科が大阪に移って10年余、ゲーンズ校長の死から1年経った1933年春の広島女学院入学である。広島の1930年代なのだから、時代的には厳しい状況があったと思われるが、城山さんの貝の口は、ここでパッ

←↑「聖音楽劇」
オルガンの横にゲーンズ役の生徒が立っている。

と開いてしまう。「楽しくて、楽しくて」の女学校時代。遠く高知からやってきた小さな彼女に、先生たちも友達もとても優しく、1年生の最初の夏休みには、軽井沢へ向かうフィンチ先生が、ひとりで高知に帰る城山さんと神戸まで同道して船に乗せてくれたという。

女学校の4年生の時（1936年）に、学校創立50周年の記念式典、祝賀行事があり、「聖音楽劇　広島女学院五十年史　五幕九場」を学生たちで演じた。その演劇指導に、大阪のランバス女学院から数回、広瀬ハマコ先生がやって来られ、皆でよく、「あれが広瀬先生よ」「洋行帰りで広島に帰られると思ったら、大阪のランバスで先生になられたんだって」「ステキよねぇ」と、噂した。日本人女性教師はみな和装だった当時、ただひとり洋服でさっそうと歩く留学帰りの広瀬先生は、女学生たちの憧れの的だった。

5年生の時には、広島女学院にヘレン・ケラーとサリバン先生が訪問。友人たちと最前列に陣取って話を聞いた。小学生のころ、サリバン先生のような教師になりたいと思っていたこと、小さいころから子どもが好きで、幼稚園の先生になりたいと夢見ていたことがよみがえった。またこの年には、当時専門部に在学して日曜学校の先生をしていた日野原多美子さん（日野原院長の末の子）の助手として日曜学校を手伝い、楽しく過ごした。そんなある日、来広されたクック先生があなたに会いたいと言っていると、呼び出される。「あなた、ランバスの保育科に来ますか」、驚くような誘いだった。

1938年4月、ランバス女学院保育専修部に入学。その入学式の日に、「本日よりランバスの院長は広瀬ハマコ先生です（それまでは田中貞先生）」と宣言され、驚くやらうれしいやらであった。広瀬先生には、学生時代、卒業後もずっとお世話になった。

ランバス女学院へは、仕事の都合で高知から大阪へと転居していた家族の元から通学したが、とにかく勉強が大変で、遊ぶ暇はこれっぽっちもなく、今度は例のおしゃべりの口を開く間がないほどだった。「4歳児が作れる折り紙、○月○日提出」、「5歳児用、布の抱き人形、○月○日提出」。学業と共に容赦なく課題が貼り出された。友人たちの協力を得、あとは家族総出で手伝ってもらい「提出」した。今思うと、先生たちはその作品をみんなの前で見せたりせず、ひとりずつにそーっと返してくださっていた。各々の努力を認め、人との比較をなさらなかったことは、すばらしいことだったと思う。

1年生の時は、ランバス幼稚園での参観実習のほか、放課後にふたり組になって学外へフィールドワークに出かけた。城山さんは、山川道子先生が館長をされていた鶴橋のセツルメントに通うことになり、そこのプレイグラウン

ドで実習をした。2年生で1度、保育実習が行われた。なんと、ランバス幼稚園にひとり配属され、年長さん、立花富先生のクラスに入る。

毎朝、登園してきた子どもたちは、昨日から続きの遊びをはじめ、その自由遊びが終わると、丸く集まって会話、礼拝の時間。たとえば、「きのう、夜店で、ヒヨコ買ってもらった」とひとりが言うと、先生は会話をどんどん膨らませていく。「ヒヨコってかわいいね」、「きいろいよ」、「ちいさいアンヨ」、「ピヨピヨなくよ」子どもたちが次々発したことばが、先生の声かけで魔法のように詩になっていく。そして、そこにメロディがついて、いつしか歌が生まれている！

立花先生が展開していく素晴らしい保育とその指導をみて、本当にショックをうけた。ああこれが自由保育の真髄なのかと、そのすごさに頭を殴られるような気がした。子どもが好きでも、幼稚園といえばどこかで「チーチーパッパ」だと思っていた自分の甘さに気がついた。大学の先生なら自分の専門だけ教えていたらいいが、幼稚園の先生はそうはいかない。ヒヨコのことも、カブトムシのことも、何でも知っていなければダメだ、こんなに大変なんだ、もっともっといろんなことを勉強しないといけないんだと思わされたのだ。このランバスの自由保育との出会いが、それからの生涯を決めたと思う。

ランバスにも戦争がどんどんやってきて、財政的にも、学校運営も相当な厳しさだったのだと後で思ったが、先生たちはそれを全くみせなかった。人数は少なかったけれど、本当にガッチリした教育をしていた。ホワイト先生（M・ホワイトヘッド）の新約、留学帰りの高森ふじ先生の授業、そうそうたる教師陣だった。ついていくために、ひたすら勉強した。昼休みはお弁当をかきこむように食べて、ピアノレッスン室に飛んでいって、Aスケール、Gスケール、と必死で練習した。

卒業後、城山さんは、大阪と東京の教会附属幼稚園で働き、戦争が激しくなり幼稚園も閉園されて敗戦を迎える。終戦直後は、進駐軍の郵

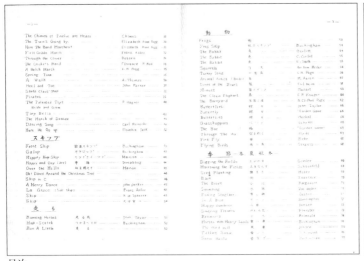

目次
「幼児のリズム」1940年発行
「聞かせるための音楽」「マーチ」「職業」など使用用途に合わせて分類され、すべて手書きで全107ページが紹介されている。

楽譜　見事な手書き楽譜に熱意のほどがうかがわれる。

便検閲にかかわる仕事をしていたこともあったが、「光輝いた子どもの目」の方がいいと保育の道を選ぶ。就職難の中、一斉保育の公立園にいったん採用が決まったが「蹴って」しまったそうだ。そして引退まで、キリスト教保育、自由保育の園で一保育者としての道を歩いたのである。

夢中でお話を聞いたあと、手作りサンドイッチのプレートと紅茶を出してくださる。城山さんのお部屋は、木の階段を3階まであがったところにある。山歩きが趣味で、足も体もお元気。部屋には、編み物中の毛糸のはいったバスケットがきれいにおかれ、城山さんのリードオルガンがある。すっきりと片付けられ、品よく飾られた素敵な空間は、そこに住む人の想いを感じられる。さばさばとした口調で、明るく、はっきりとこうおっしゃる。「いつも自分のしたいことをして、好きなように生きてきたのよ」と。そして、最後に「これを持って帰ってください」と、歴史資料への寄贈のために用意しておいてくださったものを出してこられた。

ひとつは、『幼児のリズム』の本だった。この奥付には「筆記代用」とだけ書名が記され、「ランバス女学院保育専修部本科二年」つまり城山さんが同級生たちと手づくりでまとめたものを、1940年3月にプリントしたものであることがわかる。「はしがき」をみると、音楽がいかに幼児教育に大切であるかを思い、まとまった曲集がほしいと願った学生たちが、分担して曲を集めた1冊で「営利的なものでなく純真なる幼児教育に対する熱意と勉学心から」制作したこと、「私達の間丈で頒ち、世に公販せるものでない」ことが書かれている。この曲集の存在は今まで知られておらず、作成の経緯からしても数は限定されていて、資料室にももちろん

城山さん寄贈のランバス女学院卒業記念写真と招待状

ない貴重なものだった。

もうひとつは、広島女学院の原爆に関する資料『平和を祈る人たちへ』広島時代の友達が何人も原爆で亡くなっている。広島で女学校を一緒に出て、聖路加で学び、将来を嘱望されて母校での教育のために広島に帰ったばかりの友がいたという。彼女は8月6日の朝、爆心地から近すぎる学校の渡り廊下で被爆。跡形もなく、長い間その死の確認すらできなかったのだという。

最後に、卒業証書授与式のプログラムと卒業記念写真、卒業式を前に先生方から卒業生が招かれた食事会の手づくりの招待状だった。それらはあの悲惨な戦争を経て、城山さんの保育者人生と共にあったものであった。世界にひとつしかない、手づくりの自分あての招待状もある。コピーを取らせてもらいお返しします、といったが、「いいのよ、ここよりもそちらへ置いておいて」とさらりと言われた。辛いこと、厳しいこと、悲しいこと、楽しかったこと、出会った忘れ得ぬ人々、思い出のすべては、すでに、もう取り去られないものとして城山さんの心と

体に刻まれ、生き方の中に映し出されているのかもしれない、そう思って大事にお預かりし、ご自宅をあとにした。

　城山さんをお訪ねしてから、4年近くになろうとしている。今回コラムの執筆のため、改めていただいてきた卒業証書授与式のプログラムを見る。式の中で、在校生によってロッシーニ作の「希望」が合唱され、卒業生は、応答するかのように同じロッシーニの「愛」を歌い、両方の曲の歌詞がプログラムに記されていた。

希望

奇(く)しき哉(かな)　希望や
聞きたまえ　歎きを
御手(みて)により　拭(ぬぐ)われん　なみだも
明けわたれ　東雲(しののめ)よ
装えや　よろこび

愛

たぐいなき愛こそ　力のみなもとなれ

卒業時の城山さん
（卒業アルバムより）

わざわいに遭うときも　やさしく慰む
神よ今あらわれ　弱き者たすけませ
汝(なひ)が火をうけし者　あたりの人を照(てら)さん
御言葉(みことば)に従いて　地より戦乱は失(う)せ去り
憤怒高慢も　永久に忘られん

　歌詞を読むと、1940年の卒業式での歌声が聴こえてきそうな気がする。どんな想いで「希望」を歌って送り出し、「愛」を祈って出で立ったのだろうと、胸がつまる。この詞は、やはり城山さんのところにお返しした方がいいのかもしれないと思った。いや、紙に印刷された文字など、おそらく彼女には必要ない。広島、ランバスの大先輩は、あの詞をずっと体現し、今も生きておられるのだから。

卒業式次第

128　第Ⅰ部

第3章

ランバス記念伝道女学校

1888-1921

Lambuth Memorial Bible Woman's Training School

年 号	事 項
1832	・メアリー・I・マクレラン、ニューヨーク州ケンブリッジに生まれる（12.17）。

◇メアリー・I・ランバス／Mary Isabella Lambuth（1832.12.17～1904.6.26）

ニューヨーク州ケンブリッジに生まれる。メアリー（以下「メアリー」と表記）は、スコットランドの名門ゴードン家に属し、米国クリーブランド大統領のいとこにあたる。1851年、ミシシッピー州マディソンで学校教員となり、開拓宣教師のJ・R・ランバス家に寄宿し、ランバス家の子どもたちを教えていた。

その頃J・W・ランバス（James William Lambuth：以下「J・W・ランバス」または「ウィリアム」と表記）はミシシッピー州立大学で医学と法律を修めた後、アンドルー監督の中国伝道の説教を聞き、中国伝道への決心を固める。同じ話を聞いた19歳のメアリーは、献金が募られたとき"I give $5 and myself for the cause of missions."（わたしは5ドルと私自身を宣教のためにささげます。）と書いたチェックを献金かごに入れた。当時の5ドルは少額でなかった上、女性が海外宣教に携わる例もなかったため、メアリーの献金と献身は人々の驚きとなった。

J・W・ランバス

中国宣教へ同じ想いをもったふたりは、1853年10月に結婚。翌年、メアリーは21歳で初めての子を身ごもりながら、夫ウィリアムと共に帆船Ariel号に乗り、ニューヨークを出帆（5.6）。喜望峰とインド洋を経て135日間の航海の末、太平天国の乱の渦中にあった上海に上陸し（9.18）、2カ月後にウォルター（Walter Russell Lambuth：以下「W・R・ランバス」または「ウォルター」と表記）の留守家庭を守りながら、多くの「孤児・棄児」を家に引き取り、中国の女性と子どもたちへの伝道と教育に従事し続けた。しかし、1886年、32年におよぶ中国での宣教師としての活動を辞め、夫J・W・ランバスとともに日本に到着。メアリーは、広島女学校のゲーンズの働きを助けるほか、1887年に神戸山2番の自宅で女性たちのための「婦人学舎」を開始し、翌年には宣教部で承認され、資金を得て「神戸婦人伝道学校」としてこれを創立し、初代校長（1888.9～1890.6）となる。この学校が、1899年中山手4丁目の新校舎に移転し聖和の3つの源流のうちのひとつとなる。

1892年、夫J・W・ランバスは、病いをおして多度津教会献堂式（3.27）を執り行い、病状が悪化し、肺炎のため神戸で逝去する（4.28）。ウィリアムとメアリーの日本での宣教はこうして6年で終わり、メアリーはいったんアメリカに帰国。しかし、1895年に再び日本へ渡航し、ランバス記念伝道女学校の建て直しのために再着任。1895年～99年には再び校長を務め、その任をI・M・ウォースへと引きつぐ。1901年、メアリーは健康を害し、静養のため娘ノラ・パーク夫妻がいる中国蘇州（ウォルターの建てた病院を、パークが引継いでいた）へ渡る。1904年6月26日、メアリー・イザベラ・ランバス、71歳で中国蘇州にて逝去し、上海の墓地に埋葬される。ウォルターは、母の横に自分を埋葬するよう定め、ふたりは上海の墓地に葬られていたが、現在墓所は不明となっている。

W・R・ランバス

メアリーの日本での宣教は、ウィリアムと共にあった最初の6年と再来日期間の6年の計12年であったが、日本女性と子どもたちへの教育に心血を注ぎ、アメリカ・南メソヂスト監督教会が日本で生み出した多くの教育機関の草創に深く関わり、これを支えた。

解　説	一般歴史

1886
＊メアリーの神戸着任

　53歳のメアリーと56歳のJ・W・ランバスは、娘ノラ、マミー・I・ベネット（O・A・デュークスの妻となる）、中国で養女としていたふたりの中国人女性と鈴木愿太(げんた)（後出）を伴い、上海から神戸に来日する。最初の住居は、神戸明石町47（神戸居留地47番）現大丸神戸店東隣で、ウィリアムはこの自宅で夜間英学校を開始。

居留地47番

　一方、メアリーは、アメリカ・南メソヂスト監督教会が日本伝道を始めた時「老ランバス夫人は直ちに婦人と小児の為めに其働を開始し」彼女たちを「基督の福音に接しめん」ために働いたとされる。（『南美宣教五十年史』以下『南美』）

　メアリーの47番での滞在は、わずか1年であるが、ランバスファミリーの働きの迅速さを見ることができる。メアリーとウィリアムに後れること4カ月、W・R・ランバス一家が中国北京より神戸居留地47番に到着。2日後には、父ウィリアムの始めた夜間英学校に「読書館」（翌年パルモア学院と命名される）を開室した。開館式では、広島女学院の創立者、砂本貞吉が「米国の観察」と題して講話したとの式次第プリントが残されている。

＊鈴木愿太(げんた)の語る1886年10月のこと

　日本でのアメリカ・南メソヂスト監督教会最初の受洗者となった鈴木愿太は、仙台出身で、東京英和学校（→青山学院）で学んでいたが、1885年頃上海に渡り、J・W・ランバス家を訪れてメアリーから英語を学び、またすでに日本宣教に関心を持っていたメアリーに日本語を教えていたという。メアリーたちの渡日が決定して同行を誘われて、日本へ同道する。初めは特にキリスト教に関心がなかったがウィリアムの熱心な宣教により受洗を決意し、ウィルソン監督より受洗したという。

　鈴木の受洗から数日後の10月6日に、J・W・ランバスの司式により、O・A・デュークスとマミー・ベネット、ランバスの娘ノラとW・A・パーク（医師）の2組の結婚式が行われ、そこには参列のため北京からノラの兄であるウォルターが訪れていた。このダブルウェディングは、とても印象深いものだったと、後に鈴木は語っている。

＊南美以美神戸教会の発祥

　12月3日の第1回教会会議は、8名の教会員（米国人6名、日本人＝鈴木愿太1名、ランバスが連れてきた中国人1名）で開かれた、とあることから、南美以美神戸教会（この後、神戸美以教会と改称し、1907年のメソヂスト三派合同以降日本メソヂスト神戸教会となる。→日本基督教団神戸栄光教会）の初めの教会総会であったと思われる。（教会創立記念日は、1886年9月17日のアメリカ・南メソヂスト監督教会日本宣教部開所式の日。）

年号	事項
1854	・J・W・ランバスと前年に結婚したメアリーは中国宣教へと向かい（5.6）、上海に到着（9.18）。 ・第1子ウォルター（W・R・ランバス）を出産（11.10）。
1877 明10	・W・R・ランバスは、ディジー・ケリーと結婚し（8.2）、夫妻で中国に赴き、上海で医療伝道を始める（11.）。
1885 明18	・アメリカ・南メソヂスト監督教会外国伝道局は、第39回年会で日本に宣教部を設置し、3000ドルを支出することを決議（5.6）。
1886 明19	・アメリカ・南メソヂスト監督教会のマクティーア監督は、J・W・ランバス、W・R・ランバス、O・A・デュークスを、日本宣教部に任命し、ウォルターを日本宣教の責任者とする（4.20）。 ・メアリー・I・ランバス、J・W・ランバス、中国より来日着任（7.25）。 ・アメリカ・南メソヂスト監督教会外国伝道局監督A・W・ウィルソンの司式により日本宣教部開始式を行い、南美以教会が創立、W・R・ランバスを総理に任命する（9.17）。 ・アメリカ・南メソヂスト監督教会日本宣教部第1回四季会（以下、宣教部四季会）が開かれ鈴木愿太が受洗する（10.2〜10.3）。 ・W・R・ランバス夫妻、神戸に到着（11.24）。ウォルターは、日本伝道の総理と南美以美神戸教会初代牧師を兼任した。 ・アメリカ・南メソヂスト監督教会第1回教会会議が開かれる（12.3）。 ・宣教部第2回四季会が開催される（12.31）。
1887 明20	・メアリーは砂本貞吉の学校を助けるため広島へと向かう（春）。 ・ランバス一家は、住居を居留地47番から山2番に移し、デュークスが47番に居住する（8.）。 ・メアリーは、山2番の階下を教室として女性たちのために家庭塾である「婦人学舎」（Kobe Girl's Day School）を開く（9.15）。 ・アメリカ・南メソヂスト監督教会日本宣教部第1回年会（以下、宣教部年会）が開催され（9.23〜）、来日したゲーンズが横浜から途中参加する。

山2番

解　説	一般歴史

＊草創期の会議と第2回四季会

　草創期の会議名称や頻度は不定期で分かりにくいが、アメリカ・南メソヂスト監督教会日本宣教部では、1年に1度の「年会」と、年を4期に分け年度始めを9月として、「四季会」が開催されていた。

　12月31日に開かれていたのは、この第2回四季会で、広島から砂本貞吉が出席し、広島伝道の様子が報告されたほか、神戸をアメリカ・南メソヂスト監督教会日本宣教部の中心として、3巡回地域を定めた。これにより大阪を含む琵琶湖巡回区をデュークスが、神戸巡回区をウォルターが、広島巡回区をウィリアムがそれぞれ主任として担当することとなった。

- 太政官制度を廃し、内閣制度が伊藤博文によって制定される。森有礼、初代文部大臣に就任（12.22）。
- イーストマン（米）、写真フィルム製造に成功。

1887

＊山2番への移転

　山2番は、現JR元町駅北付近とされているが、その正確な所在地は不明である。建物はその後六甲に移転されたが、すでに取り壊されている。

　山2番の食堂を含む階下2室は集会場とされ、日曜には朝食後すぐに片付けられて礼拝堂となり、9時より少数の信者と求道者とを集めて聖書の講義を10時より礼拝を行った。その後ただちに食堂となって昼食、午後は子どもの日曜学校を開き、メアリーはまた婦人会を催してから夕食に就き、食後また食堂は変じて説教会を開くなど、「朝より夕に至るまで寸暇もなき状態」だった。そこで『南美』の記者は、このように述べる。「此間に於けるランバス老夫人（メアリー）の尽力には常人の企て及ばざるものが存した。老夫人は平日も食堂に婦人を集めて英語を教え、又言語の不自由をも忍びて基督の福音を説きて倦まざりし熱誠を、我等は感謝し、記念せざるを得ないのである。」

- 小学校令（義務教育制）、中学校令、師範学校令公布（4.10）。
- 英和幼稚園（現存する最古のキリスト教幼稚園、金沢）設立（10.）。
- 米国人宣教師J・W・ランバス、神戸にパルモア英学院を設立。

＊山2番の婦人学舎

　山2番にメアリーが開いた塾は、婦人学舎（Kobe Girl's Day School）として「神戸又新日報」に右のように記載されている。一方、『南美』によれば、この婦人学舎は宣教部年会で、家庭塾のために任命を受けたメアリーが「毎日午前9時より午後2時迄婦人を教え、日曜日には夫人と小児とに聖書を教えた」とされ、そこでは、聖書以外にも「スウイントンの万国史、英語、文法、会話、算術、地理等」も教授していたという。

●婦人学舎　下山手通二番館にランバス夫人が婦人学舎といふを設け明十五日より内閣婦人のため英語、芸術、習字等を無謝儀にて教授する由にて其教授時間は午前の分は九時より午後の分は二時より始め ひるとのと

「神戸又新日報」記事

- 文部省、教科用図書検定規則を制定（5.7）。
- 文部省音楽取調掛「幼稚園唱歌集」（最初の幼稚園の唱歌教科書）刊行（12.）。

「誰も知らない小さな」ランバス記念

　「聖和は、関学の創立者 W・R・ランバスの母、メアリー・ランバスが建てた学校」と言う時には、「1888 年創立ランバス記念伝道女学校」が必ず出てくる。しかし、それ以外の時、この学校に言及されることはあまりなく、卒業生でもこの学校についてはよく知らないという人が多いのではないだろうか。かくいう筆者も、創立者メアリー・ランバスの「5 ドルとわたし」の献身エピソードと、学校が神戸にあったこと、門扉の映るかわいい校舎の写真ぐらいしか、長い間知らなかった。

　その後、職務上歴史資料や昔からの大量の書籍を整理した関係で、「蘭巴斯紀念」が「ランバス記念」のスタンプであること、メアリーのほかに、モード・バネル、A・B・ウィリアムスといった校長ぐらいは顔もわかるようになった。創立場所である「山2番」——アメリカ・南メソヂスト監督教会の日本宣教の発祥の地とも言える「山2番」——も、その所在地が正確にはわかっていないことなど、歴史がとりわけわかりにくいことだけはわかってくる。同じ名前がついた、次の大阪の「ランバス」（ランバス女学院）の陰に隠れ、他の2つの源流「神戸女子神学校」と「広島女学校保姆師範科」の歴史と重なることで埋もれてしまい、誰も調べてこなかった学校であると思われた。

　案の定、この3章をまとめるにあたり、結局一から、ひたすら、この学校の母体であるアメリカ・南メソヂスト監督教会の日本宣教部が発行した年鑑（Year Book：MECS）の任命表をあたり、そこに毎年掲載される担当宣教師の報告文書を繰ることになった。

　すると校名ひとつとっても、右の表のような結果が出てきた。少し声に出して読んでみてほしい。頭を揃えて記載してある名称は、そう併記されているもの、文頭を落として書いてある呼称はその学校の中にある組織と思われる。コロンがついた相当長い名前もある。学校の始まりから20年の間はことさらで、なんと14もの別の言い方が出てくる。32年のそう長くない歴史に、合計17個の校名を持った学校、それがランバス記念伝道女学校だったのである。

　ここまでややこしく、目まぐるしく組織が変わり、当然人の入れ替えも激しく行われると、報告の書き方もまちまちで、この学校の歴史を把握するのは至難の業となる。しかも Year Book は、3月卒業、4月入学が定着する1910年代後半ごろまでは、刊行年の前年9月の新学期から刊行年6月までを1学年度として書かれているため、本当にわかりにくいのだ。報告文中の「この夏に」や「夏に」が、刊行年からみて前後3年のどの夏なのか、を確定するのに何度もほかの記載をみてチェックしなくてはならないのである。それでもどちらの年かわからないまま、ひとまず先に進み、後で他の文書、1911年からは同窓会が発行した「季報」を見直して、行きつ戻りつするのもしばしばで、作業は難航を極めた。このため、年表の解説欄は、毎年のごとく変わっていく状況を追いかけるだけで膨大になり、「○○年〜○○年の学校」と9月から年を超えて6月までの学年度の記載とするほかなかった。

　それでも、こうして校名の変遷と活動を追ってみると、創立当初から最後まで、バイブルウー

アメリカ・南メソヂスト監督教会年鑑（Year Book）：MECS からみる「ランバス記念伝道女学校」校名の変遷

年	校名
1887	Kobe Girl's Day School「婦人学舎」
1888～1891	Kobe Bible Woman's School「神戸婦人伝道学校」 ＊Bible Woman's Institute, Kobe「婦人伝道者養成所／神戸」（1888～1890 まではこの表記も見られる。）
1892	Kobe School and Industrial School「神戸学校と手芸学校」
1893～1894	Industrial School「手芸学校」
1895～1898	The Lambuth Bible Training and Industrial School「ランバス聖書養成・手芸学校」
1899	Lambuth Training School「ランバス養成学校」 Bible Woman's Department「婦人伝道者部門」
1900	Lambuth Memorial School「ランバス記念学校」 Bible Woman's Department「婦人伝道者部門」
1901	Lambuth Memorial School「ランバス記念学校」の中に 　Bible Woman's Training School「婦人伝道者養成学校」、 　Day School for Eurasians「欧亜混血児全日制学校」、 　Palmore Institute「パルモア学院」の三つの学校事業があるとの表記もあり。
1902	Lambuth Memorial School「ランバス記念学校」 Subordinate Department of Lambuth Memorial School「ランバス記念学校附属部門」 Bible Woman's Department「婦人伝道者部門」→ 11 月 Lambuth Bible Training School「ランバス聖書養成学校」へ
1903	Lambuth Memorial School「ランバス記念学校」 　Bible Woman's Department「婦人伝道者部門」 　Day School Department「全日制学校部門」
1904	Lambuth Memorial School：Bible Woman's Department 　「ランバス記念学校：婦人伝道者部門」
1905～1906	Lambuth Bible and Memorial School：Bible Woman's Department 　「ランバス聖書・記念学校：婦人伝道者部門」
1907	Lambuth Bible and Memorial School「ランバス聖書・記念学校」
1908～1910	Lambuth Memorial Bible School「ランバス記念聖書学校」
1911～1912	Lambuth Memorial Bible and Training School「ランバス記念聖書・養成学校」
1913～1920	**Lambuth Memorial Bible Woman's Training School「ランバス記念伝道女学校」**
1921	Lambuth Memorial Training School for Christian Workers　　ランバス女学院 　Bible Woman's Training School　　神学部 　Kindergarten Training School　　保育専修部

マン、つまり「聖書／キリスト教にそって働く女性」の養成がこの学校の中心課題であったこと、メアリーが当初から一貫して目的としていた、日本の「女性と子どもたち」に関わるうちに、その人たちが生きる様々な分野、側面が学校の働き場として考えられていったことがみえてくる。無料診療所や看護婦養成、「欧亜混血児」の学校、都市の貧困家庭や「女工」たちへの伝道、料理や裁縫学校、夜間の英語学校とバイブルクラス、日曜学校、保育に欠ける子どもたちの養育、幼稚園、母の会や婦人会、家庭集会などが、Bible と Training と組み合わされて、神戸の街でなされる Woman's Work 女性たちの働きとして位置づけられていく。それは、当時「おん

なこども」と一括りにされて個々の人権を認められなかった人たちを、女性たちのつながりを通して解放し、キリストへとむすびつける働きだったのである。

　もうひとつ、これらの名称が興味深く語るのは、この学校が、これだけ呼称を変えているのに一度も evangelical school や theological school という牧師・伝道者養成校や神学校という言葉を使っていないことである。聖職者、教職者のための神学的学びより、聖書に沿った生き方をもって他者に奉仕する女性たちの訓練、実践者の養成を行うこと、それがこの学校の使命だったのだろう。

　また、この学校につけられた「ランバス」の名称、これも聖和の歴史の中では珍しい、いや唯一人名がついた校名となっている。このランバスは、「W・R・ランバス監督の両親を記念したもの」と『南美宣教五十年史』には説明されるが、始めに使われたのは、夫ウィリアムを亡くして、いったん米国に帰っていたメアリーが、再来日して学校の再建にあたった1895年であることからみると、当初、今はここにいない宣教の同志、J・W・ランバスを想って、メアリーが、彼女の働きの中心である学校にその名を付けて呼んだのだろうと思われる。それが、1900年から「ランバス記念」とされ、メアリーの離日、逝去を経て、ランバス女学院創立（1921年）の頃には、はっきりと創立者メアリー・ランバスの記念、「J・W・ランバス夫人の名を冠して」とされていったようである。こうしてみると、特に神戸の「ランバス記念」はまさに、後にアメリカ・南メソヂスト監督教会のビショップ（監督）となるウォルターの両親、ウィリアムとメアリーの神戸宣教の記念であるということができるだろう。

　いずれにしても「誰も知らない小さな」ランバス記念は、なすべき働きの多さと広がりを前にして、いつも経済的、人的窮乏を抱えながら神戸時代を歩み続けた。そして、幼稚園を学校附属施設とし、キリスト教の働きの中に保育を積極的に含めたことで、バイブルウーマンと保育者をクリスチャンワーカーとして結びつけたのである。その神戸のランバス記念伝道女学校の志を、より一層拡大充実させる事業として、広島女学校保姆師範科との合併は考えられた。そして、「ランバス」の名前と実践者養成の伝統が、大阪上本町でのランバス女学院 Lambuth Memorial Training School for Christian Workers の開設を、実現可能としていったのである。

年号	事 項
1888 明21	・宣教部第2回年会において女性と子ども（女児）のために2つの学校設置が決議され、広島の女学校に600ドル、神戸の婦人学舎に300ドルの支出が認められる。「神戸婦人伝道学校」(Kobe Bible Woman's School) 創立。初代校長にメアリー・I・ランバスが任命される（9.3）。 ・活水女学校伝道部第1回卒業生のひとりである、岡嶋初音が長崎のE・ラッセル（活水女学校創立者）の下から、女性伝道者として神戸に赴任し（9.中旬）、メアリーとウィリアムの働きを助ける。 ・神戸美以教会（初代牧師はW・R・ランバス、2代目牧師はJ・W・ランバス）会堂が新築され落成記念式が持たれる（10.14）。 ・岡嶋初音は、神戸美以教会でJ・W・ランバスの司式により、吉岡美国と結婚（12.3）。 神戸美以教会 写真の中にメアリーとJ・W・ランバス、W・R・ランバスらしき人が見受けられる。
1889 明22	・メアリーは、既婚女性と若い女性たちのための学校を山2番に開く（9.）。この学校は1890年6月まで開校され、メアリーの他にY・M・キム（Dr. Yamei Mae Kim）とローラ・C・ストライダーが学科の教授にあたっていた。

解　説	一般歴史

＊神戸婦人伝道学校（ランバス記念伝道女学校）の創立

　『南美』には、メアリーがこの年の宣教部会議で日本人の婦人伝道師を招くこと「6千円の資金により土地建物を得て婦人の為に力を尽くし度希望」を述べたと記され、これが「後年のランバス記念伝道女学校の始め」とされている。これにより、ランバス記念伝道女学校の創立は1888年とされる。

- 日本・メキシコ修好通商条約調印（初の対等条約）（11.3）。
- 国歌「君が代」の制定を条約国に通告（11.）。
- 旧約聖書の和訳が完成。

学校創立が決定された日本宣教部第2回年会
後列右からメアリー（ウォルターの長女）、メアリー・ランバス、デイジー・ランバス、W・R・ランバス、J・W・ランバス、B・W・ウォータース、マミー・デュークス。中央列座っているのは、A・W・ウィルソン監督夫妻。前列左からO・A・デュークス、N・B・ゲーンズ、ディビット（ウォルターの長男）、C・B・モズレー、N・W・アトレー

＊創立当初の学校（1889〜90年）

　1890年のアメリカ・南メソヂスト監督教会（Methodist Episcopal Church South）の年鑑（以下MECS）に掲載されたメアリーの報告には、1889年9月に開校され翌年6月にいったん閉じられる女性たちのクラスの初年度の様子が以下のように述べられている。

　授業は毎日9時から12時まで行われ、メアリー、キム、ストライダー（1889年に来日し神戸に着任。90年〜94年広島英和女学校）により英語で読解、翻訳、文法、地理、算術、福音書が教えられ、日本語で聖書歴史が教授された。この他に声楽、器楽をアリス・ランバス（メアリーの次男ロバートの妻）が教えていた。毎日聖書が読まれ、その釈義を女性宣教師たちが交代して担当し、それを吉岡初音（旧：岡嶋初音。夫の吉岡美国は、1889年1月に最初の定住伝道師の免状を受け、9月の年会から神戸南美教会の定住伝道師となっていた）が通訳した。「吉岡夫人」は「すばらしい通訳者」で、授業も大いに助けたとされている。他に日本人名が記されていないことから、上記の日本語での教授科目は、吉岡初音が教えていたのではないかと予想される。

- 大日本帝国憲法・皇室典範を発布（2.11）。
- W・R・ランバス、関西学院（神学部と普通学部）の設立認可を受ける（9.28）。
- 米婦人宣教師ハウ、神戸に頌栄保母伝習所を設立（10.22）。フレーベル理論と実践を主導。
- 頌栄幼稚園開設（11.4）。

第3章　ランバス記念伝道女学校　139

年号	事　項
1890 明23	・M・F・バイス、来日（1.25）。2月から広島英和女学校に赴任。 ・広島よりM・F・バイスが神戸婦人伝道学校に着任（5.31）。伝道者養成が始められる。 ・1890年（明23）の宣教会に於いて学校は、「神戸女子学校として公式に認められ、ケート・ハーランを校長とし、M・F・バイスを婦人部にY・M・キムを医術部看護婦養成部に任命している」と記録されている（『南美』）。 ◇メアリー・F・バイス／Mary Florence Bice（1865.10.8～1924.10.8） 　1865年10月8日、カリフォルニア州ヒールズバーグに生まれる。1890年1月25日に来日し、1月29日神戸に到着。広島へむかうためパスポートを待つ10日の間、W・R・ランバス家に滞在。2月7日に広島に到着し、翌週から広島英和女学校で教える。 　宣教師記録では、1890年から結婚する1893年まで、広島英和女学校が任地とされているが、同時に神戸の婦人伝道者養成学校の創設に携わったとも記されている。神戸の伝道学校サイドでは、バイスが着任したことで伝道者養成が始まったとされ、1890年6月からは伝道女学校校長に就任して学校経営に携わり、1891年のMECSでは、神戸婦人伝道学校の責任者として報告をしている。そこで1890～93年は広島と神戸を兼務、特に1890年6月からは少なくとも学期中は校長として神戸に在住していたものと推察される。 　1893年5月31日神戸でW・A・デービス宣教師と結婚し、宇和島（1893～96）、松山（1896～97）で夫と共に伝道に従事。この間、1894年12月23日に神戸で生まれた長男ハワードが、3歳を前に1897年に亡くなり、神戸市立外人墓地に埋葬されている。1897～1900年米国へ休暇帰米。1900～1901年山口、1901～13年京都で夫と共に宣教し、1913年に子どもたちの教育のため夫と離れ帰米。その後の再来日はかなわなかったが、1920年から夫デービスが米国太平洋岸の日本人伝道に従事したため、それに伴う。1924年10月8日、ヒールズバーグで逝去し、埋葬される。

解　説	一般歴史
＊1890年〜91年の学校 　広島から着任したバイスは、神戸婦人伝道学校の責任者と定められて1891年MECSに、以下のようにこの年度の学校報告をしている。 　1890年9月15日に6人の生徒を得て、学校を開校。生徒の内2人は国内の教会から推薦され、卒業後はバイブルウーマンとしてそれぞれの地に帰って働く予定で、他の4人は、家を離れることはできないが、伝道の願いを持つクリスチャン家庭の妻や娘たちであった。 　生徒たちは、福音書（マタイ、ヨハネ）、使徒行伝、詩編、創世記、出エジプト記、第1、第2信仰問答、聖書史と地理学から学習し始め、英語も学んだ。学校教育を受けていない者も多数あり、漢字と手紙の書き方など初歩の勉強も必要だったが、熱心に学び友人を連れてきたため、生徒数が10人まで増えて教師たちは大いに励まされた。 　加えて家政学についてのクラスも試みられ、料理クラスは大変好評だった。（報告には、チーズやバターの香りが嫌われること、オーブンをいかに代用するか、イーストパウダービスケット＝甘パン、ワッフル、ケーキ作り、ステーキ料理などが人気で、生徒の夫から自分が受講したいとの強い要望があったが、男性はお断り、ということでひどくがっかりされた、などの楽しいエピソードもある。） 　毎月曜午後には、聖書の学習にはいたらないが、ごく初歩のキリスト教の話は聞いてみたいという女性たちに、短い聖話やキリスト教の講話をプログラムに組み込んで、針仕事や編み物など手芸を教えるコースもあった。これらの学校の教師として、吉岡初音、「岡夫人」（夫を亡くしたキリスト者で手芸に堪能であったという）、「ユン夫人」が非常に親切に貢献したほか、Dr. Y. M. Kimが生理学、衛生学を担当し、声楽はウェンライト夫人が教えてくださった。特にメアリー・ランバスが語った「キリストの生涯」は、「そこで聞く人々が何を必要としているかを非常によく理解されたうえでのお話だったので、とても意義深いもの」だった。 **＊1890〜91年の学校組織** 　1891年MECSには、任地一覧の大項目としてKOBE BIBLE WOMAN'S SCHOOL（神戸婦人伝道学校）があげられ、バイスがひとり任命されている（メアリーは、デイジーの看病のため一時帰米？）。この大項目の下にDispensary and Training School for Nurses（診療所と看護婦養成学校）が置かれ、Miss Y. M. Kim, M.D.が代表者とされている。 　Y・M・キムは、長老派の在中国宣教師夫妻の養女となって教育を受けた中国人で、1888年両親の日本宣教に伴って来日していた。診療所と看護婦養成学校を開きたいと考えていたアメリカ・南メソヂスト監督教会宣教部は、医学博士の学位をもっていたキムを、招きこの働きに就かせる。この計画は結局、基金不足によって断念せざるを得なかったというが、中国で医療宣教を行っていたウォルターとメアリーは、日本においても、当初女性たち、子どもたちの学校と医療、看護婦養成をセットにして考えていたことがわかる。	・富山で米騒動（1.18）。 ・第1回総選挙（7.1）。有権者は国民の1.2％。 ・「教育に関する勅語」発布（10.30）。 ・第1回帝国議会招集（11.25）。

年号	事　項
1891 明24	・ウォルター、妻デイジーの療養のため帰米する（1.）。 ・バイスは校長として1年目の1891年度を終える（〜6.）。 ・「神戸婦人伝道学校」（Kobe Bible Woman's School）にバイス、学校内の「診療所と看護婦養成学校」（Dispensary and Training School for Nurses）にY・M・キムが任命されている（9.）。 ・1891〜92年の学校は、新学期2名の生徒で開始され（9.）、最終的には8名のクラスになる。  亡くなったJ・W・ランバスの写真を掲げた第1回南美年会（山2番） 中央で黒い服、帽子の小さくなったメアリーの姿が写る。
1892 明25	・J・W・ランバス、神戸で逝去し（4.28.）神戸居留地墓地に埋葬される。（現在は、修法ヶ原外人墓地に埋葬。） ・第1回南美年会が山2番で開かれる。 ・神戸婦人伝道学校は、伝道者コースへの希望入学者の減少により、教授内容を変更し、「神戸学校と手芸学校」（Kobe School and Industrial School）となり、メアリーがひとり任命される（9.15）。「診療所と看護婦養成学校」は別項目となって、引き続きキンが任命されている。 ・メアリーは、ウィリアムの逝去により帰米する。 　　　　注＊「第1回南美年会」について 　　　これまでの「日本宣教部第〇回年会」はThe Annual Meeting of the Japan Missionの日本語訳であったが、これが1892年からAnnual Conferenceと名称変更されたため、その後の年会を「南美年会」と称する。そこで、1892年の年会は、第1回南美年会となる。

解　説	一般歴史
＊1891年〜92年の学校（1892　MECS） 　2年目を終えた校長バイスの報告によれば、1891年9月に婦人伝道者候補生の2名を以て新学年が始まり、2学期には2名が加わり計4名の生徒がバイスと共に学んだ。その後神戸在住者4名が加わり正規の在籍は8名となった。 　午前9時に始まり正午に終わる、聖書関係の授業では、旧約聖書—申命記、ヨシュア記、士師記、Ⅰ、Ⅱサムエル記、新約聖書—使徒パウロのガラテヤ、エペソ、コリント人への手紙が学ばれた。またイエスの奇蹟、譬の特別研究、伝道者試補養成手引、信仰問答などが教えられた。聖書史と地理学の授業は毎日あった。それらの聖書のテキスト（ことば）は、授業ごとに翻訳されて黒板に書きだされ、生徒たちはそれを注意深く筆写して学んだ。また聖書の出来事はすべて地図の上で場所が確認され、生徒たちの頭にはパレスチナの地図が入っていた。午後には、作文、手紙の書き方、歴史、地理などの日本語授業があった。それらは、バイスの通訳者であったMr. Onoが初めの学期を、Miss Joがそのあとを引き継いで教えた。 　生徒たちは、神戸の日曜学校で、日曜日には実習を行っていた。夏休みにはそれぞれの出身場所に帰り、夏期伝道を行い学んだ。メアリーは親切にも、生徒たちが、教会で讃美歌の奏楽奉仕をできるように、オルガンの特別レッスンを受け持ってくれ、感謝している。 　以上のバイスの報告は1892年の夏に書かれていることから、最後の記載については、夫ウィリアムを1892年4月に失ったメアリーが、それでも生徒たちの夏期伝道実習のためにオルガンレッスンをしてくれたことを指していると思われる。またこの記載の後に、バイスは、自分がこの学校の仕事に強い責任を感じると同時に自分自身の弱さと経験不足、失敗とやり残しが多いと思っていると書いている。それでも、この学校で学ぶ女性たちが、今の日本に必要な福音宣教の働きのために、さらに知恵と理解力が与えられるようにと、願い、祈って報告は終わっている。	
＊神戸学校と手芸学校 　1892〜93年の学校の活動については詳細、生徒数も不明であるが、それまでのメアリーの1年、バイスの2年の学校報告とこの年付された校名から、家政科、手芸科と英語、日本語等の一般科目を中心に、わずかにキリスト教を加えるようなクラスが、翌年結婚離任を控えたバイスによって、細々となされていたと推察される。	

年号	事 項
1893 明26	・バイスは、W・A・デービス宣教師と結婚（5.31）、学校を離任する（8.19）。 ・メアリーとバイスを失った学校は、「手芸学校」（Industrial School）とされ、閉校状態となる（9.）。
1894 明27	・1893年に引き続き、「手芸学校」（Industrial School）はメアリー離任中で閉校。
1895 明28	・メアリーは、孫のネリー（次男ロバートとアリスの子ども）を連れて横浜に再来日する（7.）。 ・アイダ・M・ウォース来日（8.19）。 ・学校は9月から、「ランバス聖書養成・手芸学校」（The Lambuth Bible Training and Industrial School）の名称で再開され、メアリーは校長に就任する。 ◇アイーダ・M・ウォース／ Ida M. Worth（1865.4.7〜1936.1.17） 　1865年4月7日イリノイ州タルラに生まれる。ミズーリ州カンザスシティのスキャーレットバイブル＆トレーニングスクール（1923年にテネシー州ナッシュビルに移転しスキャーレットカレッジとなる）を卒業後、2年間公立学校の教師をしていたが、1895年8月19日に宣教師として来日。 　1895〜1907年の12年にわたり神戸の女学校を任地とし、1897〜1899年には、メアリーから託されて、ランバス伝道者養成学校の校長を務めた。学校の課程や形態が定まらない草創期の困難の中で、女性伝道者養成と子どもたちの保育・教育に力を尽くし、そのバトンを徐々にモード・バネルに手渡した。この間、1895年に神戸美以教会（→日本基督教団神戸栄光教会）で日曜学校予備科の教師として、また鈴木愿太と共に青年会活動のためエプワース同盟（メソヂスト教会の青年運動組織）を創ったとの記録があることから、神戸美以教会に属して、青年、子ども、女性信徒らの指導を行っていたものと思われる。1901〜02年、休暇帰米。1904年には、メアリーを記念して「ランバス記念保育所」（→日本基督教団神戸平安教会附属ランバス記念幼稚園）を創立し、伝道者養成学校と幼稚園事業とを結び付けるきっかけをつくる。 　1907年に大分に転任し、1919年大分愛隣館地域センターを設立。1920〜21年休暇帰米の後、広島、呉に赴任して1921年に呉善隣館を設立。1925年から再び神戸に赴任し、1926年7月1日の離日までランバス養成学校を助けた。 　帰米後も女性と子どもたちの教育、福祉のために働き、1936年1月17日ミズーリ州セントルイスで逝去。ウォースは、日本での働きぶりから、学校、教会での宣教と共に、地域におけるキリスト教社会福祉、キリスト教保育の開拓者であったことがわかるが、彼女の報告文書はいつも、穏やかで、教師たち、生徒たちの熱心な働きぶりを褒める落ち着いた言葉が印象的である。

解　説	一般歴史
＊一時閉校のころ（1893　MECS） 1893年9月からの任地一覧は下記のような記載となっている。 　　　Kobe Institute　……　To be supplied. 　　　Medical Work　……　Y. M. Kim, M. D. 　　　Industrial School　……　Mrs. M. I. Lambuth（at Home on Leave） 　　　Palmore Institute……　To be supplied. 　Y・M・キムだけが唯一医療活動に任ぜられ、神戸の学校と、パルモア学院は再開を待つ準備中の状態に、手芸学校の名前だけが付されたメアリーの学校は、彼女が帰米離任中であることを示している。	・文部省、学校の祝日大祭日儀式用の歌詞、楽譜を選定し告示（「君が代」など8編）(8.12)。
	・日清戦争始まる (8.1)。
＊メアリーの再来日とウォースの着任（1895　MECS） 　9月からの任地一覧に、2年ぶりで変化が現れる。「手芸学校」(Industrial School) の名称は、「ランバス聖書訓練・手芸学校」(The Lambuth Bible Training and Industrial School) と変わり、校長としてメアリーの名前、そしてI・M・ウォースの名が記載されたのである。 　学校の本格的な再興はおそらく数年後であり、メアリーの校長着任を1897～99年とする記録もあるが、彼女のパスポート（1895年7月22日からの内地旅行免状）とメアリーの性格からみて、彼女はすぐに神戸の女学校に着任したものと思われる。宣教部も、メアリーの再来日をうけて、彼女を校長と任じ、必ず伝道者養成が再開されると考えたのではないだろうか。  メアリーの内地旅行免状（パスポート）	・日清講和条約（下関条約）に調印 (4.17)。 ・台湾に総督府をおく (6.17)。 ・世界学生キリスト教連盟（WSCF）設立 (8.8)。 ・レントゲン（独）、X線を発見。

第3章　ランバス記念伝道女学校

年号	事　項
1896 明29	・1895年に引き続き、メアリー（校長）とI・M・ウォースの担当で「ランバス聖書養成・手芸学校」として活動。
1897 明30	・「ランバス聖書養成・手芸学校」は、メアリー、ウォース、ミス・ジェームスを中心に、多くの教師や助け手を得て、女学校部門に36名、手芸学校部門に20名の計56名の生徒で、1897年〜98年の年度の教育活動を行う。 後列右からバイス、ウォース、メアリーが共に写る珍しい1枚。
1898 明31	・「ランバス聖書養成・手芸学校」（The Lambuth Bible Training and Industrial School）にメアリー（校長）、ウォースに加え、A・D・ブライアン（A. D. Bryan）が任命される（9.〜）。 ・伝道者養成課程が、再開に向けて始動する。

解　説	一般歴史
＊「ランバス」の名称 　1895年の南美年会に於いて「ランバスの名称を明らかに記して」日本伝道の開拓者を記念することが決められ、この時から学校の名に「ランバス」が用いられるようになる。	
	・アテネで、第1回近代オリンピック大会を開催（4.6）。 ・フレーベル会（女子高等師範学校附属幼稚園の保姆会を中心とした保母の団体）設立（4.21）。
＊2部門からなる学校（1898　MECS） 　メアリーの報告は、命と健康を神に支えられ、彼女の熱望が聞き入れられて、神戸の女性と子どもたちへの活動が再開されたことを感謝して始まっている。1897年9月〜98年5月のランバス聖書訓練・手芸学校は2部門からなり、日本人教師たちの継続的な教授がなされている、とあることから、国語など一般教科目の女学校部門と、宣教師や近所の居留地に住む外国人女性たちによる裁縫や、編み物、徒手体操（柔軟・美容体操）などのクラスがある手芸学校部門に分かれていたと思われる。その両方の部門で、聖書が読まれ、キリスト教講話がなされる時間があった他、目の不自由なひとりの生徒のために、バイスが点字を用いて教育していることが記されている。	・帝国図書館開館（蔵書数35万）（4.27）。 ・京都帝国大学設立（6.22）。 ・師範教育令公布（10.9）。尋常師範学校を師範学校と改称。
＊1898〜99年の学校（1899　MECS） 　メアリーは、他の年度とは異なり、関わった6つの部門（①パルモア英学院／夜学校、②日語の手芸学校部、③英語／附属学校、④若い女性のための特別クラス、⑤聖書クラス、⑥日曜学校）の現況を報告し、その後に、ようやく再開されることとなった「聖書養成部門」Bible Training Departmentについて述べている。これらの報告をみると、メアリー、ウォース、ブライアンの3名が任命を受けていた1898年〜99年の「ランバス聖書養成・手芸学校」は、ひとつの学校ではなく、報告の中の6つの部門にまたがり、年度後半には、「聖書養成部門」として再開される組織のなかにも混在していたものと思われる。 　手芸学校（②）には98〜99年50名の入学者があり、毎金曜日にウォースによる聖書クラス（⑤）がもたれている。生徒数20名の英語／附属学校（③）では毎朝聖書の短い講義があって、生徒たちは裁縫、レース編み、美容体操などの授業の前に、英語で聖句暗唱を行っている。また、ブライアンは、出席可能な若い女性たちのために、午後の日曜学校で聖書クラスを行っている（⑤⑥）。 　「聖書養成部門」については、入学者はまだ少数であるが、入学申請中の人々	・明治民法施行（7.16）。 ・米、ハワイを併合（8.）。 ・岡倉天心ら、日本美術院を設立（10.15）。

年号	事　項
1899 明32	・中山手4丁目に新校舎が完成し、「山2番」より「35番」に移る（春）。 ・学校は、「ランバス養成学校」（Lambuth Training School）と「婦人伝道者部門」（Bible Woman's Department）として、前者にA・D・ブライアン（校長）とメアリーが、後者にウォースとモード・バネルが任命される（9.）。ウォースにより、伝道者養成課程が再開される。 ・モード・バネルが来日し（11.30）、神戸の学校に着任する。 ◇モード・バネル／Maud Bonnell（1868.3.3～1917.11.30） 　米国ミシガン州に生まれる。テネシー州ナッシュビルのピーボディ・ノーマルカレッジを卒業。来日前はアメリカ先住民への宣教師であったが、1899年11月30日に神戸に到着し、1902年末までランバス養成学校で働く。休暇帰米（1903～04年）後、広島女学校へ1年赴任。1905年から再び、神戸ランバス記念伝道女学校に任命され、1916年の離日まで校長として在任した。 　バネルの校長在任中に神学課程の基盤が固められたほか、幼稚園を学校の附属機関として重要な宣教の現場ととらえ、保育者の聖書の学習と研修、女性伝道者（バイブルウーマン）と幼稚園教師の協力、合同の修養会の必要性などを考えるようになった。伝道者と保育者を共に教育するというバネルの考えは、日本の宣教部に受け入れられ、後年の合同教育機関の検討、1921年のランバス記念伝道女学校と広島女学校保姆師範科の合併へとつながった。 　バネルはもともと身体が弱く、長年の病気との闘いの中で、教会における婦人伝道者の重要性と立場について強い確信を持ち、熱心で献身的なバイブルウーマンの養成に生涯をささげ、休むことを忘れて学校のために働いた。しかし、1915年には何度か療養を余儀なくされ、1916年10月、17年におよぶ日本での宣教から病気治療のために帰米。 　翌1917年11月30日、モード・バネルは49歳でカリフォルニア州ロサンジェルスにて逝去した。最期を看取った兄弟からは「日本の方々に伝えて欲しい、姉は遥か日本を望み、頭を向けて永眠した」との手紙が送られてきた。1918年1月27日、彼女が生前会員であった神戸メソヂスト教会にて記念礼拝が執り行われ、バネルの宣教によってクリスチャンとなった多くの人々、教え子たちが、その死を悲しみ惜しんだ。

解　説	一般歴史
がいること、バイブルウーマンの養成のために、教会が旅費や下宿代の補助を出すようにすれば、もっと多くの女性たちが地方教会から集まってこられるだろうことが語られている。この養成部門は、日本の教会にとって自分たちのための伝道者養成所であり、各個教会が女性信徒を3〜4年勉強のためにここへ派遣し、校内での勉学による知識と、学外で先輩伝道者と共に実践演習をかさねることで、実践力と豊かな知識をもった有能な伝道者が養成されるだろうとしている。 　さらに、この部門の再開について、メアリーは、学校を閉じていた暗く、厳しい試練の年月の間も、教師たちが誠実に努力を重ねたことにより、この働きが導かれ、ますます神への信仰を強めていると述べ、1891年から7年間の空白期間を経ての伝道者養成の再開が、メアリーの悲願であったことをうかがわせている。	
＊中山手通4丁目35番への移転と「欧亜混血児学校」（The Eurasian School） 　1899年、学校は、中山手通4丁目35番（現在の神戸市中央区中山手通4丁目17-6）に新校舎を建設し移転する。時期は定かでないが、同年8月MECSのT・H・ヘイデンの教育委員会報告に学校が、「神戸に新しい建物を持ち、女子聖書科の仕事が始められるよう、今や準備も整っている」と記していることから春には完成移転していたと推察される。この新しい学校は、宣教師たちの間で、「35番のランバス」「35番の学校」と呼ばれた。 　また、翌年のヘイデンの報告に、ランバス記念学校で「今までのように『欧亜混血児学校』を続けている」と記載されていることから、「欧亜混血児学校」は1899年の35番への移転時にはなされていたと思われる。  「35番の学校」 1階左から3人目に帽子をかぶったメアリーが写る。メアリーの前にいる子どもが孫のネリーと思われる。	・ハーグで、第1回万国平和会議（参加26ヶ国）(5.18)。 ・幼稚園保育及設備規程制定（6.28）。幼稚園に関する最初の単行法令。 ・外国人居留地廃止（7.7）。 ・文部省訓令第12号公布。公認の学校で宗教上の儀式、宗教教育を禁止。 ・私立学校令公布（8.3）。私立学校の監督の強化。

第3章　ランバス記念伝道女学校

年号	事　項

Column 17

メアリーからの Love Letters

　聖和の源流のひとつ「ランバス記念伝道女学校」の創立者であるメアリー・イザベラ・ランバスは、著書を残した人ではなかったが、彼女が生涯のいろいろな場面で書いた言葉は珠玉のように輝き、人を動かす力をもっていた。

　メアリーの書きもので、いちばん古く有名なのは、1851年19歳であったある日、教会で中国宣教の話を聞いた後に献金かごに入れたチェックに書かれた言葉だろう。"I give $5 and myself for the cause of missions."（5ドルと私自身を宣教のために献げます）。このわずかな一文、一行の言葉が、彼女の全人生を表すことになる。メアリーは、自分が決心して書き表したことを終生実行したのである。心も、体も、時間も、才能も、家族も、持ち物も、彼女自身のものはすべて、宣教のために神に与えつくした生涯の始まりは、小さな1枚の紙に書かれた言だったのである。

　こうして1854年、清朝の中国に若くして渡ったメアリーは、太平天国の乱の渦中にあり、反乱軍に包囲された上海の町で、宣教師として歩み始める。1カ月のうち2週間は船で伝道旅行に出かける夫ウィリアムの留守宅をまもり、上海生まれの小さなウォルターを育てながら、メ

解　説	一般歴史
＊ウォースによる伝道者養成課程（1900　MECS） 　ブライアンとメアリーが担当するとされた「ランバス養成学校」（Lambuth Training School）は、「ランバス記念学校」（Lambuth Memorial School）という名称で、帰米したブライアンに代わり、バネルが報告している。それによると、ランバス記念学校は、英語全日制（昼間部）学校として、24名の普通生と3名の特別生を迎え、3名の外人教師、2名の日本人教師により、少女たちのために裁縫、レース編み、声楽、器楽、絵画などが教えられ、少年のための職業訓練コースも併設、毎朝の聖書講座のほか、日曜午後には2クラスに分けた日曜学校がなされていた。 　一方、ウォースとバネルが任命されていた「婦人伝道者部門」（Bible Woman's Department）は、ウォースにより「婦人伝道者学校」（Bible Woman's School）として報告されている。1899年9月から1900年6月の年度は、普通生1名、特別生1名の2名の入学があり、ふたりはよく努力して規定の科目をほとんど習得するところまでいったが、「避けられない障害」のため1年次を完了することはできなかったという。しかし、その普通生は、学校での勉学と並行して、直接宣教師の指導の下、伝道にも従事し、その熱意と真剣さは教師たちにとって大きな喜び、慰めとなったとしている。また、2度の伝道旅行（多度津と山口・松山）を実施し、各地で伝道集会を開く中で、日本の女性たちへの伝道には、何より女性伝道者の育成が重要、急務であることを痛感し、学校への支援、奨学金制度の充実を要請している。	

　アリーは動乱の中で街頭にあふれていた「孤児」や「捨て子」を家に引き取り、女性たちを教え、その家庭は、中国伝道に就く他の宣教師たちにとっても癒しの基地であったという。

　もちろん、路上の「浮浪者」や「家なき子」に食べ物を与え、特に身寄りのない子どもは自分の家の子どもにしていくのだから、すぐにランバス家は満杯状態となる。建物も、食べ物も、教えるための教材も、なにもかも足りない。この時メアリーが持っていたのは、ペンと紙だった。本国アメリカには、上海からの船が着くたびに、メアリーからの矢のようなニーズ、愛の督促状が届いた。これに心を打たれたひとりのナッシュビルの花嫁が、自分のウエディングヴェールのダイヤモンドをすべてとり外した。

中国に出発する直前のメアリーと夫J・W・ランバス（1854年）

結婚したばかりの彼女は、その貴重な宝石をメアリーに送り、それは1000ドルに換金されて、中国初の女子の学校となるマクテイラー女学校（McTyeire School）が上海に生まれる。

メアリーの熱烈ラブレターは、ほかにもおびただしい数のアメリカの母たちの心と行動を呼び覚まし、女性たちの海外宣教を支援するアメリカの女性たちの組織、The Women's Foreign Missionary Societyが結成される。こうしてメアリーの言葉に動かされた無数の人々の愛と献金は、巡り来てメアリーの中国での働きをさらに支え、たくさんの中国人女性、子どもたちの人生を変えていったのである。

このようにメアリーの書く言葉には、強い信仰と人々を動かす力があったのだが、聖和に残されている数少ないメアリー直筆の文章の中に、料理のレシピがある。料理名はVery good mincemeat、ミートパイの具となる美味しいミンスミート（ミンチ）の作り方が書かれている。柔らかく煮込んだ牛タンを細かく刻み、スグリやレーズン、柑橘系の果物の皮を加えて、砂糖、オレンジ汁、シナモン、ナツメグなどの香辛料で甘く味つける。牛タンが手に入らなければ、できるだけ上等の牛肉で代用していいと書いてあるが、ともかく、数日かけて煮込んだ牛タンを包丁でミンチにするところから始まり、小さな1粒のレーズンもなんと「2～3つに切る」という指示の徹底ぶりである。

いったい何日がかりの料理だろうか、とにかく手の込んだ「すごく美味しい（Very goodな）」秘伝のミンスミートだったのだろう。メアリーのレシピが読めれば、ぜひ料理してみたいと思っていたのだが、彼女の筆記体の文字を読み取ってくださったイングリッシュ・スピーカーの女性によれば、今では普通ミートパイの具はビン詰で売られていて、中味を家で作っている人などいないだろうとのこと。実際レシピを読み始め、すぐにあきらめた。

レシピには、最後に「母」とだけ署名されている。パーク宣教師と結婚して、中国で宣教を続けるひとり娘ノラに求められて、書いたレシピだろう。家族にとってはウィリアムの妻、子どもたちの母、後には孫たちの祖母であり、宣教師仲間たちにとっても、ある時はカウンセラー、ある時はナースでもあったメアリー。そして、宣教の地ではいつもその家は、異国の女性たちと子どもたちの居場所であった。家の外でも、女性と子どもたちの教育、保育、そして宣教のための施設、学校をつくって、仕事し続けたメアリー。いつ眠っていたのだろうと思われる日々の中で、いつ作れるのだろうと思われるミンスミートパイは、きっと、愛と時間と手間のかかった特別のごちそうであり、娘ノラの好物であったにちがいない。

レシピの欄外に「うまくいったか知らせてね」とメモがある。家事のエキスパートであり、あらゆる意味で才能も経験も豊かなメアリーの、娘がおそらく誰かをもてなすために作ろうとしている、美味しいミンスミートづくりの成功をそっと応援する想いが、この一言に込められている。「難しいわよ」や「失敗しないでね」ではない。「うまくいったか知らせてね」と、さりげなくウィンクしながら背中を押してくれる母の言葉に、ノラは、きっと笑顔になったことだろう。読む人をにっこりさせ、チャレンジしようと思わせる言葉を、メアリーは書く人だったのだと思う。

70歳になったメアリーは、1901年、日本での働きに終止符を打ち、娘ノラのいる中国蘇州へ静養に向かうことを決める。1900年の

MECSにはランバス記念の報告に並んで、「日本宣教部のみなさんと監督へ」と題された、メアリーの最後のラブレターが載せられている。

その手紙は、彼女らしく「わたくし自身からの短い言葉が、どうか失礼になりませんように」と丁寧に始められている。その後、ここ1年の、健康を害して十分働けなくなってきた自分の宣教活動の報告がまとめられ、終わりに勧めのことばが、記されている。

その手紙には、「わたしはもう、この地上でみなさんと再び会えるかどうかわかりませんが」とあることから、これは、メアリーの宣教の仲間への遺言であると思われる。最後の署名は、「生涯にわたってあなたの共働者であるM・I・LAMBUTH」。彼女が一生の終わりに残してくれた言葉、それを聴いた者は、きっと、次の世代へとその言葉を届けなくてはいけないのだという願いをこめて、ここに記す。

「わたしたちは、自分自身が神のご用に役立つ者となれるようにつとめ、また周りの人々もそうなれるように手伝いたいと願い続けています。誰ひとりとして、不必要な人はいません。また、誰かのほうが他の人より優れていることもありません。わたしたちは、神に創られた者として互いに助け合い、わたしたちの周りにいるもっとも低く、弱くされている人たちにこそ、優しい尊敬をむけることによって、神の栄光を称えましょう。」

メアリーのレシピ
Very good mincemeat

メアリー（前列中央）と彼女の旧い中国人生徒たち
1901年にメアリーは、静養のため娘ノラが伝道する中国蘇州へと渡る。写真は1903年12月、メアリー71歳の誕生日に撮られたもので、この半年後、1904年6月26日メアリーは蘇州で逝去した。

第3章　ランバス記念伝道女学校　153

年号	事　項
1900 明33	・「ランバス記念学校」(Lambuth Memorial School) にM・バネル(校長)とメアリーが、「婦人伝道者部門」(Bible Woman's Department) にI・M・ウォースが任命される(9.)。 ・メアリーは病気のためほとんど仕事ができなくなり、最終報告を書く。 ・A・D・ブライアンが休暇帰米。 ・校舎前にレンガ塀を、建物裏には板塀を、主に昼間部生徒の学費収入によって設置する。
1901 明34	・メアリー・I・ランバスは、静養のため中国蘇州の娘ノラの元へ(1.)。 ・「ランバス記念学校」(Lambuth Memorial School) にバネル(校長)、「婦人伝道者部門」(Bible Woman's Department) エマ・ポティート(Emma Poteet)が任命され、離任中にA・D・ブライアン、メアリー、I・M・ウォース(1901〜02休暇帰米)の名が記載される(9.)。 ・この年度(01.9〜02.6)の「ランバス記念」の教育活動は、「婦人伝道者養成学校」(Bible Woman's Training School)、「欧亜混血児全日制学校」(Day School for Eurasians)、「パルモア学院」(Palmore Institute)の3つの学校事業と、いくつかの教室、活動となる。  35番のランバスで行われた「混血児学校」 バイス(後列左から2番目)、バネル(後列中央)、ウォース(後列右端)が共に写る Eurasian School。(1901年頃)

解　説	一般歴史
＊バネルとウォースの学校（1901　MECS） 　「ランバス記念学校」（昼間部）は、普通生23名と特別生4名の入学で9月9日から始業し、学期末には生徒が31名となる。英語による一般科目、日本語読み書き、声楽と器楽、絵画、レース編みと裁縫が年間通して教授され、毎日の聖書講座を開いた。報告者のバネルによれば、人手不足の中、ウォースの助けを得て昼間部と日曜学校（集う子どもたちの家庭全てをふたりで訪問）を実施したほか、バネルには、夜学校での毎週6時間の授業、教会で開かれていた毎日曜の聖書クラスと午後の聖歌隊、日本語教師のための聖書クラス、少年たちの毎土曜夕の聖書クラス、女性たちのための料理・裁縫・英語講座などの責任が、年度途中からどんどん増えている。 　「婦人伝道者部門」は、9月10日に授業が開始され、秋、冬学期末には試験を実施、1901年春休み中には伝道実習を各地で行った。ウォースは、生徒たちに①聖書的訓練、②伝道的訓練、③手工芸、④声楽、器楽をふくむ音楽の4分野で能力、技術を身に着けるように養成したと報告している。それらの訓練により、生徒たちは、東神戸の日曜学校や伝道旅行などで、実際に聖書を教える、訪問・個人伝道、子どもたちと手工芸の活動をする、讃美歌指導を行えるよう成長していった様子も記されている。また、経済的、人的不足の中でウォースも、パルモア英学校や昼間部の授業、数々の英会話クラスや読書会、日曜学校の責任を負っていることが報告されている。	・野口幽香・森島峰、東京麹町に二葉幼稚園開設（1.）。 ・治安警察法公布、集会及び政治結社法廃止（3.10）。 ・小学校令改正（義務教育4年制、授業料徴収せず）（8.20）。
＊試練の年度（1902　MECS） 　バネルによればこの年度、「婦人伝道者養成学校」には3名の入学者があったが、十分な教育活動ができなかった。理由のひとつは、生徒たちの病気であるが、宣教師たちのオーバーワークも看過できない状態だった。 　「欧亜混血児全日制学校」は35人の生徒があり、英語、日本語両方での教育と職業訓練が、主に主任のポティートによって忍耐強くなされた。パルモアの夜学では、純粋で熱意ある多くの青年たちに、熱心に教授しているほか、神戸の上流層の女性たちのための料理教室や英語クラス、男性のための聖書教室、「タキミチ」の日曜学校なども随時行っている。モズレー夫人の協力もあるものの、このままでは宣教師たちが倒れてしまうという危機感がある。 　多くの人々はこれを「失敗」と呼び、伝道者となる女性たちがいないのだというかもしれないが、素晴らしい成功を収めている横浜のMrs. Van Pettenの学校や、東京のマクネイヤ夫人の学校、神戸のバローズとコザートの学校について調べた結果、あまりに雑多なサイドビジネス、多種の学校運営に自分たちが関わらなければならないこと、それらに見合う人的、経済的、時間的な対応がミッションによりなされていないことがその「失敗」の原因となっている。せめて「35番の独身女性宣教師たち」が、夜の学校や教室の仕事から解放されれば、全身全霊を女性と子どもたちのためにささげることができる、婦人伝道者養成という尊い使命のある学校を「あなたの学校」だと思って支えてほしい。 　この年の強い口調の報告は、婦人伝道者育成の責任を何とかしてはたすことこそ、この学校に与えられた使命であるとのバネルの固い信念が込められている。	・神戸・下関、山陽鉄道が全線開通（5.27）。 ・田中正造、足尾鉱毒事件で天皇に直訴（12.10）。 ・ノーベル賞（物理・化学・医学・文学・平和）制定、第1回受賞行われる。

年号	事　項
1902 明 35	・「ランバス記念学校」(Lambuth Memorial School) にバネル（校長）、ポティートが、「ランバス記念学校附属部門」(Subordinate Department of Lambuth Memorial School) と「婦人伝道者部門」(Bible Woman's Department) の両方にウォースが任命される (9.)。 ・ウォースが米国より戻り、11月から「ランバス聖書養成学校」(Lambuth Bible Training School) を開始する。 ・バネルは「ランバス記念学校」の校長を12月まで務め離任。休暇帰米 (1903〜04年)。
1903 明 36	・「ランバス記念学校」内に、「婦人伝道者部門」(Bible Woman's Department) としてウォースが、「全日制学校部門」(Day School Department) にポティートが任命され、離任中として、メアリーとブライアンが記される (9.)。 ・「ランバス記念学校」の校舎を使って、日曜学校が開校される。

解　説	一般歴史
＊ウォース、ポティート、ミセス・コート（Cora Trawich Court）の報告（1903　MECS） 　数年ぶりに日本に帰任したウォースの報告によれば、11月始めに「聖書学校」（Bible School）は開始され、6人の生徒が入学。まず、一般科目の課程を学び、満足できる試験結果を得て合格した。その後、病気のため春で中途退学する松山からの生徒や、神戸南美教会で信仰告白へ導かれた2名などがあったが、それぞれに成長している。C・T・コートと堺から入学した中原夫人（中原なお）と私（ウォース）の3人で、神戸の女性たち、母親たちの集まりを組織し、料理教室や聖書研究会と訪問を行って伝道した。少しずつ、神戸から御影、姫路などへ出かけて女性たちの集会を開くようになっている。日曜学校や聖書学校、パルモアでの音楽クラス、英語教室などの活動も継続している。 　「ランバス記念学校」のポティートの報告によれば、「混血児全日制学校」は、1902年12月まではバネルの指導の下、それ以降は、ウォース、ミセス・ジョンソンと、年度途中に加わったC・T・コートの助けによって昨年同様に行われた。この年度は10〜12名の新規入学希望者があり、ほかに学費を払うことができる日本の上流階級の家庭の子どもの志願があったが、このような先例をつくらないよう断った。すでに35名の在籍生徒があるのに、十分に体を動かす運動場がないという問題を抱えながらも、子どもたちはよく学び、日曜学校の働きから、受洗を願う子どもも出ている。 　また、年度途中で神戸の女性部（Woman's Work, Kobe）に派遣されたコートは、「食と健康」教室を西洋料理を習いたいと熱望している女性たちのために開き、ポティートによる生理学のミニ講義なども加えて、40〜60人のクラスを組織した。この教室では、ウォースやポティート、聖書学校の中原なお、他のバイブルウーマン、教会女性信徒の協力を得て、聖書の時間を充実させ、神戸の女性たちの集会から教会出席者を増やしている。「こうして福音を知ることができ、とてもうれしい」と、伝えにきた女性の言葉を紹介している。	・日英同盟協約調印（1.30）。 ・シベリア鉄道開通（1.〜）。 ・教科書疑獄事件起こる（12.17）。
＊ウォースによる婦人伝道者養成課程の充実　（1904　MECS） 　ウォースによれば、9月に4人が入学し平常通り学校は開始される。年配の2人はしっかりしたクリスチャンで、若い2人も神のために働く熱意があった。4人はどの分野でも優秀で、夏に郷里の牧師や宣教師から推薦を受けた。生徒は次第に増加して1904年6月には7名となった。生徒たちは、教室での勉強の他に日曜学校での子どもたちの活動、母親教室、料理教室、家庭訪問などの現場実習でたくさんの事を学んでいる。上級クラスの中原なおは東大阪の教会での働きを喜ばれ、卒業後もそこでの仕事を望まれている。 　また、生徒たちは「35番の学校」近隣を訪問して周囲の女性、子どもたちを集め、学校内に日曜学校を開設した。これにより、平均出席35〜50人の、学校建物を使用した日曜学校で実習できるようになり、ここから編み物クラスなどもつくられ、受洗者が出ている。コートの教室をはじめ、今まで行ってきた数々の女性たちの集会にも、聖書学校の生徒たちが熱心に関わり、実地伝道を行っている。 　この年の報告は、女性伝道者育成プログラムが、試験的段階を経て、他の組	・専門学校令公布（3.27）。 ・小学校国定教科書制度公布（4.13）。 ・ライト兄弟（米）、初飛行に成功（12.17）。

年号	事 項
	 ウォース（後列左）と4人の日本人たち（年代、氏名等は不詳）
1904 明37	・メアリー・I・ランバスは中国蘇州の娘ノラ・パーク家で逝去し（6.26）、上海の外人墓地に埋葬される。 ・ランバス記念保育所（「ランバス記念幼稚園」と呼ばれる）が、岸本（天野）タミヨを保母として、ウォースにより開園される。開設所在地は不明（9.）。 ・「ランバス記念学校：婦人伝道者部門」（Lambuth Memorial School：Bible Woman's Department）にI・M・ウォースがひとり任命される（9.）。
1905 明38	・第1回卒業式が行われ、中原なおが卒業する（6.）。 ・広島女学校より、M・バネルが着任し、校長に就任する（6.）。 ・全生徒は東大阪、西大阪、大分、杵築、八幡浜、多度津などで数カ月間の夏期実習を行う。 ・「ランバス聖書・記念学校：婦人伝道者養成部門」（Lambuth Bible and Memorial School：Bible Woman's Department）に、バネル（校長）とウォース（教授）が任命される（9.）。 ・9月18日に学校を8名で開始し、7名が増え15名となる。
1906 明39	・ランバス記念幼稚園（当時保育所）は、第1回卒園生6名を送りだす（3.）。 ・「ランバス聖書・記念学校：婦人伝道者養成部門」（Lambuth Bible and Memorial School：Bible Woman's Department）にバネル（校長）、ウォースとM・スパイヴィー（Mary Spivey：1906～07）が教授として任命される（9.）。 ・教師と生徒たちで、大分へ伝道旅行を実施（11.）。

解　説	一般歴史
織や活動とは独立した「ランバス記念学校」という組織で行われるようになってきたことを表している。	
＊1904年の学校と幼稚園の設立 　聖書の学びとバイブルウーマンとしての働きに備える伝道者養成学校は、ウォースを校長として9月から10名の入学者で開始し、途中2名が病気のため続けられなくなる。生徒たちは、学校で開かれる女性の集まりの手伝い、個人伝道と家庭訪問、幼稚園、日曜学校での子どもと家庭への働きかけなどで、熱心に伝道する。上級生は大阪の2つの教会へ送り出され、下級生は、御影、兵庫などで働く。 　幼稚園は、広島女学校の第3回卒業生で、卒業後佐賀のMrs. Lippert's Kindergartenで働いていた岸本（天野）タミヨがあたる。園児は翌年には20名となる。	・日露戦争が始まる（2.10）。 ・国定教科書を全国小学校に採用（4.～）。
＊1905～06年の学校（1906　MECS） 　15名の生徒たちの活動として、日曜学校助手（聖書学校内、神戸教会、兵庫、タキミチ〈神戸〉、大阪の5か所）：5名、訪問：252回、家庭集会での聖書講義：9回、母の会援助：9回、料理教室援助：9回がなされた。また、教員は8名で、常勤2名である。 　バネルは1906年の報告に、7カ月の講義授業（座学）と5カ月の現場実習のプログラムの妥当性を検討し始めたとしていることから、1905年度まではこの形がとられていたと思われる。さらに、兵庫の都市部にいる7万人や、神戸、播磨の織物会社やマッチ工場などの女工への伝道についても言及し、宣教のため、女性伝道者養成への支援を訴えている。	・日露講和会議（8.10）。 ・ポーツマス日露講和条約調印（9.5）。
＊1906～07年の学校（1907　MECS） 　教員は、専任宣教師2名、パート宣教師1名と日本人教師5名であった。スパイヴィーが、音楽教師として来日。バイブルウーマンは卒業後音楽（奏楽）を求められるため、彼女を得たことは喜びであった。J・C・ニュートン（関西学院神学部）にも講義を助けてもらっている。教師と生徒たちは、神戸、兵庫、姫路、住吉の女性の集会で聖書講義を助け、神戸、タキミチ、住吉の3つの日曜学校を運営し、神戸メソヂスト教会、奥平野、兵庫の3つの日曜学校に協力した。	・JKU（Japan Kindergarten Union）結成（8.）。 ・米国で日本人排斥運動高まる。

7人の女性校長と教師たちの横顔

　ランバス記念伝道女学校の特徴のひとつに、32年間校長はすべて女性宣教師であることが挙げられるだろう。これはもしかすると、かなり珍しい学校かもしれない。この7人を辿れば、学校の歩みは見えてくる。プロフィールを調べ、本人の書いた文章を読むと7人それぞれのことがわかってくるが、その第1歩は、字義的に素顔、どんな顔の人なのかを知ることではないかと思う。今更であるが、I see. は「見る」とも「わかる」とも訳すことができる。その人の顔を知っていると知らないとでは、その人物のわかり方に大きな差がつくのだ。

　ところが、見ることで知ろうにも、「ランバス記念」の写真は、日付も名前も書いていないものが非常に多く、わからないので、アルバムを見てもざっと眺めるだけに留まり、親しくなる前の1歩でつまずく。そうして、いつまでも知らない人ばかりなので、よくわからない。そんな負の連鎖を切り抜けるために、まずは、7人の女性校長から顔見知りになり、学校に近づいてみてはどうだろう。

　まず初めのメアリー、最後のウィリアムスと、「ランバス記念」の中興の祖であるバネルをおさえる。

○創立者のメアリー・I・ランバスは老年になっても、小さな写真でも判別できる。夫J・W・ランバスが亡くなってからは、黒い服、黒い小さな帽子の場合が多い。写真のどこにいても、信念がにじみ出ている（と思う）。

○最後の校長アナ・ベル・ウィリアムスは、長身でショートヘア、襟の大きな服が多い（気がする）。ランバス女学院でも活躍するので、長い間、写真に登場してくるが、神戸時代と大阪に移ってからではずいぶん印象が異なる。神戸時代のものの方には疲れや大変さを感じてしまう。思い過ごしだろうか。

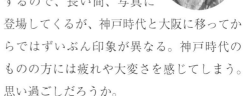

○ランバス記念に限って言えば、いちばん長く校長職にあったのはモード・バネルで、たくさんの写真が残されている。どれを見ても、一度インプットされたら忘れられない「憂い顔」である。闘士の人だが、顔は泣きそうなので、すぐわかる。

　前、中、後期の3人を確認したら、初期、メアリーの頃、彼女を支えた2人、バイスとウォースを覚えよう。

○メアリー・F・バイスは、ごく初期にバイブルウーマン養成をまず行った人で、7人の校長のうちメアリー（ランバス）と、奇しくも同じ名前で、このふたりのメアリーだけが結婚し、母となっている。神戸の学校にいたのは結婚までの2年間だが、お相手が日本を任地とする宣教師であったため、そして、3歳で亡く

した子どもを神戸に葬っていたためだろうか、離任後も時おり学校の写真に登場している。長身できりっとした印象の方なので、外見はメアリー（ランバス）とは対照的だが、ふたりのメアリー（マリア）は、幼いわが子を亡くし、葬ったお墓を離れて宣教の任地に向かったことでも共通している。

○もうひとりは、アイダ・M・ウォース。ランバス記念の学校に保育施設を始めにつくった、「ランバス記念幼稚園」の創立者である。この人は、大分などその後の任地でも、善隣館と呼ばれる社会福祉施設を創りだしている。福祉、保育の方向性をランバス記念につけてくれた先生で、メガネをかけ、初期はオダンゴ頭、後にショートヘアで、他の地域の写真にも登場する。ぜひ大分、広島、呉などで古い写真を見たら、ウォースを探してみてほしい。

これで5人。あとの2人は、病弱だったバネルの長い校長時代を、短い期間支えたパークとシャナンである。

○ウィリー・L・パークは、バネルの支え手として嘱望された才能豊かな女性であったが、病を得て、在任中に手術、回復後専門医に受診のため訪れた上海で36歳で亡くなる。悲劇短命の校長である。髪型に特徴があり、大きな帽子の印象が強く、筆者はひそかに「ランバスのリボンの騎士」として覚えている。

○もうひとりは、バネル校長とウィリアムス校長の隙間を急遽、中継ぎしてくれた広島女学校からの助っ人で、聡明さがにじみでる、憧れのアイーダ・ラブ・シャナンである。この人は、広島での経験もあって、危機にある学校を賢く、優しく、周囲と協力して運営している。おそらく日本語に堪能だったのだろう。日本人教師、西條寛雄とミックスダブルスを組むようにして学校を導いている。

7人の宣教師がわかると、写真の年代がかなり特定できてくる。これはバネルがいなくてシャナンがいるから○○年から○○年というように。合わせてそこに写る別の宣教師と、日本人教師を紹介しておく。

まずキリスト教主義幼稚園を組織的に創立運営し、学校担当のバネルと組んだ幼稚園担当のネリー・ベネット。バネル／ベネットのコンビで写っている写真も多く、神戸近辺の幼稚園関連の写真にはきっと多く登場していると思われる。

日本人の男性教師では、シャナン校長のところであげた、英文記録になぜか H. O. Saijyo と書かれる西條寛雄。あとで日本語の名前をみて、Hiro O. Saijyo と聞こえていた（おそらく呼ばれていた）のだと、ミドルネームの謎に気づいた。西條は、日本人専任教師として、シャナン／西條組を組み、バネル／ベネットが同時にいなくなった学校を支え、ウィリアムス校長に手渡し、

第3章　ランバス記念伝道女学校　161

ランバス女学院となった後も、卒業式などに神学部生を見守る優しい姿が写っている。

　これら7人の校長プラス2人に、あと1人覚えると10人の顔見知りができ、ずいぶん「ランバス記念通」になれる（はず）。まずは、1914年の第9回卒業式の写真（p.172）を参照して、以下の先生方、芝みつの、青木たけ、吉崎彦一、あいこ、青木澄十郎、赤沢元造、釘宮辰生の顔をチェック。もしくは、下の写真から、メソヂスト教会日曜学校局長の三戸吉太郎、曾木銀次郎（関西学院神学部教授・副院長、妻は神戸女子神学校第5回卒業生の曾木小美）を覚えておこう。

第15回卒業式　1920年
コラム20に登場の富田とよ（前列右から4人目）。中列右から2人目が三戸吉太郎、3人目は日野原善輔、前列右から2人目が曾木銀次郎、そして、3人目が西條寬雄となっている。

年号	事　項
1907 明40	・第2回卒業式が行われ、4名が卒業する（7.）。 ・各地のメソヂスト教会へ教師と生徒等が伝道旅行に行く（7.）。 ・アメリカ・南メソヂスト監督教会「第1回婦人伝道者会議」Bible Woman's Conferenceが開かれる（平均出席者45名）（8.27～9.4）。 ・夏期休暇中に寄宿舎等の修理を実施する（夏）。 ・「ランバス聖書・記念学校」（Lambuth Bible and Memorial School）にバネル（校長）、スパイヴィーとM・L・ブラウント（Mina Lou Blount：1905～08）が教授として任命を受け、新年度を開始する（9.）。この年度は翌1908年3月までの学年度となり、学生10名が在籍する。  「第1回婦人伝道者会議」 前列中央に座る男性の左から吉崎彦一、ウォルター、ふたりおいてJ・C・C・ニュートン。
1908 明41	・卒業式を6月から3月に変更。第3回卒業式が行われ、3名が卒業する（3.）。 ・3月卒業への変更に伴い、1908年4月1日～6月30日までを新学期とし、普通科生徒13名、特別生3名の16名が入学。 ・第2回「婦人伝道者修養会」Bible Woman's Conferenceを学校で開催（9.17～22）。三派合同前の旧、北メソヂスト教会、カナダ・メソヂスト教会からも女性伝道者が参加する。 ・学内に同居していた「パルモア英学院」は山2番へ移転する（9.17）。 ・W・L・パーク来日し（8.31）有馬での宣教部年会に参加後、ランバス記念伝道女学校に着任。 ・「ランバス記念伝道女学校」（Lambuth Memorial Bible School）の名称で、バネル（校長）、W・K・マシューズ（W. K. Matthews）、スパイヴィー、ウィリー・リー・パーク（Willie Lee Park）の3名が教授として任命される（9.）。 ◇ウィリー・リー・パーク／Willie Lee Park（1876.9.17～1913.2.19） 　1876年9月17日、南メソヂスト教会監督宣教師の父と信仰篤き母のもと、ジョージア州に生まれる。ボストンの学校で学び、20歳で卒業。父の新聞事業を父亡きあとひきつぎ主筆として発刊していた。1907年テネシー州ナッシュビルのメソヂスト伝道学校の体育部、講演部で教えながら宣教事業の準備をする。 　1908年8月31日に来日し、有馬での年会終了後ランバス記念伝道女学校の教師として着任。音楽教師がいなかったため、日本語を学びながら必要に迫られ音楽を教えたほか、体育、聖書の教師として働き、その上、

解　説	一般歴史

＊ウォルターの支援と初めての婦人伝道者会議

　1907年のMECSでバネルは、学校の活動を紹介しながら、W・R・ランバス（1891年に帰米後、1894年からは南メソヂスト監督教会の海外伝道を統括する総主事に就任していた）がいつも的確で、心からの関心を学校に寄せていてくれること、そのおかげでこの年度2回目の伝道旅行が実施され、必要な学校の修繕もなされたことを明らかにしている。また、おそらく日本で初めてであろう、女性伝道者たちの聖書会議が、ウォルターの温かい支援と導きによって、開かれることを報告している。

　この年、日本で伝道していたメソヂスト系の3派が合同して、日本メソヂスト教会を結成したためウォルターは南メソヂスト監督教会の全権大使として来日していた。その任務に多忙な中、女性伝道者養成の働きへの支持を、身をもって表明するかのようにウォルターはカンファレンスに参加している。

・小学校令を改正し義務教育年限を4年から6年に延長（3.21）。
・モンテッソーリ、ローマに「子どもの家」開設。

第2回卒業式
卒業生は兵庫、住吉、呉、ミタジリの4か所へ赴任した。

＊ランバス記念幼稚園

　この年、35番の学校に同居していた「パルモア英学院」の移転に伴い、ランバス記念保育所（創立時の所在不明）は、パルモア学院内（山2番）へ移設される。翌1909年、保育所は正式認可を受けて「ランバス記念幼稚園」として保育を行っていく。

・世界エスペラント協会発足（4.28）。
・戊辰詔書発布（10.13）。詔書に関する訓令（10.23）。
・戦後恐慌で失業者80万人。

1908年にパルモア学院内（山2番）に移転したランバス記念幼稚園
後列にパーク（左）ベネット（右）が写っていることから1910年頃のもの。

年号	事 項
	煩瑣（はんさ）な家事についても快く引き受けた。この他にも、神戸地方裁判所の判事に英語と聖書を教え、パルモア学院も助けた。 　1910年11月～1912年2月までバネル帰米中に校長（代理）として働いたが、1912年春に重いインフルエンザにかかる。さらにその年6月21日大病が見つかり、東京の聖路加病院に入院。大手術をうけ一時快方に向かい、11月の再手術後も回復していた。11下旬専門医の診察を受けるため姉のいる上海に渡っていたところ、1913年1月、心臓発作をおこし、2月19日上海にて36歳の若さで急逝する。 　バネルは、追悼の辞の中で、彼女が請われた仕事があると自分の病弱を顧みないで進んで働き、しかもいつも余裕のある寛大な人で、「社交上の天才を有し」ており、周囲の友人たちを楽しませる人柄であったと述べている。
1909 明42	・第4回卒業式が行われ、3名が卒業する。この年から卒業生を送り出す前の聖別会を実施する（3.）。 ・第3回「婦人伝道者会議」Bible Woman's Conference を学校で開催（9.）松本牧師、溝口牧師、釘宮牧師の聖研。午後の授業では、「日曜学校の実際」について三戸吉太郎講師の講義がなされた。出席50名。 ・「ランバス記念伝道女学校」（Lambuth Memorial Bible School）に、バネル、W・K・マシューズ、パークの3名が任命される（9.）。 ・悪性の赤痢が流行し、教師1人と生徒17名のうち10人が罹（かか）り、2カ月余休校となる（11.3）。 ・ランバス記念保育所は、認可を受けて「ランバス記念幼稚園」となる。
1910 明43	・第5回卒業式が行われ、17名の生徒のうち3名が卒業（3.）。 ・秋の「婦人伝道者会議」Bible Woman's Conference は休会となる。 ・「ランバス記念伝道女学校」（Lambuth Memorial Bible School）に、バネル（校長）、パーク、ネリー・ベネット（Nellie Bennett）の3名が任命される（9.）。 ・ベネットは神戸到着し（10.6）、上級生の旧約釈義を教授する。 ・バネルは休養のため1年間（1910～1911）離任し帰米する（11.）。この間の校長（代理）にパークが就く。

解　説	一般歴史
＊1909年〜1910年の学校 　教師は、専任3名、非常勤3名の6名が務め、普通生17名が学んだ。生徒たちは援助する日曜学校10校と学校管理の日曜学校2校の計12校に派遣されて実習し、婦人の集会30回を助け、パンフレット15,000部を配布して伝道を実践的に学んだ。	・文部省、修身教育の重視と教育勅語・戊申詔書の徹底を直轄諸学校に訓令（9.13）。 ・伊藤博文、満州のハルビンで暗殺される（10.26）。 ・この年のプロテスタント信徒数75,000、教職者数500。
＊第5回卒業生 　パークの校長報告によれば、2名は教会（大阪福島、兵庫）へ赴任し、1名は学校に留まり実習の指導を手伝いながら、寮母となったとされている。 ＊1910〜11年「先生飢饉」の年　パーク校長の報告（1911　MECS） 　パークの校長報告によれば、3月に、W・K・マシューズ夫妻が帰米し、バネルも11月に休暇帰米となり、専任者3名のうち2名が不在となったほか、日本人教師やその家族の病気も重なり、「先生の飢饉」とも言われた。しかし、関西学院神学部の教師たちの協力を得て、パルモア学院校長のC・B・モズレーが新約聖書神学を、S・E・ヘイガーが新約聖書入門を担当し、学期末前には日本メソヂスト教会日曜学校局長の三戸吉太郎による日曜学校教授法のシリーズ講義が行われた。 　生徒たちはこの年度それぞれ2つの日曜学校を担当して、14の日曜学校（援助11、責任3）を手伝い、あるものは週日も日曜学校を助けて、経験を積んだ。そのほかにも女性の集会、料理教室と聖書講義、家庭や病院への訪問伝道も実施して学んだ。	・韓国併合条約締結。韓国を植民地化する（8.22）。

年号	事　項
1911 明44	・同窓会より「ランバス紀念伝道女学校季報」（以下「季報」）創刊号が発刊される（1.28）。 ・第6回卒業式が行われ、学校始まって以来最多となる8人のバイブルウーマンが卒業する（3.）。 ・第4回「婦人伝道師年会」（Annual Bible Conference）を開催する（9.18～9.23）。 ・「ランバス記念聖書・養成学校」（Lambuth Memorial Bible and Training School）に、バネル（校長）、パーク、ベネットの3名が任命される（9.）。 ・ベネットは奥平野（神戸）に幼稚園を開園する（10.1）。 **第6回卒業式** バネル校長不在の卒業式。後列に教師たちが並ぶ。左から青木たけ、青木澄十郎、吉崎あいこ、吉崎彦一、N・ベネット、W・L・パーク、芝みつの。
1912 明45 大1	・第7回卒業式が行われ、6名が卒業する（2名は出身の南長老教会に戻り、他の4名はメソヂスト教会で働く）（3.）。 ・「日本メソヂスト婦人伝道会」が組織される（4.）。 ・パークは病を得て2度の手術した後、宣教師で中国在住の姉のもとで静養する（6.11）。 ・第5回「婦人伝道師年会」（Annual Bible Conference）が開催され、1日平均50名が出席する（9.18～9.23）。 ・「ランバス記念聖書・養成学校」（Lambuth Memorial Bible and Training School）に、バネル（校長）、パーク、ベネットの3名が任命される（9.）。
1913 大2	・ウィリー・L・パーク、診療のため訪れた上海にて急逝する（2.19）。 ・卒業生のための聖別会が開催される（3.25～3.27）。 ・第8回卒業式が行われ、3名が卒業する（3.28）。

解　説	一般歴史
*「ランバス紀念伝道女学校季報」 　タブロイド版で年1～3回、毎号4～8ページの新聞として、1920年7月25日刊まで全18号発行された。読み物としての性質が強く、教師や講師の講演や説教、論文が紙面を占めており、後半に同窓生からの音信と同窓生名簿、学校のニュースが記載されている。 *第4回「婦人伝道師年会」 　この年から名称に「年会」が入り、日本人の女性クリスチャンワーカーが平均50名参加、内17名が卒業生であった。 *1911～12年の幼稚園事業（1912　MECS） 　ベネットの報告によれば、彼女がスーパーバイズした奥平野の幼稚園は、31名の園児で初年度が終わった。奥平野チャペルを用いて保育を行い園庭が狭かったため、新園舎が必要とされている。 　加えてバネルの報告によれば、ランバス記念幼稚園（Lambuth Memorial Kindergarten）に55名、原田村幼稚園（Harada Mura Kindergarten）に50名、ワキノハマ幼稚園（Wakinohama Kindergarten）に23名の計128名が在籍し、平均出席は92名とされている。よく準備された保育がなされ、「母と子の心」のケアにも関心がはらわれたことにより、幼稚園、日曜学校の人数は増加した。これらの幼稚園の保育者たちは毎日会議と聖書研究を行っていた。特にランバス記念幼稚園では、教師たちは伝道者養成学校の寄宿舎に住み、伝道学校の女生徒たちと礼拝などを共にしていた。そこで、園児の家庭を訪問するために専属の女性伝道者を幼稚園に置いて、母親たちへの働きかけを始めている。 　これらの報告から、女性伝道者の養成と幼稚園事業（キリスト教保育と母親支援）が徐々に結び付けられ、展開していったことがわかる。	・大逆事件の幸徳秋水ら12名死刑（1.24-1.25）。 ・中国、辛亥革命始まる（10.10）。
*日本メソヂスト婦人伝道会 　ランバス記念学校において4月に初会合が開かれ、各地の婦人会が共同して「慈善伝道及び教会を補助する」ことを目的として「日本メソヂスト婦人伝道会」を組織。当初加盟は、神戸、京都、大阪西部、大阪東部、大阪福島、神戸東部、御影教会の女性たちで、6月には「牧師夫人」招待会を企画するほか、「神戸和田山日曜学校」を開設、補助するなどの事業を行った。（『南美』p.94） 　この記録は、当時学校と生徒、卒業生たちが日常的に関わっていた諸教会を表している。 *1912～13年の学校での活動（1913　MECS） 　学校が援助した教会は3、援助した日曜学校は11、学校直営の日曜学校3、学生によってなされた訪問1080回、婦人たちの集会79回、家庭での聖書講義252回、配布トラクトとパンフレット10,000部であった。	・内務大臣主催で、神・仏・基の「三教会同」の懇談会（2.25）。 ・明治天皇没、「大正」と改元（7.30）。
*バネルによる学校の総括報告（当時の理解）（1913　MECS） 　ランバス記念伝道女学校は、故J・W・ランバス夫人（メアリー）によって1900年に創立された。この学校は、南メソヂスト監督教会の日本宣教を開始し	・府県授与の教員免許状を全国有効とする（7.16）。 ・女子校20数校が普連

年号	事　項
	・第6回（MECSには7回と表記）「婦人伝道師年会」（Annual Bible Conference）、第1回合同婦人伝道者会議（ランバス記念とバプテスト教会婦人伝道学校との合同）を堺（北浜）で開催。平均出席は毎日約80名（9.24～9.30）。 ・「ランバス記念伝道女学校」（Lambuth Memorial Bible Woman's Training School）に、バネル（校長）、ベネットの2名が任命される（9.）。  バプテスト教会婦人伝道学校と合同の「婦人伝道師年会」（1913　MECS）

解　説	一般歴史
たW・R・ランバスの両親を記念している。 　1906年に最初の卒業生を出してから1912年までに31名の卒業生を輩出し、32名が宣教活動をし、4名が伝道者の妻となり、現在10名が在籍、宣教師の教師は2名である。 　学校の付帯事業として、1904年創立のランバス記念幼稚園（卒園児142名、現在教師2名、在園児45名）と、1911年創立のバージニア・ベネット幼稚園（卒園児8名、現在教師2名、在園児34名：W. W. Bennett牧師と彼の妻Virginia Lee Bennettを記念してその子どもたちが創立したもの）がある。 　この学校の目的は、①聖書学の教授と実践演習によって、日本人の女性伝道者を養成すること、②養成学校の生徒と教師たちが、女性の集会、幼稚園、日曜学校、家庭訪問の場で実践する宣教活動により、日本の女性と子どもたちに仕えること、③学校その他でなされる男女のための英語教室や聖書クラスのすべてが神の国の宣教に用いられるようにすること、④バイブルウーマンとして働く卒業生、在校生、他教派の女性伝道者たちが一堂に集まり、学びと休息、交流を深めるための女性伝道者会議を年1度開催すること、⑤宣教師館と学校が、暗闇の中にある人々を導く光となるようにすること、である。 　入学要件として、高等学校での2年間の修学を求めているが、それがない場合は、他の事柄での埋め合わせを行う。生徒たちは、規則に従って週27課の教室授業を受け、その他に、実地訓練、予習・復習、技術の習得を行っている。 ＊幼稚園についてのベネットの報告 　南メソヂスト監督教会は、①神戸にランバス記念幼稚園、②原田村幼稚園、③奥平野V・ベネット幼稚園（1912年からは、小さな庭付きの日本家屋を園舎としていた）、④御影幼稚園の4つの園を持ち、それぞれに日曜学校を運営もしくは関わりを持っていた。このうち、原田村幼稚園と御影幼稚園は、松本（芝）春枝（広島女学校保姆師範科第1回卒業生で、広島女学校附属幼稚園の主任保母を務めたのち、関西学院副院長の松本益吉の妻となる）によって指導されていた。ランバス記念幼稚園とV・ベネット幼稚園は、ランバス記念伝道女学校のいわば附属幼稚園として経営され、伝道女学校の生徒たちの実習の場でもあったと推察される。 ＊1913〜14年の学校と幼稚園、バネルの報告（1914　MECS） 　10名の在学生の内、2年生は奉仕の熱意に燃え、1年生は基礎的な学習にいそしんでいる。学校の教師と生徒たちによってなされた活動は以下の通り。援助した教会3、援助した日曜学校10、学校運営の日曜学校4、援助した婦人会9、運営した婦人会44で、1760回の訪問を実施。その他にも、行き場のない女性を保護し東京の施設へ送る、神戸刑務所などでのトラクト配布、飢えている人たちを養うなどの活動もなされる。 　伝道学校に併設のランバス記念幼稚園は、在園児60名（平均出席40名以下）で、広島女学校保姆師範科卒業生の熱心な教師たちによって指導されている。幼稚園教師たちは園児の家庭や母親にも素晴らしい働きかけをし、70名の在籍（平均出席50名）の日曜学校も運営した。	士学園に集まり、女子キリスト教教育会を組織（10.）。 ・中華民国を承認（10.6）。

第3章　ランバス記念伝道女学校

年号	事項
1914 大3	・ランバス記念幼稚園とランバス記念伝道女学校とが合同して飢饉と桜島噴火被害者のための義援金54円をささげる（2.）。 ・バクストンを講師に迎え聖別会を開催する（3.23～3.26）。 ・第9回卒業式が行われ、3名が卒業する（3.27）。 ・「保姆修養会」（Institute for Kindergarteners）がランバス記念幼稚園で開催される（6.）。 ・「ランバス記念伝道女学校」（Lambuth Memorial Bible Woman's Training School）に、バネル（校長）、ベネット（教師）の2名が任命される（9.）。 ・有馬での宣教師年会（9.3～9.8）において、日本の女子教育における合同キリスト教女子大構想のため、アメリカ・南メソヂスト監督教会より、N・B・ゲーンズと西村静一郎を委員として選出する（1914 MECS p. 56）。 ・奥平野のV・ベネット幼稚園は、経済的理由で閉園。  第9回卒業式記念写真 前から2列目左からN・ベネット、M・バネル、4人おいて芝みつの、青木たけ。前から3列目左から吉崎彦一、吉崎あいこ、ひとりおいて青木澄十郎、ひとりおいて釘宮辰生、ひとりおいて赤沢元造。最後列左西條寛雄、賀川豊彦。  「保姆修養会」（Institute for Kindergarteners） ソテツの前に座る講師の赤沢元造、ソテツに手をかけるクックとその左隣にバネル。 （於：山2番ランバス記念幼稚園）

解　説	一般歴史
＊卒業式の1日 　当時の卒業式の様子をよく伝える「季報」の記事を下記に記載する。 　　卒業証書授与式は「本校講堂」にて午前9時より挙行された。吉崎彦一教師の司会、青木たけ（青木兒夫人）奏楽で、賛美の後、西條寛雄教師が聖書朗読と祈祷を行い、一同賛美。続いて、卒業証書授与と告辞がバネル校長よりなされ、釘宮辰生(ときお)（大阪西部教会牧師）によって「現代に於ける吾等が使命」と題して熱烈な演説。生徒代表の祝辞、卒業生代表山内鶴の告別の辞、讃美歌、祝祷をもって、11時半に終了。 　　卒業式後、校庭で記念撮影がなされ、昼食後、午後2時より青木澄十郎(ちょうじゅうろう)教師司会で送別会が開かれる。詩編朗読、祈祷に続いて、学内のバネル校長、芝みつの、吉崎、西條、賀川豊彦、青木教師たちと、S・E・ヘーガー、赤沢元造牧師から送別の辞が語られる。卒業生を代表して宇野良が答辞を述べる。讃美歌第二編「いづこへも主と共にぞ我はゆかん」を賛美して、「涙と希望と感謝の中に」送別会が終了。続いて聖餐式が午後3時半、ヘーガー、赤沢両師の司式で開かれ、25名がこれにあずかり、神が共におられる自覚を新たにされ、式を終える。こうして、忙しく、喜ばしい「卒業式日の行事はその終わりを全うせり」。 　「季報」にはバネル校長の告辞の大意と、釘宮の奨励要旨が長く記され、卒業式の報告も「季報」の特徴である、論説重視の読み物となっている。 **＊日本における女性伝道者の現状と学校の今後** 　1914年のMECSにおいてバネルは、卒業生の状況を報告して、以下のように支援を訴えている。 　今までに送り出した34人の卒業生の内、22人が伝道者として、5人が伝道者の妻となり働いている。ひとりは東京女子大に進学、もうひとりは家庭にいる。日本の社会状況は、卒業後の若い女性たちを、指導する宣教師なしに送りこむことが非常に危険だと思われる状態でありすでに小さくない問題がおきている。女性伝道者と、まだキリスト教を知らないたくさんの人々のために、米国の教会の早急な支援が必要である。 　また、3年前に提起された日本にある他の2つのメソヂスト派の女子神学校との合併は、地理的な制約から西日本にある他教派の学校を含めた方向へと進んでいる、とされている。 **＊ランバス記念幼稚園における「保姆修養会」(Institute for Kindergarteners)** 　メソヂスト派で初めての試みとなる、幼稚園教師（保姆）研修会が、ランバス記念幼稚園で開催され、21名の保育者とヘルパーが参加した。広島保姆師範科のマーガレット・M・クックが1週間の研修を担当し、赤沢元造（神戸教会牧師）が3度にわたって聖書の話をした。幼稚園の教師たちにとって、日々の保育に役立つ知識の習得と共に、心の修養も受けることが出来るプログラムとなった。	・第一次世界大戦起こる (7.28)。 ・パナマ運河開通 (8.15)。 ・独に宣戦布告、第一次世界大戦に参戦 (8.23)。

年号	事　項
1915 大4	・ウィルクスを講師に招き聖別会が行われる（3.25～3.27）。 ・第10回卒業式が行われ、3名が卒業して、広島、宇和島、大阪東部教会へと赴任する（3.27）。 ・長年教師であった青木澄十郎、芝みつのが辞職することになり（3.）、赤沢元造が牧師職を1年休職して学校の専任教師として4月より関わることになる（4.）。 ・10名が入学し新学期が始まる（4.）。 ・バネルは5月より健康を害し、5月18日に東京聖路病院に入院、手術を行い、6月は湯本、夏は軽井沢で静養する。 ・この年3回開催された「婦人聖書修養会」（Bible Conferences for Japanese Women）の第1回目が神戸メソヂスト教会に於いて開かれ、65名が出席（6.）。 ・神戸メソヂスト教会にて「校外講演会」を開催。来場者165名（1日平均55名となる）（6.2～6.4）。 ・「ランバス記念伝道女学校」（Lambuth Memorial Bible Woman's Training School）に、バネル（校長）、N・ベネットの2名が任命される（9.）。 ・今年2回目の「婦人聖書修養会」が、特にクリスチャンワーカーのために「第8回婦人教役者修養会」として神学校にて開催される（9.22～9.28）。講師に山麓旗之進を迎え、出席者は45名であった。 ・今年3回目の「婦人聖書修養会」が兵庫メソヂスト教会で開催され学校より15名が出席する（10.）。
1916 大5	・大阪伝道館の河辺貞吉を講師として聖別会を開催する（3.27～3.29）。 ・第11回卒業式が行われ、2名が卒業する（3.30）。 ・新入生6名、在校生19名で新学期を始める（4.）。 ・ベネットが6年の働きを終え休暇帰米。アイダ・L・シャナン（Ida Love Shannon）が広島より着任する（6.21）。 ・「第9回婦人教役者修養会」及び同窓会を英国のインウッドを特別講師として招き開催する。於：有馬温泉場角之坊別荘（8.25～8.30）。 ・「ランバス記念伝道女学校」（Lambuth Memorial Bible Woman's Training School）に、I・Lシャナン校長代理と、A・ギスト（Annette Gist：9月16日着任）が任命される。バネルは「校長：離任中」と表示される（9.）。 ・初めて校外講演事業（出前の修養会）を広島で行う。子どもと女性の救いのために「広島婦人（霊性）修養会」として広島市内の3つのメソヂスト教会の婦人会と連合で開催し、広島教会未曾有の盛会となる（9.25～9.26）。 ・バネル校長送別祈祷会を開く（10.9）。 ・バネルは病気療養のため加奈陀太平洋汽船のアジア丸にて帰国の途につく（10.10）。本国到着後直ちにバトルクリーク市衛生院にて療養となる（10.29）。 ・アイダ・シャナン、校長代理に就任する（11.）。（就任を9月とする記録もある。） ・校外講演事業として、「日本メソヂスト教会近畿婦人信徒修養会」（児童と婦人の救霊）を大阪西部メソヂスト教会にて開催する（11.23）。

解　説	一般歴史

＊伝道者養成課程

このころは3年の修業が通常で、2年の特別コースも設けられていた。生徒たちは日本家屋の寄宿舎で生活しながら、週に25時間の学校での課業、週21時間の課外学習と実習を行い、校外では、毎週開かれる子ども会や聖書研究会、近隣教会の手伝い、家庭訪問、トラクト配布などを行っていた。

・日華条約調印（5.25）。
・アインシュタイン、「一般相対性理論」を完成。

第8回婦人教役者修養会（「婦人伝道師年会」からこの回より名称変更）
前列左から3人目より、吉崎彦一、御牧碩太郎、山鹿旗之進の3名の講師がならぶ。

＊教師たちのこと（1916　MECS）

バネルの報告によると、実務にも聖書教授にも非常に有能な教師である西條寛雄が、4月に奥平野の教会（神戸平安教会）の牧師として任命され、校務がパートとなった。来年（1917年）4月からはぜひ、学校の専任に戻ってほしい。この4月からI・L・シャナンを広島女学校が私たちに「貸して」くださったことは、本当に学校にとってありがたいことだった。この他多くの日本人教師、通訳者を確保して、授業が進められている。音楽指導は、ミセス・ヘイガーとミセス・オックスフォードの協力で、助けられている。

一方、広島女学校より応援に来たシャナンの同年の報告では、バネルとベネットが不在となった学校（1916年秋〜冬）には、2名の宣教師がいるとしている。「神戸地区で働くメソヂストの宣教師のうち、独身女性はこの学校の2名だけ」で、日本語学修を終えたニューカムの着任とバネル、ベネットの帰任を望んでいるとしている。

これらのことから、6月に帰米したベネットに続き、長年にわたり貢献したバネル校長が健康上の理由で11月に帰国せざるを得なくなり、本務校である広島女学校から校長代理としてシャナンが、日本語研修中の若いギストと共に「神戸地区の独身女性宣教師2名」として35番の学校を守ることになった。

・大正デモクラシー運動起こる。

＊1916年の学校とランバス記念幼稚園　（1916　MECS）

バネルの報告によれば、現在伝道者養成中の生徒は17名で、援助している近隣教会の日曜学校7、学校運営の日曜学校7、協力幼稚園3（ランバス記念・原田村・

年号	事 項
	◇アイダ・L・シャナン／Ida Love Shannon（1873.3.4～1957.12.5）  　　1873年3月4日、テネシー州デビッドソンに生まれる。テネシーフィーメールカレッジ、スキャーレットカレッジ卒業。1904年8月来日。1904年～1940年まで広島女学校に赴任し、学校の財務を担当した中で、1916年～1918年まで神戸ランバス伝道女学校にあって、バネル離任からウィリアムス就任の間、校長代理の重責を担う。 　　シャナンはまた、日本での働きと並行して、デンヴァー大学、ニューヨーク市の聖書神学校、スキャーレット大学の大学院課程を修め、短期間ではあるが、ヴァージニア州アビントンのマーサ・ワシントン大学で教えた。1908年8月来日の宣教師キャサリン・メアリー・シャナンは実妹で、1908～32年、広島女学校、その後は1940年まで神戸のパルモア学院で働いており、姉妹そろって広島と神戸で宣教活動に従事していた。 　　離日後1946年までアーカンソー州のリトル・ロックに住み、次いでカルフォルニア州ウオルナット・グローブに転居して、日系アメリカ人の間で働き、カリフォルニア州パサディナの退職宣教師の家、ロビンクラフト・ホームに引退。2年後の1957年12月5日パサディナにて逝去した。 　　シャナンの後任となったA・B・ウィリアムスは、シャナンが聡明で有能であり、彼女のおかげで自分は次の校長として容易に仕事にとりかかることができたと語っている。バネルの病気と離任のピンチヒッターとして、ランバス記念伝道女学校を助けたシャナンは、わずか2年の在任中、日本人教師、特に西條寛雄との共同によって、学校の課程と実習内容を充実させ、ランバス記念幼稚園の校内への移転を行うなど、積極的に伝道女学校の整備を行っている。その他の幼稚園やパルモア学院での仕事にも相当従事したようだが、彼女の報告文書には、一切の不平、忙しさへの言及は見られず、淡々と状況と感謝が語られている。周囲の日本人、幼稚園教師との協働ができるすぐれた日本語能力と、優しくゆとりのある人間性で、ベネット、バネル不在の学校に新たな体制をつくり、空白の危機を救った校長であった。
1917 大6	・講師にバックストンを招き、聖別会を開催する（3.28～3.30）。 ・第12回卒業式が行われ、4名が卒業する。このうち末森小富江が、学校初の宣教師となり韓国の「朝鮮開城ホルストン女塾」に任命される（3.31）。 ・西條寛雄が専任教師となる（4.）。 ・本科（3年）の入学資格を、高等女学校卒業者に引き上げる（4.）。 ・校外講演事業の「婦人信徒修養会」を伊予宇和島メソヂスト教会にて開催。講師は学校側より西條、吉崎、他に長崎鎮西学院長鵜崎庚午郎（5.22～5.24）。 ・「第10回婦人教役者修養会」および同窓会を有馬にて開催する（9.16）。 ・「ランバス記念伝道女学校」（Lambuth Memorial Bible Woman's Training School）に、校長バネル、アナ・ベル・ウィリアムス（Anna Bell Williams）校長代行、エセル・ニューカム（Ethel Newcomb）とバネル校長帰任までA・ギスト（バネル帰任後は宇和島へ赴任）が任命される（9.）。（任命表は以上だが、実際にはバネルの帰任はかなわず、シャナンが、休暇帰米中のウィリアムスの再来日を待つ形で1918年3月まで校長代理をつとめた。） ・エセル・ニューカム（Ethel Newcomb）、ウォースが在任する大分での日本語研修を終え、音楽担当者として着任する（9.）。

解　説	一般歴史
御影)、年間の訪問は約700回で、小冊子7000部を配布した。 　また、日本メソヂスト教会日曜学校局発行の日曜学校誌「春光」との協同で、学校が発達段階別国際教案（初級）を担当することになった。この翻訳と準備はとても大変であるが、松本春江、ミス・鈴木とクック、シャナンが愛の労苦を負ってくれている。この他、教師たちと卒業生は、病気の同窓生を助ける基金を発足させることを決める。 　学校附属のランバス記念幼稚園は、教師2名、在園児60名で、母の会を年間10回開催し1915～16年度を過ごした。1915年9月より松本春江がスーパーバイザーとして任用され、週1度園を訪れて指導してくれている。彼女が責任を持つ原田村と御影の幼稚園とも、合同職員会を定例で開くことになり、松本と2園の協力を得ながら保育をすすめられるようになった。また伝道女学校の生徒3名が、それぞれの園の働きと伝道、主に家庭への訪問を担当している。 **＊シャナンのみたバイブルウーマンの働き　（1916　MECS）** 　「バイブルウーマン」と呼ぶほかに適当な呼び名がない彼女たちの働きは、「教会堂の管理人・清掃人」から「説教者」まで非常に広範囲に及んでいる。生徒たちは、入学時には学問的にも、その他の面でも相当未熟であるが、3年間の聖書の勉強と熱心な訓練によって有能なバイブルウーマンとして巣立っていく。 　しかし、若い彼女たちが任地で求められることは多岐にわたり、病の人があれば看護人となり、死者があれば、喪の悲しみの慰め手となって働かなくてはならない。たとえば、バイブルウーマンは、子どもが亡くなった時に、普通の木箱の代わりに小さなかわいい白い棺を造り、そのことによって家族や周囲の人たちが慰められ、キリスト教の死生観を印象深くするという。 　若くして、試練と重責を担うことになるバイブルウーマンの養成は容易ではないが、その働きは、日本の女性たちへの宣教を考えるうえで、最も重要な課題であると思われる。	
＊教育体制の改革 　ベネット、バネルが去り、新たな体制作りが校長代理のシャナンの下で進められた。4月には、学校の希望どおり西條寬雄が専任教員として、学校の実務と教育にまい進。また、入学資格を引き上げたため正規入学者の数は減ったが、短期課程（特別生制度）も併設して、質の高い婦人伝道者の養成に努めている。 　さらに、西條とシャナンは、慣例化している実習（Field Work）を、以下の6項を含むものとして整備した。①教会および伝道所の日曜学校での教授、②子ども会の指導、③日曜学校と幼稚園に子どもを送る家庭への訪問、④前項の訪問から繋がりをもつようになった地域家庭への訪問、⑤家庭集会でのバイブルクラス指導、⑥病人の訪問。 **＊ランバス記念幼稚園の学内への移転** 　校舎の増改築を行い、これまで教室としてきた階下の3室を幼稚園舎とし、学校は階上の3室を使用することとなる。こうして、ランバス記念幼稚園は、シャナンの報告の言葉によれば、「パルモアのよいお家」（山2番）から、「もうひとつのよいお家」である35番のランバス記念伝道女学校へと引っ越し、門扉の看	・ロシア10月革命、ソビエト政権樹立（11.7)。

年号	事　項
	・ランバス記念幼稚園を学内へ移転し、増改築を行う（9.17）。 ・バネルが、ロサンジェルスにて逝去する（11.30）。  パラソルを手に袴姿で校門前に立つ生徒たち
1918 大7	・バネル追悼記念会が神戸メソヂスト教会で開催される（1.27）。 ・A・B・ウィリアムス休暇より再来日して伝道女学校に着任（2.）。シャナンが年度末まで校長を務める。 ・第13回卒業式が行われ、特別生1名と正規生6名が卒業する（3.）。 ・ウィリアムスは校長に就任し、4人の新入生で新学期を開始する（4.）。 ・第9回婦人教役者修養会を泉州北浜公園・松浪楼にて開催。24名が出席。名出牧師（大阪川口三一教会）スチュワート、赤沢元造の講演のほか、病気のバイブルウーマンを支える基金についての協議される（9.5～9.10）。 ・Bible School Day／神学校日が定められ、祈祷会を持つ（11.）。 ・バネルを記念して、米国オクラホマのミセス・ローズの献金により、神戸石井村に日曜学校が開設される。「Missバネル記念奨学金」も計画される。 ・生徒たちは、西條と吉崎の引率、関西在住の音楽に秀でた卒業生の援助も得て、金沢に伝道旅行にでかける。西條はこの年、四国と九州へ「日本メソヂスト婦人伝道会」主催伝道旅行にも出かける。 ・インフルエンザが寮内に大流行し、最終（冬）学期の授業が実施できなくなる。寮の改善がもとめられる。

解　　説	一般歴史

板には、「ランバス記念幼稚園」(左)、「ランバス記念伝道女学校」と「ランバス日曜学校」(右) が掲げられたのである (写真)。

なお、MECSには、「ランバス記念幼稚園」報告を上述のとおりシャナンが記し、続いて「御影幼稚園」報告も報告者シャナンでなされているが、初めて7月に新園舎が完成した「原田村・松壽幼稚園」報告が、ディレクター：S・E・ヘーガー (ミッションの神戸地区統括で、神戸東部教会、兵庫教会、姫路教会をも担当) の名でなされている。これらのことから、1917年秋からは、ランバス記念幼稚園は、伝道女学校附属の性格をいよいよ濃くして、御影幼稚園を協力 (関連) 幼稚園とし、御影幼稚園と同様であった原田村幼稚園は、「松壽幼稚園」として、伝道女学校とは離れて独自の歩みをするようになったと思われる。(この後、1919年のMECSには「松壽幼稚園関西学院」として、責任者J・T・メイヤースの報告がなされている。)

35番の学校の門扉

＊第13回の卒業生

7名のうち、長老派教会から来た生徒1名と旧カナディアンメソジストから来た1名がそれぞれの出身教派へ戻り、1名は牧師と結婚した。そこで、南メソジスト監督教会宣教部に関わる近隣教会で直接働くこととなったのは4名であるが、その倍以上の働き手が実際には求められているとウィリアムスは報告している。

＊1918年4月からの新体制

4名の新入生の内2名は広島女学校出身者で、他の2名は途中病気となり退学することとなってしまったため、3年生までの全在籍生徒はこの年度9名となった。内2名が長老派である。

教師の体制は、ニューカムがこの年、3月、9月に休暇帰米し、ギストは大分宣教へ転任、シャナンも広島へもどったため、宣教師は全く新しいメンバーとなってしまった。しかし、日本人教師たちがすべて留任して学校を支え、特に西條寛雄は、学校の実務を行いながら、生徒たちの「よき友であり相談役」として働いている。

一般歴史欄：
・富山で米騒動が起こり、全国的に波及 (8.)。
・臨時教育会議、女子教育に関する答申 (良妻賢母主義を強調) (10.24)。
・第一次世界大戦終結 (11.11)。
・大学令 (公立、私立、単科を認める)・高等学校令公布 (12.6)。

第3章　ランバス記念伝道女学校　179

Column 19

Thy will be done ——闘う天使、バネル

　長い歴史を歩む学校には、創立者とは別に「中興の祖」と呼ばれる、特別な働き手がいることが多い。神戸女子神学校にG・コザートがいたように、ランバス記念伝道女学校には、モード・バネルが与えられた。歴史に「もし」は問えないが、もし、この人がいなければ、神戸のランバス記念学校は、そしてバイブルウーマンの養成はおそらく神戸の町で頓挫し、その後の大阪のランバス女学院はなかったと思われる。

　バネルは、1905年から1916年まで、途中1年の休暇を挟み、学校の歴史の3分の1にあたる10年もの期間を校長として過ごす。まさに「ランバス記念」の顔である。が、写真に写るその顔は、いつも決まって「憂い顔」で、涙と苦しみを湛えているかのように見える。とても体が弱くて、校長在職中に病気のため帰国し、若くして亡くなったと聞いていた。

　資料室には、旧教師、宣教師たちが、それぞれの学校を離任する際置いていったと思われる、署名の入った個人蔵書がある。その多くに、特徴ある自筆サインが表紙の裏などに書かれているが、ひとりだけ縦書きの青色インクのスタンプを押している人がいて、「神戸市中山手通四丁目三十五番　ランバス紀念伝道女學校　ミス、バ子ール」とある。干支がネズミの時に、年賀状でお目にかかる、これは「子(ね)」、「バネルだ」と、スタンプをしばし眺めていて、ようやく気付く。バネルとわかって見ていくと、次々と出てくる。わざわざ注文してスタンプを作っているのは、長く神戸のこの学校に在職する、それこそ骨を埋める覚悟の表れだろうか。それとも、本があまりに多いので、病弱なバネルはサインの手間を省くためにそうしたのだろうか。それにしても、この人は様々なジャンルのたくさんの本を持っている。「本好きの、病弱な、泣きそうな顔の校長先生」、それがバネルの印象だった。

　今回、第3章を執筆するために「ランバス記念」と向き合うことになり、数十人の宣教師たちのオリジナルの報告文を読んだ。文章というのは、ほんとうに、書き手の人がら、性格を表していて、写真や鏡のように偽れず、怖いぐらいその人だと思うのだが、バネルの文章は群を抜いていた。報告者が彼女になったとたん、形が変わっている。学校の1年は、統計的にも見られるようになり、報告の最後には、「学校が直接運営した日曜学校、何校」、「間接援助した日曜学校、何校」など、決まった活動が数量化、可視化されて、毎年一覧でつけられている。その中でいちばん驚いたのは、「生徒が家庭や個人を訪問した数、737回」（1912年MECS）である。いったい、どうやってカウントしていたのだろう。わたしなら絶対に忘れる、記録が抜ける、1年365日である。緻密で、合理的で、

正確な報告は、そのままバネルだと思われた。この人はとんでもない、知性と能力と忍耐力の持ち主だと。
　それにもまして、強く印象づけられたのは、彼女が書いた報告の内容である。ことバイブルウーマンに関しては、バネルは決して退かない。日本におけるバイブルウーマンの必要性、養成の緊急性、各地で働く卒業生バイブルウーマンの待遇改善が熱く述べられ、養成校であるランバス記念伝道女学校の運営に必要な具体的事項とそれに見合う資金、「もっと宣教師を送れ」という人の要請が、鋭い言葉で宣教部へ、本国へ切望されている。バイブルウーマン、このことひとつに賭けては、まさに熾烈で、「鬼気迫る」ものを感じる。
　今にも倒れそうな、病弱でか細く、青白い（カラー写真でないので真偽のほどは定かでないが、白色の服が圧倒的に多い）バネルは、ランバス記念でいちばん戦闘的、攻撃的な文章を書く人だった。来日前は、ネイティブアメリカン（先住の人々）への宣教師だったという経歴もうなずける気がする。こうしてバネル校長は、神の戦いを勇ましく闘う白い衣の天使のイメージで、ランバス記念の「病弱な闘士」として記憶されたのだが、彼女の死後、広島のナニー・B・ゲーンズが書いた追悼文は、そんなバネル像をもっと豊かで真実なものとしてくれた。紹介したい。
　そもそも、なぜ「追悼」がゲーンズかというと、バネルは日本での宣教師としての働きの初期に、1年だけ広島に赴任していた。それも1904年から1905年、日露戦争時の広島で、次々と運びこまれる傷病兵のために、バネルも寸暇を惜しんでケアに当たり、働きづめに働いていたようだ。それなのにそのわずか1年の間に、広島女学校の人々と生徒たちに、深く、強く、忘れ得ぬ印象を与えたとゲーンズは書いている。バネルに導かれ、キリスト者となったその時のひとりの生徒は、「バネルセンセイ」の言葉だけでなく、他者のために働く行動と生き方が、今も自分のうちに確かに残されているのだと語ったという。
　この期間は、ゲーンズの休暇帰米と重なり、ふたりが広島で共に過ごした時間は長かったわけではない。しかし、「追悼」を読むと、ゲーンズがいかにバネルを大切に思っていたのかが、ひしひしと伝わってくる。ゲーンズの友であり、愛弟子だったのだと思う。そして、バネルの厳しさと優しさは、ゲーンズに似ているのだと気がついた。「追悼」はこんな風に始まる。

　ミス・モード・バネルの死の知らせを受けて、驚いた人はいないと思う。それぐらい、わたしたちはみな、彼女がどれほど長く苦しんだか、彼女がどれほど弱かったかを知っていた。けれども、彼女の勇敢な魂は、いつもそんな肉体の障害をすべて越えて現れていたので、わたしたちはついつい彼女の身体的な苦難を忘れて、驚くべきことを成し遂げていく、疲れを知らない精神力の方ばかりを見てしまっていたのだと思う。普通の人の2、3人分はゆうに働く、そんなエネルギーに満ち溢れた彼女のことしか、思いだせない。

　この後、最後に広島を訪れた時の疲れきった様子、「病気がとても重い」とバネル自身が自覚して語っていたことなどが述べられている。ベッドを離れられないような状態の広島滞在中にも、次々と病室には人がやってきて、卒業生のこと、学校のこと、バイブルウーマンの働き

に関わる相談、仕事がなされていたという。その後、ゲーンズは、バネルという人物を描写するのだが、あまりにも闡明（せんめい）で美しいので、そのまま訳出する。

　ミス・バネルは、はっきりした見通しをたて、物事の大局をつかむという点では、「雄々しい」人物だったが、友人との関わりや家の中での彼女は、本当に「女性的な」人だった。子どもたちは、どうやら「ミス・バネルの中には、自分の友だちがいる」と思っていたようだ。彼女はいつも、必要とする人に助けを差し伸べられるよう準備していた。しかし、正義感がとても強かったので、責任を果たさないでいい加減にする人や、与えられた機会を無駄にしてすぐあきらめる人に対してはとても厳しかった。彼女は、そして、「本当の友」だった。友人たちは、彼女にだけは、自分の欠点を指摘されることを許していた。バネルが気付いた自分の誤りであれば、それを言ってくれても構わないと思えるほど、彼女は素晴らしく、信頼できる人だったのだ。もちろん、彼女の忠告は、まるでキリストが語ってくれるようになされたのだけれど。彼女は、わずかにゆるされた本が読める自分の時間に、愛したブラウニングやテニスンの一節を楽しんでいた。彼女の朗読を聞くのは、本当にうれしいことだった。英語でも日本語でも、人前で話す彼女の声は、聞く人を喜ばせる心地よいものだったから。

　美しい声で語り、子どもたちが「わたしの友だち」だと思っていた、文学と詩を愛したバネルの姿である。それから、ゲーンズは、バネルが何よりも、誰よりも大切にし、命を懸けたバイブルウーマンの養成がこれからも進められていくよう願い、こう述べている。「偉大な宣教師が、わたしたちのところから逝ってしまった。彼女の場所を埋められるものは決してない」。そして、バネルという力強い支えと指針を失った人々は、「自分たちが逃げ込める避難所、安息の場所をもぎ取られた思いだろう」けれども、師であるバネル自身がその力を受け取っていた源泉、イエスから力づけられるようにと祈り、今は、「ついに栄光のもとに迎え入れられたバネルを思って、心に平安がやってくる」のだと記している。

　ここまでで十分なバネルの「追悼」であると思う。しかし、ゲーンズは、この後に、7つのワードを置いて、この文章を閉じている。……and we say. "Thy will be done."（さぁ、わたしたちは言おう、「神のみ心が成されますように」と）。「ザイ・ウィル・ビー・ダン」"Thy will be done." は、皆がそらんじる「主の祈り」の第三祈祷、「み心が天でおこなわれるように、地でもおこなわれますように」で、ふつう祈願として訳される。ここでも、バネルは逝ってしまったが、「わたしたちは『み心がなされていきますように』と祈っていこう」と訳すべきことばだろう。わたしたち人間の、究極の祈りだとも思う。

　けれども、このゲーンズの「ザイ・ウィル・ビー・ダン」"Thy will be done." を読んだとき、思わず涙がこぼれた。バネルの生涯と死は、すべて神の意志であり、その神の意志だけが必ず成し遂げられていくのだというゲーンズの信仰と確信の宣言のように感じられたのだ。わたしたちには計り知れない、時に悲しすぎることであっても、神の計画と思いだけは、いつも必ず、わたしたちのうちに実現している、そして、

これからも必ずなされていくのだ、そう信じようと、聞こえたのだ。

　ゲーンズも、バネルも、広島女学校も、ランバス記念伝道女学校も、この地において変わりゆくもの、時に取り去られて見えなくなるものである。目に見える人々や建物、学校は移り行き、全く失われてしまうこともある。それでも、「ザイ・ウィル・ビー・ダン」"Thy will be done."　と、わたしたちは言うことができる。神の思いだけがさやかに示され、なされれば、それでいい。これは、見えるところがどうであれ、揺らぐことがない希望の言葉なのだ。

　さぁ、わたしたちは言おう、「神のみ心だけが成し遂げられていきますように」と。

宣教部会議でのゲーンズとバネル
1915年の宣教部会議と、おそらく翌年のものと思われる宣教師たちの会議の記念撮影に、ふたりの姿がある。バネルは、1915年5月に入院手術を受け、その年の夏は軽井沢で静養。いったん学校にもどったが、1916年10月10日にとうとう日本を離れることとなる。バネル校長の様子を、ゲーンズは会議で会うたび、どのように見ていたのだろうか。

第3章　ランバス記念伝道女学校　183

年号	事　項
	◇アナ・ベル・ウィリアムス／Anna Bell Williams（1876.1.24〜1973.8.7） 　1876年1月24日、サウスカロライナ州チャールストンに生まれる。テネシー州ナッシュビルのメソヂストトレーニングスクールを卒業。サウスカロライナ州チャールストンYMCAの第一書記として働いた後スキャレット大学、ピーボディー大学、ヴァンダビルト大学で大学院課程を修める。 　1910年10月にアメリカ・南メソヂスト監督教会宣教師として来日。1910年〜1911年広島女学校、1911年〜1916年大分別府に赴任。1916〜18年休暇帰米の後、1918年2月に日本に帰任して、シャナンより学校を引き継ぎ、4月からランバス記念伝道女学校の校長となる。広島女学校保姆師範科との合併期に学校を指導し、ランバス記念伝道女学校の終わり（1921年）までを校長職で、その後1941年まで大阪ランバス女学院にて教授を続けた。 　帰米後の1941年から1952年までカルフォルニア州ウォルナット・グローブの日系アメリカ人コミュニティでの活動に従事。1961年ノースカロライナ州アシュヴィルにある引退宣教師のためのブルックス・ハウエル・ホームに入居し、1973年8月7日、アシュヴィルにて逝去した。
1919 大8	・故バネル記念婦人修養会を神戸中央教会にて開催する。2日間の延べ出席人数は89人。「大阪バプテスト女子神学校の中路女史、神戸女子青年会のタッピング女史」らの講演がなされる（2.12〜2.13）。 ・第14回卒業式が行われ、2名が卒業する（3.28）。 ・聖別会が、赤沢元造を講師に開催される（3.31〜4.2）。 ・「ランバス記念伝道女学校」（Lambuth Memorial Bible Woman's Training School）に、ウィリアムス校長、C・ホランド（Charlie Holland）と西條寛雄が任命され、「ランバス記念幼稚園」には、ウィリアムス校長とC・ホランドが任命される。 ・6名が新入学（うち5名が奨学生）し、全在籍生徒は12名となる（4.）。 ・ランバス記念幼稚園は、3月に31名が卒園し、新学期からの在園児は61名となる（4.）。 ・アメリカ・南メソヂスト監督教会第33回宣教会議においてゲーンズより提起されていた「広島女学校の再組織に関する事項」がとりあげられ、ランバス記念伝道女学校の再組織と場所の問題が併せて協議された結果、「広島女学校、ランバス記念伝道女学校に関する委員会」の設置が決まる（8.26）。 ・「婦人教役者幼稚園保姆連合修養会」が、堺市北浜で開催される（9.5〜9.10）。 ・第33回年会がW・R・ランバス監督により召集され、8月に定められた委員会からの提案を受け、ランバス記念伝道女学校と広島女学校保姆師範科を大阪にて合同することが決議される（11.4）。

解　説	一般歴史

婦人教役者幼稚園保姆連合修養会（1919年）

*初の「婦人教役者幼稚園保姆連合修養会」の開催

　10月25日刊行の「季報」は、「婦人教役者幼稚園保姆連合修養会号」とされ、この修養会の様子を伝えている。吉崎、赤沢、堀峯橘、近藤（京都）、三戸吉太郎らの講義と、松本春江による「母の会」についてなどの多彩なプログラムが行われた。バイブルウーマンと幼児教育者（保育者）が共に学ぶ夏の修養会は、非常に有意義で恵みの時であると同時に、単に新鮮なだけでなく今後の学校の在り方を考える上でも重要であったとされる。

*合同の決議

　8月末の宣教会議で設置された「広島女学校、ランバス記念伝道女学校に関する委員会」の委員には、W・A・ウィルソン、ゲーンズ（広島・校長）、ウィリアムス（ランバス記念・校長）、S・H・ウエンライト、J・C・C・ニュートンの5名が任命された。

　この委員会は協議の末、「婦人部に属する広島女学校保姆師範科とランバス記念伝道女学校とが合同して、キリスト教活動の高等教育機関として充分に整備されること」ならびに、「その新しい学校は、校地の価格が許せば大阪に設置すること」を骨子とした報告書を11月の年会に提出した。

　両校の合同は、アメリカ・南メソヂスト監督教会宣教100周年の前進運動に呼応し、人口175万人の大都市で、商工業の発展が目覚ましい大阪の精神的発展に寄与する使命があるとされ、この提案は積極的な支持を得て、承認された。その場にあったW・R・ランバス、マーベル・K・ハウエル、Dr.ローリングスも、喜びと賛同を表したとクックは報告している。

*1919年の学校についてウィリアムスの報告（1919　MECS）

　教師たちの異動は少なく、特に学校にとってかけがえのない存在である西條が留任してくれ、心から感謝している。授業では、お茶と礼儀作法の時間に代えて、週2回神戸女学院の体育の教師に来てもらうことにした。お辞儀の仕方は上達しないかもしれないが、体を動かし鍛える方が生徒にとっても幸せなこ

・臨時教育会議廃止、臨時教育委員会設置（5.23）。
・ベルサイユ講和条約調印（6.28）。
・第1回国際労働会議（ILO）（ワシントン）（10.29）。

年号	事項
1920 大9	・「ランバス記念伝道女学校」(Lambuth Memorial Bible Woman's Training School) に、ウィリアムス（校長）、ニューカム、西條寛雄に加えてM・M・クック（大阪にて）が任命され、「ランバス記念幼稚園」には、M・M・クックが任命される。 ・4人が本科に、8人が特別生として別科2年コース（高等学校卒でない者のコース）に入学（4.）。 ・第15回卒業式が行われ、1学期おくれて4名が卒業する（6.25）。 ・聖別会が開かれる（6.28〜6.29）。 ・「ランバス紀念伝道女学校季報」最終号が発刊される（7.25）。 ・例年の「教役者修養会」開催に代えて、「第8回世界日曜学校大会東京大会」に参加する（10.5〜10.14）。  **ランバス記念幼稚園収穫感謝祭** 孤児院より10人の友だちを招いて収穫感謝の食事をいただく。左列に並ぶお客様のテーブルには、子どもたちが手づくりした紙のバスケットにフルーツとキャンディのおみやげが入っている。

解　説	一般歴史
とのようである。 　学校にかかる費用は、わずかな学生数を考えると全く不釣合いだが、宣教のためにも用いられていると考えたい。学校は神戸市内と郊外にある8つの日曜学校で活動している。そのうち3つは学校直営で、もうひとつ、バネルの記念として、彼女の友人ミセス・ローズの献金で運営されるものができた。	
＊1920年の学校 　4月に今までで最多の12名の入学者があった。生徒たちの大半はミッションスクール出身で2名は広島女学校からの入学者である。 　卒業式は、インフルエンザの休校の影響で6月に挙行され、特別生1名、本科から3名が卒業。1名が旧カナディアンメソヂスト派に戻り、他の3名が南メソヂスト監督教会で働いている。いつものように赤沢元造が卒業式後4人の聖別（奉献）礼拝consecration service を行って送り出した。 　生徒の実習として、クリスチャンの少ない地域に、キリスト教文学協会（C.L.S.：Christian Literature Society）発行の「愛の光」（家庭と女性向け冊子）を配布して訪問したほか、バネル記念の石井日曜学校を含む6つの日曜学校で教え、ランバス記念学校の日曜学校では、年齢が上の少年少女たち向きの午後の日曜学校を開設した。 　牧師不足のため、学校にとって大切な西條寛雄が御影教会の牧師に任命され専任でなくなった。しかし近隣の御影在住のためこれからも学校を助けてくれると思う。 **＊「ランバス紀念伝道女学校季報」最終号** 　最後の「季報」は、1920年7月25日に発行され、1920年7月現在で同窓会名簿上の卒業生は、第1回から15回の計57名とされている。最終号発刊後、1922年にランバス記念伝道女学校の最後となる第16回卒業式が行われ、ランバス記念伝道女学校の卒業生は合計62名となる。 　今までは別刷りにしていたとされる、「ランバス記念伝道女学校同窓会祈祷暦」が最終の「季報」誌上に掲載されている。毎日、覚えて祈る人の名前と任地が記されていて、日々、各地で働く同窓のバイブルウーマンたちが祈りによって結び合わされていたことがうかがえる。 **＊A・B・ウィリアムスによる学校総括** 　この学校は1900年にメアリー・I・ランバスによって創設され、W・R・ランバス監督（Bishop）の両親であるメアリーとJ・W・ランバスを記念するものである。 　開始当初は「欧亜混血児」（Eurasian）のための昼間の学校と青年のための夜間学校だったが、現在ではキリスト教奉仕（Christian service）のために働く若い女性たちと、ランバス記念幼稚園のための若い子女を育成するためにある。1906年、第1期卒業生を送り出して以来、56名の卒業生がおり、22名が現在在職し、26名は結婚している。卒業生のちょうど半数が伝道者となっている。現在の学校の在籍者は17名。 　「アメリカ・南メソヂスト監督教会宣教100周年記念」にあたり、新しい施設	・森戸事件（1.10）。 ・国際連盟発足（1.10）。 ・米大統領選挙で初の婦人参政権行使（11.2）。 ・第1回国勢調査（12.）。

年号	事　項
1921 大10	・卒業要件を満たしていなかったひとりの生徒が、復学し修了する（3.）。（卒業式は実施されていない。） ・神戸地区に「ランバス記念クリスチャンワーカー養成学校」(Lambuth Memorial Training School for Christian Workers) がおかれ、その中の①「婦人伝道者養成学校」(Bible Woman's Training School) にウィリアムス（校長）、ニューカムとヘーガー (Branche Hager日本語研修のため非常勤) が、②「保育者養成学校」(Kindergarten Training School) にクック（校長）、K・ハッチャー、ニューカム、③「ランバス記念幼稚園」にクックが任命される。 ・広島より、保姆師範科生とクックが大阪へ引っ越す（4.）。 ・婦人伝道者養成学校には、6人が入学し、全体で20名となる（4.）。 ・バイブルウーマンと保育者合同の修養会を堺の北浜で開催される（9.7～9.12）。 ・秋学期始業礼拝を大阪の保育専修部と合同で行う（9.12）。

解　説	一般歴史
の構想が起こり、郊外に土地を捜していたが、1919年11月の宣教部年会で聖書学校と広島女学校の幼稚園教育部門とがひとつになって、クリスチャンワーカーの養成校となることになった。昨今求められているのは、様々な分野（工場の女工たちや滞日、在日外国人のケア、路上での伝道、看護など）の働き人（ワーカー）であり、日本の教会は質の高い女性のリーダーシップを必要としている。その養成を行うことで、ランバス記念伝道女学校は、最良の在り方で存続していくことになる。 　以上が、ランバス記念伝道女学校の最終段階でのウィリアムス校長の学校理解である。1913年のバネルの理解を引き継いだところと、変更されたところがあり、比較して読むとこの学校の変遷と南メソヂスト監督教会宣教100年記念事業を機会とした新構想の方向性が見えてくる。バネル、ウィリアムスとも創立年や卒業生数については、現在一般的に用いている考えと異なるが、当時の考え方を代表するものであり、ランバス記念伝道女学校の延長線上にランバス女学院が創られたことがよくわかる。 　ランバス記念伝道女学校は一貫して「神学」の名称は使わず、theological school（神学校）はもちろんのことevangelical school（伝道者学校）でもない、「バイブルウーマン」のtraining schoolであった。ウィリアムスは、「バイブルウーマン」を次の学校において、キリスト教精神（信仰）に基づく奉仕者、「クリスチャンワーカー」として位置付けている。特に女性と子どもに目を注ぐというメアリーの意思を継ぎ、ウォース、ベネット、バネルによって強調された保育園、幼稚園の活動を担う分野（保育者養成）と教会、家庭、教育・保育機関などを中心に広く社会に奉仕する分野（バイブルウーマン養成）の2部門が成り立つと考えたのである。	
*初めての出会い 　堺で行われた婦人伝道者と保育者の合同修養会の帰り道に、大阪の保育専修部生徒たちと初めて顔を合わせ、一緒に秋学期始業礼拝をまもる。釘宮が力強く奨励し、2つの部門が共に進んでいくヴィジョンを与えられたという。	・全官立大学・高等学校、4月学年始期制を採用（4.）。 ・足尾銅山争議（4.2～4.18）。 ・自由学園開校（4.15）。

年号	事 項
1922 大11	・ランバス記念伝道女学校最後の卒業式となる第16回卒業式が行われ、4名が卒業する（3）。 ・西條が離任し、関西学院神学部の教師たちの協力をえて教授を行う。 ・ランバス女学院神学部に12名が新たに入学し、全体で23名の在籍となる（4.）。神学部は建設中の建物が建つまで神戸で授業を行う。 ・大阪で、保育専修部が開始される（4.）。 ・ランバス女学院の礼拝堂は、Miss Maud Bonnell Memorial Chapelとなることが決まる。  第16回卒業式
1923 大12	・ランバス女学院：大阪／保育者養成部門（Lambuth Memorial Training School for Christian Workers, Osaka: Kindergarten Training Department）に校長クックが、ランバス女学院：神戸／伝道者養成部門（Lambuth Memorial Training School for Christian Workers, Kobe: Bible Woman's Training Department）にウィリアムス（校長）、ニューカム、ヘーガーが、「神戸ランバス記念幼稚園」にクックが任命される（1.）。 ・ランバス女学院保育専修部・神学部合同の第1回卒業式が神戸中央教会（→神戸栄光教会）で行われ神学部より普通生4名、特別生4名の8名が卒業する（3.27）。 ・大阪に新校舎が完成し、神学部は大阪へ移る（5.）。

解　説	一般歴史
＊第16回卒業式 　3月卒業予定であった若い10名の特別生は、2年から3年に修学期間を延長するべきと判断されたが、そのうちのひとりが、もう1年の勉学を願いながらも、大分からの強い要望に応えて、バイブルウーマンとしての任命を受けることとなった。これにより、3月の卒業生は、普通科生1名と特別生3名の4名となる。普通科卒業の1名は大阪に任命され、新しい学校の中に住むこととなり、2つの部門を結ぶ働きが期待されている。 　1921年と1922年の卒業に関しては、病気のための途中退学者や休学者の取り扱い、修学期間の変更など変則的なことが多いが、最終的には、1921年の卒業式は実施されず、1921年修了者と併せて、第16回卒業生を5名として同窓会名簿には表記されることとなる。 ＊西條の離任 　西條寛雄は、バネル前校長の強い願いに応えて6年前から教員として働き、2年前からは非常勤となっていたが、このたび重要な任務のため学校を離れることになった。西條がバイブルウーマンの養成のために、この学校でなしてくれたことは多大である。  ランバス女学院神学部、神戸での学びの最後	・ソビエト社会主義共和国連邦（ソ連邦）成立（12.30）。
＊神学部の移転 　神学部は5月に大阪へ移転。移転後の跡地に、「パルモア英学院女子部」（→啓明学院）が入り、1924年4月からは「パルモア女子英学院」となる。「ランバス記念幼稚園」は、伝道女学校内から、旧「神戸女学院内音楽館」に移転し保育を続ける。	・第1回国際婦人デー（神田青年会館）（3.8）。 ・パルモア学院女子部創設（4.）。パルモア女子英学院（1925）を経て、啓明女学院（1940）と改称。 ・関東大震災（9.1）。

Column20

奇跡のつながりが明かす True Story

「メアリーが中国で天然痘から命を救った女の子、馬愛芳（モー・メイロン）が朝鮮YMCAの総主事、尹致昊（ユン・チホ）の妻となった」と少し間違って伝わっているエピソードがある。ランバス記念伝道女学校の創立者メアリー・I・ランバスがその献身の生涯の中で創りだした人間関係は、井上琢智の論文（「吉岡美國と敬神愛人（2）」『関西学院史紀要』2001年）と、「小さな始まりから偉大な終わりへ」（Little Beginnings Great Endings）と題されたリーフレット（テネシー州ナッシュビルの南メソヂスト監督教会海外婦人宣教局発行）を読む限り、もっと深く、不思議なつながりを持った物語を生み出していることがわかってくる。

ウォルターが赤ちゃんだった中国宣教のごく初期のころ、ある日、メアリーは墓場の草深いところに捨てられた中国の女の子を見つける。その小さな体は悪性の天然痘の発疹によって腫れ上がり、ひどく傷んでいた。昼夜を徹した手厚い看病の末、その幼な子は奇跡的に命をとりとめる。瀕死の小さな自分を見つけ出してくれたメアリーのもとで、ウォルターの少し年上の姉として育てられた愛芳（Mai-Long）は、教育を受け、キリスト者となり、ロンドン・ミッションで訓練を受けた青年、馬（Mo）と若くして結婚。馬愛芳（モー・メイロン）となった彼女の幸せな家庭には、次々と子どもたちが誕生した。

その中のひとりにスィウツン（Sieu Tsung）という娘がいて、彼女は実母メイロンの育ての母であるメアリー・ランバスの要請に答え、ダイアモンドの献金（コラム17参照）によって

尹致昊（ユン・チホ）ファミリー（1902年）（ウィキペディアより）

建てられた上海マクテイラー女学校で学び、オルガン奏者としても上達していた。ある日スィウツンが、上海のチャペルでオルガンを弾いていると、ひとりの見知らぬ若者が入ってきた。その人こそ、後に朝鮮宣教の道を開き、朝鮮政府で教育改革に重用されることになる朝鮮貴族の尹致昊（ユン・チホ）であった。

尹は、1884年の庚申事変で祖国朝鮮を追われ上海へと政治亡命し、メソヂスト宣教団が上海に建てた中西書院（Anglo-Chinese School）に学び、J・W・ランバスともそこで出会っていた。1887年に上海で受洗し、1888年からヴァンダビルト大学、エモリー大学へ留学、1894年再び上海に戻り中西書院の教師をしていたところで、スィウツンと運命の出会いをなす。ふたりは1894年3月に結婚。尹は29歳、スィウツンは23歳であった。その後ふたりは尹の帰国によって朝鮮へ。未だキリスト教が全く伝え

られていなかった朝鮮で、異国人の若い花嫁はキリスト者の麗しい生き方を宮廷に示して、「もっとも力強いイエスの証人」となったという。

尹は1888年の渡米前に日本に立ち寄った際、日本宣教を始めていたJ・W・ランバスの神戸の家を訪ねているが、その時は会えなかったらしい。無論、尹の旧知のウィリアムとメアリーが、それから6年後に運命の出会いをする女性の母の命を救ったことは、知る由もなかっただろう。けれどもその折、尹は、ランバス記念伝道女学校の初めの日本人教師としてメアリーを助けた岡嶋初音が、長崎（活水女学院）から神戸に派遣されてわずか2カ月半で、J・W・ランバス司式の下で電撃結婚をすることになる、関西学院第2代院長、吉岡美国と出会ったようだ。尹と吉岡は、1890年に留学先のヴァンダビルト大学で親交を深め、『尹致昊日記』にそのことが記されているという。

吉岡美国のメソヂスト教会と関西学院での働き、尹致昊の朝鮮宣教史における意義については他にゆずるが、それぞれの地で大きく豊かな実を結ぶことになる吉岡と尹の人生にとって、パートナーとの出会いは、「この人なしには」の唯一無二のものであったと思う。天然痘の女の子を見つけた時、若き日の吉岡に洗礼を授けた時、メアリーとJ・W・ランバス夫妻は、おそらく予想だにしなかっただろうが、少なくともこの2組の若いカップルにとって、ランバス夫妻は直接、間接の出会いを結ぶキューピッドでもあったのだ。

この話には、その後がある。1919年、老ランバス夫妻が亡くなってずいぶん時が経ったとき、南メソヂスト監督教会の第2回朝鮮年会で、老夫妻の息子W・R・ランバスは尹と出会い「全会期を通じて彼〈尹〉が我々と共に出席してく

吉岡美国と初音、長女：美津、長男：美清、次女：美智恵とラッセル（初音を送り出した長崎、活水学院創立者）

れたことは、大きな喜びであった」と書いているという。無論、ウォルターは、尹を、自分が赤ちゃんの時から母メアリーに共に育てられた中国の姉メイロンの愛娘スィウツンの夫として、よく知っていた。尹との再会の「大きな喜び」には、そのような親しい関係と60年以上昔の懐かしい物語が隠されていたのである。まことに人の出会いとつながりは不思議なもので、目に見えて出会わなくても、なおつながる奇跡さえ起こるのである。

つながりの奇跡を語る物語を、もうひとつ。メアリーの建てた神戸のランバス記念伝道女学校の終わりから2回目（第15回）の卒業生、富田（吉新）とよについてである。同窓会で富田の孫が語った、祖母についての証言をまず引用する。

　　私の祖母はランバス記念伝道女学校に学んだ婦人伝道師でした。大分の教会で働いたあと牧師であった祖父と結婚し、以来朝鮮での開拓伝道、長崎、北九州で祖父と共に教会に仕えた人です。牧師である祖父より人気があったようで、時々祖父が拗ねていたと父から聞いたことがあります。
　　「とにかく弱い人の味方だった」、祖母についてよく聞いたことばです。身寄りのない子どもを家にいれ、わが子と一緒に食事をさせた。戸籍もない貧しい女性に小学校の教科書で読み書きを教え家事を教え自立できるように助けた。かけおちしてきた若い男女の親を説得して結婚させた。困っている人を励まし愛情を持って接していた。幼いころ庭で花を育てるのが好きだった祖母のそばに座ってよく話を聞いていました。花のことや父の子どものころの話、戦争中のことを聞いた記憶

があります。たぶんそのとき私はランバスのことも聞いていたのではないかと思います。

卒業生は、学校を映すというが、学校の何をと言われれば、そこで出会った具体的な生き方モデル、多くの場合、その学校で出会った教師や宣教師の姿を自分の人生に映すのではないだろうか。ランバス記念のバイブルウーマンであった卒業生の富田の生涯は、創立者メアリーの物語とよく似ている。そしてこのつながりは、さらに証言を語る孫へと結びついていく。

　　私の母（吉新恒代）は、聖和女子短期大学保育科を卒業し（第2回）、長く幼稚園教諭として働きました。幼稚園の先生が天職だと言われていました。私も教え子のひとりです。牧師である父と結婚してからは、幼稚園と教会と両方での働きをこなしてきました。（中略）私には、幼い日からずっとすぐそばにふたりの卒業生がいました。また私の伯母ふたりも卒業生です。そのため聖和という学校は私の中では、世界で一番有名な学校でした。私は、北九州市で18歳までを過ごしました。聖和を受験したいと言ったとき「それはどこにあるの？」と言った高校の担任の先生のことば、西宮に来てタクシーの運転手さえ知らなかったことに、とてもとても驚きました。

これを語っているのは、吉新ばら（聖和大学教育学部キリスト教教育学科第15回卒）で、この人が今、本書の編纂実務を行っている。ランバス記念の正直投げ出したくなる「わからなさ」の中で、目に見えるひとりの物語が、数珠つなぎのように他の人々の物語を開いてくれた。

メアリーが生み出した、ランバス記念が生み出した、バイブルウーマンの人生、その子どもや孫の歩み、「ランバス記念伝道女学校」の歴史に込められた、たくさんの奇跡の True Story が、今日も世界のあちこちで、きっと花開いている。

賀川豊彦と富田とよ　1951年2月21日
賀川を八幡に迎えて漆原氏庭園にて。前列右：賀川豊彦、後列左から2番目：富田とよ

第 4 章

ランバス女学院

1921-1941

Lambuth Training School for Christian Workers

年号	事項
1919 大8	・第33回米国南メソヂスト監督教会宣教部年会（於：神戸パルモア学院、W・R・ランバス召集）で広島女学校保姆師範科と神戸のランバス記念伝道女学校の合同が決議され、直ちに設立準備委員会が組織される（11.4）。
1920 大9	・設立準備委員会は、新校地の選定、購入を進める。 大阪校地最初の校舎となる歯ブラシ工場 「ランバス女学院」の看板がかかげられている。
1921 大10	・設立代表者マイヤスによって、大阪府知事宛てに私立学校設立認可の申請書を提出する（2.21）。 ・大阪に新校地の土地を購入し、登記する（3.）。 ・広島女学校からの大阪への移転がはじまる（4.9）。 ・「ランバス女学院保育専修部」開設（4.10）。入試による18名と広島で1年次を終えた生徒3名計21名が第1期生として学び始める（4.12）。 ・「ランバス女学院保育専修部設立認可」を得る（4.29）。 ・「ランバス女学院附属幼稚園」設立申請書を大阪府知事に提出（10.1）。 ・教育勅語謄本が下賜される（10.28）。  最初の校舎　園児と生徒たち

解　説	一般歴史
＊新学校の設立準備委員会 　委員は以下の6名となる。J・T・マイヤス（設立者、官庁関係）、W・R・ウィックリー（土地購入）、M・M・クック（新学院の保育専修部長）、C・ハランド、A・B・ウィリアムズ（新学院の神学部長）、K・ハッチャー。設立事務所となる大阪での拠点を、両国橋教会（→日本基督教団東梅田教会）牧師、釘宮辰生（くぎみやときお）の牧師館に置く。	・臨時教育会議廃止、臨時教育委員会設置（5.23）。 ・ベルサイユ講和条約調印（6.28）。 ・第1回国際労働会議（ILO）（ワシントン）（10.29）。
＊新校地の購入 　校地として大阪市東区東高津南町127番地に1062.6㎡、南区石ケ辻町5290番地に2864.4㎡、合計3927㎡を購入。これらの土地は、後にすべて「大阪市天王寺区石ケ辻町5290番」となる。 　この校地は、大軌電鉄（大阪軌道→近鉄）のターミナル駅上本町6丁目（通称上六）から数百メートルの上町台地の一角であった。現在は、近鉄「大阪上本町」駅北にある「大阪市立福祉センター」（大阪市天王寺区東高津町12-10）となっている。当時は、この場所に歯ブラシ工場と家屋2棟が建っていて、工場を仮校舎として階下を教室、2階を寄宿舎、離れ2棟を教師住宅にすることとした。	・森戸事件（1.10）。 ・国際連盟発足（1.10）。 ・米大統領選挙で初の婦人参政権行使（11.2）。 ・第1回国勢調査（12.）。
＊認可申請 　申請書の学校名は、仮校舎に保育・神学両部の生徒を収容する面積がなかったため「ランバス女学院保育専修部」となる。そこで神学部は、新校舎完成まで、神戸のランバス記念伝道女学校校舎で授業を行うこととなった。設立認可申請書、開設時の保育専修部規則等は、『聖和保育史』を参照。 **＊広島からの移動開始** 　仮校舎竣工を急ぐ中、広島女学校保姆師範科1年修了生3名とクック、ハッチャー、ニューカムが来阪する。移転の荷物も届き、クック指導の下「電気も台所もなくローソクを灯して、弁当を注文して一同日を送る」と開校1日目の様子が「学院日記」に記されている。 **＊開設当時の保育専修部の教師** 　〈教授〉マーガレット・M・クック：幼稚園教育、フレーベル主義の教育、聖書 　　　　高森ふじ子：幼稚園教育、保育法、児童心理 　　　　K・ハッチャー：幼稚園教育、唱歌、談話、遊戯、手技 　　　　村田整（名古屋金城女学校より転任し教頭に就任）：修身、教育、心理 　　　　E・ニューカム：音楽 　〈講師〉山田直記（大阪府立高津中学校教諭）：国語漢文 　　　　真鍋由郎（関西学院教諭）：博物 　　　　小野田伊久馬（大阪府立天王寺師範学校教諭）：図画 　〈臨時講師〉西村静一郎、釘宮辰生、松本春枝など6名	・全官立大学・高等学校、4月学年始期制を採用（4.）。 ・足尾銅山争議（4.2～4.18）。 ・自由学園開校（4.15）。

年号	事項
	 旧校舎前での学生と教職員 前列左端：村田整、右端：真鍋由郎、中央列左から：田部鉢太郎、田部（和田）勝恵（コラム21参照） 最後列左から2番目：ハッチャー、3番目：高森ふじ
1922 大11	・ランバス児童相談所開設（1.21）。 ・附属幼稚園、設立認可を受け（2.23）、翌24日に正式に開園。 ・保育専修部、始業式を行う（4.10）。 ・附属幼稚園入園式（4.11）。 ・「村田先生追憶紀念会」が開催される（6.18）。 ・新校舎の鍬入れ式を挙行する（10.4）。 ・創立記念式典をウィルミナ女学院同窓会館（→大阪女学院）で行う（11.10）。W・R・ランバスの誕生日である、この日をランバス女学院創立記念日と定める。  鍬入れ式

解　説	一般歴史
各学科と授業時間を見ると2年生の教育実習が週15時間とずば抜けて多い。またその学科課程以外に毎日の礼拝と毎日曜日の学院内外で日曜学校があり、そこでも教育実習が課せられていた。当初は、ほとんどの学生が寄宿生で教師と一緒に生活しながら寮生として教育されていたようである。 ＊ランバス女学院附属幼稚園の設立 　申請書の設立目的には、「家庭教育を補い幼児心身の完全なる発育」を助けること、学生の保育実習の場となることがあげられている。正式認可は翌年だが、10月6日より実質的な保育を開始。はじめの入園者は2名であったが、第1回卒園生7名を出した。10月12日には初の「母の会」が開かれている。 1922 ＊ランバス児童相談所 　当時は大正自由教育の影響を受け、児童相談所、児童研究所が盛んに作られていた。ランバス女学院に開かれた児童相談所は、当初午後2時より開所し、身体・健康相談を医師の入間田悌佶と竹村一が、心理に関することを今田恵が受け持った。これがランバス女学院附属「ランバス児童相談所」となり1924年9月の案内によれば、毎木曜日、健康相談と教育相談、毎金曜日、家庭相談として、何れも午後3時間乳幼児期から学齢期までの児童の相談を受けるようになった。 ＊1922年の保育専修部と幼稚園 　校舎新築のため、保育専修部の授業は日本メソヂスト両国橋教会（西区朝町北通）で行い、寄宿舎はウィルミナ女学校（東区仁右エ門町）およびプール女学校（生野区勝山通）を借りていた。 　幼稚園は仮園舎のため定員の半数30名でスタートし、保育時間は5月1日〜9月30日　8:30〜11:00、10月1日〜翌4月30日　9:00〜12:00であった。入園資格は満3才以上で尋常小学校入学までの児童。なお11月9日〜12月3日は、工事の都合で幼稚園は休園となったが、父母たちの熱心な要望もあり園児34名が、両国橋教会で保育されていたという記録もある。 ＊村田整の逝去 　村田整は、1881年4月15日広島県安芸郡牛田村に生まれ、1907年広島メソヂスト教会で釘宮より受洗。ランバス女学院開設のために金城学院より転任し、教頭として多大な貢献をしていた。認可申請、新校舎建築の激務のなか、1922年6月8日、大阪日本赤十字病院にて41歳の若さで急逝し、両国橋教会で葬儀が行われた。ランバス女学院は、在職中の教師の突然の死を受け、6月18日に「村田先生追憶記念会」を、さらに翌年6月10日に「村田整氏記念会」を開催し、その死を悼んでいる。 ＊鍬入れ式 　米国南メソヂスト監督教会ボアーズ監督、ピアソン博士、婦人部幹事メーベル・K・ハウエルの列席、保育・神学両部代表を加えて鍬入れ式を行う。	・ソビエト社会主義共和国連邦（ソ連邦）成立（12.30）。

第4章　ランバス女学院　201

Column21

1冊の緑のアルバム——クック先生の思い出

　ランバス女学院の歴史は20年と限定されているが、この学院は美しく壮大で、本当にさまざまな活動を大阪の地に広がって展開し、学生数も多い上、1920年代以降と歴史も近いことから、写真がとても多く残っている。しかし、日々の活動に超多忙であり、戦争の影響で急に歴史が終わるなど思いもしていなかったためだろう、「説明がついていない写真」と、「写真がついていない行事などの記事」が、他と比べて多いように感じていた。立派な校舎や写っている人物の様子から、明らかに「ランバス」だと思うのに、いつの、何かが推測の域をでない。「たぶん、これ、プレイグラウンド、だよね」という感じである。膨大な「ランバス」資料の前で、今回は、古くて分からない、資料が少ない学校の歴史を掘り起こすのとは少し異なった難しさと直面することになる。

　しかも相手は、天下の「ランバス」である。そもそもこうして、「ランバス」とだけ言ったら、それは神戸の「ランバス記念」ではなく、大阪のランバス女学院を暗黙裡に指す、という存在である。聖和の卒業生は、どこの学校出身でも母校愛は尋常でないと思うのだが、「ランバス」は別格で、その響きと共にあの4階建ての校舎が後ろにどーんとついてくる。校舎正面に大きく掲げられた Lambuth Training School for Christian Workers がこちらを見つめ、「ちゃんと書きなさいよ」と、高い壁に言われている気分になる。無意識にこれは大変だと感じて敬遠したくなるのだが、歴史編纂のリミットは迫り、時間がない。「取り組まなくては」と焦るほどに、相手が大きすぎる気がして、やっているのだが、なかなかそこに生きた人が見えてこない。

　その追い詰められた状態を救ってくれたのは、1冊の深い緑色のアルバムだった。「ランバ

書き込みのある緑のアルバム

ス時代より聖和関係」と書かれた小さな紙が表紙に貼ってあった。ランバス女学院保育学部第２回卒業生の田部勝惠さんのアルバムである。それは、今から３年前、2011年７月のこと、「短大保育科第１回の卒業生薦田緑さんが、ランバス女学院卒業のお母様のアルバムを寄贈してくださった」と聖和大学同窓会より連絡をうけ、喜んでと、いただいておいたアルバムだった。

　ちょうど作業も気持ちも行き詰まっていた時、緑のアルバムを何気なく開いた。写真を貼った黒い台紙に、日時や説明、名前などが、白いペンできれいに書かれている。「あ、これ、同窓会の修養会だったんだ」、前に見ていたいくつもの写真の出どころを発見。先生と生徒たちが嬉しそうに映っているが、バックに建物や木がない写真があり、不思議に思っていたものは、「新校舎屋上にて」だった。1922年、まだ旧歯ブラシ工場の校舎に入学した勝惠さんが、出来立てほやほやの立派な校舎の屋上で、うれしさいっぱいの級友や先生たちと撮ったものだったのだ。勝惠さんは、とてもステキで写真のどこにいてもすぐわかった。ヘーガー先生とのツーショットをご覧のとおりである。

　見ていくと「旧校舎前での教師と生徒たち」の写真で、村田整が写っていると見知っていた写真に、勝惠さんの姿と「父、田部鉢太郎」と書かれている。そのページには、「村田整先生記念追悼会」のプログラムが挟まれ、式次第の中に「聖書朗読　田部鉢太郎」とある。このアルバムの主、田部勝惠さんのお父さんは、ランバス関係者、でもどなただろう。大急ぎで同窓会に、アルバムの寄贈者である勝惠さんの娘、薦田緑さんに連絡を入れたいとお願いし、東京在住の緑さんと電話でお話しすることができた。

　突然のぶしつけな電話にもかかわらず、緑さ

「ヘーガー先生のお別れのとき」と書かれたツーショット

んは喜んで質問に答えて下さり、「懐かしい、いろいろ思い出してきます」、「もっとお話ししたいけれど、長くなってしまうわね。またぜひいらしてください」と、わずかな通話の中で、実に豊かな話をしてくださった。追い詰められた後輩（筆者）への優しい気配りを持ちながら、明るくやわらかな口調で話された「クック先生」につながる楽しいエピソードに、電話口で大笑いしてしまい、重たかった「ランバス」の扉が一気に開いていった。勝惠さんの緑のアルバムと、それを語ってくれた緑さんの話から、「院報」第２号にクックが田部鉢太郎について書いている記事を見つけ、クック自身のこともつながり、『卒業生の歩み　100周年記念』（聖和女子大学、1980）に勝惠さんご本人の書かれた文章も拝見して、ランバス女学院に生きたひとりが、アルバムから浮かび上がってきたのである。

　和田（旧：田部）勝惠は、明治初期からのクリスチャンホームに生まれ、1911年の広島女

第４章　ランバス女学院　203

学校附属幼稚園卒園生で、しかもお家の庭のフジの木が、伸びていって幼稚園の庭の藤棚になっていた、という驚きのご近所に住んでいた。幼稚園をさぼっていると、裏木戸から「かっちゃん」と担任の佐野小春（広島11回卒、p. 119参照）が呼びに来たそうだ。当時、広島女学校保姆師範科の主任はクックで、父、田部鉢太郎は、軍人を辞めた後、いっとき広島女学校の事務を手伝っていた。一家は勝惠が小学校4年のときに東京に転居し、ここで関わりも途絶えたかにみえた。

ところが、1920年頃、勝惠が東京の女学校時代に、父は大阪に移ることになり、大阪にランバスを建てようとしていたクックと再会し、ランバス女学院の事務を手伝ってくれるよう依頼される。そこで改めて鉢太郎はクックの教育と出会いなおしたのであろう。「父は東京にいた私に女学校を卒業したら大阪に来てランバス女学院に入るようにとすすめ、クック先生の教育方針や幼児教育が、これからの日本に大切なことを手紙で説いてまいりました」と、勝惠は回想している。どうもご本人は、幼児教育にもキリスト教にも強い興味はなかったようで、入学前から、工場跡の校舎や、そこで持たれる学校の伝道集会に連れていかれても今ひとつで、入学してからも始めのうちは「味気ない」とさえ思っていたそうだ。

しかし、ランバスで「神様は私をとらえられ」、勝惠は幼稚園教育こそ今最も必要なことであり、自らの使命であるとの思いに変えられていく。ランバスの「信仰による教育、どこにもない教育を受け」て、キリスト者となり、卒業後は日本福音教会泉尾教会の神恩幼稚園に就職。結婚したクリスチャンのお相手は、そののち泉尾教会の和田牧師となり、勝惠は牧師夫人として教会で働くこととなる。卒業後も学校をよく訪ね、ヘーガーとはずっと親しく、また、クックには、赴任するとき就職先の幼稚園まで付いてきてもらい、結婚式にもきてもらい、親のように面倒をみてもらったという。

勝惠のアルバムには、「卒業の前、父の召天の時　クラスの一同より」と記された級友からのカードが挟まれていた。クックは、幼稚園時代から知る「かっちゃん」が、ランバス在学中に若くして父を亡くし、これからを生きていくその姿を、母のように見守っていたのだろう。そこで、もちろん、そのクックが日本を離れる1938年3月7日のウィルミナ女学校講堂を借りて開催された学院、幼稚園、同窓合同の800人参加という「クック先生在職三十五年謝恩送別会」へ出かけ、その後の最後の同窓会にも6歳の娘、緑をつれて参加していた。

ここからは、電話口で聞いたお話。「そのアルバムに、クック先生がおられる同窓会の写真があるでしょう。そのクック先生の横に女の子がいるでしょう、それが私（緑）。母（勝惠）はクック先生にとてもかわいがってもらっていたようなんです。それで、先生のところに呼ばれて、先生のお膝に座らんばかりのところにギュッとされているのだけど、外国の方でしょ。子ども心に恥ずかしいのと少し怖いのと、緊張して、なんとか離れようとしているの。その時のこと、本当によく覚えていますよ。」写真を見ると足をそろえてマッチ棒のように直立不動の緑ちゃんが、完全に斜めになって田中の方に寄りながらクックの横に立っているではないか。顔は必死の表情である。かわいそうで、かわいくて、緑ちゃんのドキドキが聴こえるようで、思わず笑ってしまった。

クックの口癖は、「その方（ほう）、祈って、考えて、

責任をもって」だとよく聞かされ、その言葉づかいや教えに敬意を感じていたが、改めて、緑ちゃんに導かれるように「クック先生謝恩送別会」の式次第と、その時演じられた「思ひ出」という先生の生涯をたどった劇の台本を繰った。劇の終幕は感謝の歌になっていて、1番は子どもたちが「長い年月変わらずに　いつも愛して下った　先生いろいろ　ありがとう」と歌い、2番は大人たちが「よろこび集いて師の君の　尊きみわざを謝しまつる／永遠にめぐみあれ　みさかえあれ」と歌っている。数百人ずつの喜びと感謝の大合唱に送られるこの人は、本当にキリスト教幼児教育に情熱を傾け、いつも前向きで、高い夢を持ち続けたからこそ、幼い人たちから大人たちにも慕われたのだろうと思われた。

　劇の中では、広島から大阪に移転してきたばかりの教師会で語られたクックの言葉が紹介されている。そこには「責任」の代わりに、「望み」という語が記されている。「航海に必要な用意は整いました。私共神様をこの船の船長として、祈って、よく考えて、望みをもって、今日ここに出発いたしましょう。」自分にではなく、神さまを船長として、望みをもって生きる、その姿がクックであったのだと思う。

　クックが最後に、自身の「謝恩送別会」式次第に書き残した言葉を、最後に私訳で紹介しておく。

　ブラウニングの詩の一節に「わたしが今どうあるかではなく、わたしがこれからどうありたいかが、わたしを慰める」とある。わたしが心に抱き、今も大きくふくらむ幼児教育の理想の姿——それを私は、もっと豊かな将来が本当に実現することを願って、みなさん方に託す。わたしは、神を、みなさんを、そして明日の世界を築く子どもたちを信じて、それを委ねるのだ。

　　　　　　　　　　　マーガレット・M・クック

　究極の目標、はてない希望とヴィジョンを、わたしから手放して、信じて委ねる。たとえ相手にその気がなくても、小さい人たちでも、信じて託す。それは教師の職を去る日のクックからの伝言であると思う。「ランバス」が掲げた高い理想は、こうして聖和の歴史の中でバトンのように手渡されていく。たくさんの「みなさん」と「こどもたち」によって、いろいろな形で。たとえば、深い緑色の1冊のアルバムのように。

クック帰国前最後の同窓会

クック、緑ちゃん、田中貞

年号	事項
1923 大12	・大阪校地に神学部を併設し、校名を「ランバス女学院」として申請書を提出する（2.10）。 ・第1回卒業式（1922、23年度合同）が、神戸中央教会に於いて行われ、25名が卒業する（3.27）。 ・W・M・ヴォーリズ建築のランバス女学院校舎竣工（3.31）。 ・新校舎に移転(5.)。校舎には、普通教室6、音楽室10、講堂、図書室などがあり、全館暖房器具（セントラルヒーティング）と水洗トイレが完備され、正面向かって左棟に附属幼稚園があった。 ・学院内の「兒童教養研究會」が主催し、校舎を会場に「幼稚園及初等年級教育に関する講習」が定員150名で開かれる（8.2～8.8）。 ・「ランバス母親学校」を創設する。  **第1回卒業式** 神戸中央教会前の階段で記念撮影。最前列の下級生たちの笑顔がはじけ、新生「ランバス女学院」の華やいだ雰囲気が伝わってくる。

解　説	一般歴史

＊第1回卒業式

ランバス女学院第1回の卒業式は、新校舎竣工前であったため、神戸中央教会（→日本基督教団神戸栄光教会）に於いて、窪田学三司式で行われ、神戸で授業を行っていた神学部の本科4名、別科4名と、大阪で授業を行っていた保育専修部の1922年度本科2名、別科1名、1923年度本科11名、別科3名の合わせて25名が卒業した。

＊ランバス女学院竣工の記事

「大阪毎夕新聞」（3月31日）の新聞記事全文は以下のとおり。

　ランバス女学院竣工す

　禁酒禁煙家達の手で昨年9月新築の工を起こした南区天王寺石が辻町の私立ランバス女学院はこの程漸く外部の工事を終え目下は内部の装飾及び各部の仕上げ工事に取り掛かっている。市区改正による十二間道路を予想して敷地1千坪の中にスパニッシュミッションスタイルでカーテンオールシステムの施工法を用いた鉄筋コンクリート3階建ての延坪数は実に850余坪を算しわが国に於いてはこの種の学校のうちでも未だ且って見ない大規模なものである。

　建物の大部分は教室、寄宿舎住宅といった構造に出来て居り、教室には大講堂の外屋上に設けた特別階を音楽教室に宛てる筈で寄宿舎も50名乃至150名までは楽々と収容出来る段取りである。住宅は同院各教師のための設けとして新しく試みられたものでこれまた微細な点にまで亘って完全に期されている。

　経費総額は20万円の予算で工事は竹中工務所が引き受けているが、此処にまた面白いのは該建築場に働いている人達が禁酒禁煙の実行家である例の近江八幡のヴォーリズ建築事務所の労働者達である事である。そうして真面目な真鋒な心の持主によって聖なる殿堂が築き上げられる事は美しい永への美談でなければならない、素々同院は明治20年頃アメリカ南メソヂスト教会がわが国に伝道を開始するに当ってゼー、ダブリュー、ランバス夫人が派遣されて爾来同夫人は赤児を片手に聖書を持ち基督教義の宣伝並びに教養につとめた人で該院の今日あらしめたのも全く同夫人に負うところが多いという所からその表彰の意味でランバスの名を特に冠したものであるそうな。同院は専ら教義宣伝婦人及保母の養成を目的とし教師の如きも内外人を交えて少数な生徒たちに向かって完全を期するため可成りの数が撰ばれている、目下同院の開院日は不明だが、100名余の新学期募集人員と若干の附属幼稚園児入学のため同建物一部を特に竣工させる相である。

＊「ランバス母親学校」の創設

「母親学校の規定」によれば、この学校は、週1回3時間で、2年にわたるカリキュラムが組まれ、育児法、家庭教育原論、小学校教育、看護学から児童用洋服、童話・童謡、遊戯などに加え、文化思想史、社会問題などの多様な学科と講師陣が揃えられていた。第1回の募集では40名の受講者が熱心に学んだという。

- 第1回国際婦人デー（神田青年会館）（3.8）。
- パルモア学院女子部創設（4.）。パルモア女子英学院（1925）を経て、啓明女学院（1940）と改称。
- 関東大震災（9.1）。

年号	事　項
1924 大13	・新校舎献堂式を挙行する（1.19）。 ・第2回卒業式が行われ、28名（神4、保24）が卒業する（3.）。 ・赤沢元造が、空席だった初代院長に就任する（4.17）。 ◇赤沢元造　（あかざわ　もとぞう）（1875.8.10～1936.5.12） 　　岡山県赤磐郡周匝村に、荒木八重吉・や巣の3男として生まれ、後に赤沢姓を名乗る。実家は造酒業を営んでいた。同志社中学部に入学し、キリスト教の洗礼を受けるが病気のため中退。大阪の商業学校を卒業後、家業に従事。21歳の時ハワイへ出張した先で、メソヂスト教会伝道師木原外七と出会い、伝道者となる決心を。渡米し、サンノゼ太平洋大学、テキサス州立大学を卒業、ヴァンダビルト大学神学部在学中に日本伝道のため帰国。堺・大阪東部・両国橋・神戸中央の各メソヂスト教会を歴任し、1915年病気休職中に小康を得て神戸のランバス記念伝道女学校に講師として関わり始めた。 　　1920年神戸平野教会牧師兼大成運動巡回教師となり、ランバス女学院が大阪に誕生後の1924年4月から、49歳で初代院長に就任。4年間その任務を果たした。赤沢は、人々の愛敬の的で、ランバス女学院の生徒たちは、「神学部の者も保育部の者も、白髪童顔の赤沢を本当の父のように慕い」院長室にはいつも生徒たちが集まっていたという。学生たちの旅行見学の機会を多く設けたのも赤沢で、そのような行事には必ず同行していた。 　　1928年4月から、東京に移り日本メソヂスト教会の第4代監督として、教団の育成に力を注いだ。1934年大病を患いつつも、監督の責任を担い、1936年過労から再度倒れ、5月12日、62歳で逝去し、5月17日、青山学院大講堂にて日本メソヂスト教会葬が営まれた。 　　妻よし子（旧姓：松永）は、広島女学校保姆師範科1904年第3回の卒業生で、広島女学院幼稚園保母をしていた1907年3月に赤沢と結婚し、二女一男をもうける。よし子は、赤沢の死後4年目に、息子陸軍大尉の忠彦を航空機事故による殉職死で見送るという悲劇に見舞われる。しかしその時「『今度こそは我に頼れ』との聖き声を賜り、御言葉に励まされ、力づけられて涙をぬぐわれた」と遺書に残して、夫の逝去から33年を生き1969年に亡くなっている。鮫島盛隆著『赤沢元造伝』参照。  赤沢元造ファミリー

解　説	一般歴史
	・甲子園野球場竣工（8.1）。

新校舎2景

＊卒業式と同窓生

　ランバス女学院は、1923年の第1回の卒業式から1941年まで、19回の卒業生を出している。卒業生のカウントの仕方は、典拠資料によって多少のずれが生じるが、本書では、第2回から第14回までの記録をランバス女学院同窓会発行「同窓会誌」の同窓生名簿から、第15回から第19回までを聖和大学同窓会名簿から取り出して、記載する。事項への表記は、卒業生総数とカッコ内に神学部、保育専修部の内訳を記す。

＊新校舎献堂式

　関東大震災（1923.9.1）のため遅れていた新校舎献堂式が、司式：A・B・ウィリアムス（神学部長）、式辞：ボアーズ（米国南メソヂスト監督教会監督）、献堂説教：鵜崎庚牛郎（日本メソヂスト教会監督、祈祷：赤沢元造で行われる。このように、大阪の一等地に、立派な校舎が建てられたのは、「米国南メソヂスト監督教会宣教100年記念運動」の一環として、この計画が神戸のランバス記念時代が練られて、特に、米国南メソヂスト監督教会婦人部（テネシー州ナシュビルに伝道会社本部をおく）が、このために献金を送ったためである。学院創設の費用は、当時の金額で、30万5千円（土地代10万5千円、建築費18万円、備品代2万円）で、そのすべてが米国南メソヂスト監督教会の伝道会社からの寄付でまかなわれた。

＊この頃の日本人講師

　学院の授業は、その頃、窪田学三、真鍋由郎、松下積雄、堀峯橋、亀徳一男、曽木銀次郎、今田恵といった関西学院の教員によって、教授を助けられていた。

新校舎献堂式

第4章　ランバス女学院　209

年号	事　項
1925 大14	・第3回卒業式が行われ、24名（神5、保19）が卒業する（3.）。 ・ウィリアムスは、伝道に専念するため神学部長を辞任し、マーベル・M・ホワイトヘッド（Mabel M. Whitehead）が、神学部長に就任する（6.）。 ◇マーベル・M・ホワイトヘッド／Mabel　M. Whitehead（1892.1.22〜1968.8.8） 　1892年1月22日、ミズーリ州アーケディアに生まれる。南メソジスト監督教会牧師の長女として、幼いころから信仰のうちに育てられ、少女時代に祖母から中国宣教の話を聞いたことをきっかけとして、宣教師となる想いをもつ。1908年テューレイン大学に入学、バーミンガム大学に転じ、同大学を卒業。伝道者を志望して、ミズーリ州カンサス・シティのスキャーレット聖書学校で学び、1915年卒業と同時に宣教師に志願するが、伝道局は若すぎるとして認めなかったため、教師として2年勤める。1917年8月28日、ついに願いが許可され、宣教師として25歳で来日。1918〜1925年、京都洛東教会、別府教会とそれぞれの幼稚園に任じられる。この間、1922年度の休暇帰米中にエモリー大学でM. A.を修得。 　1925年6月に、ランバス女学院神学部長に就任。ランバス女学院の合併と西宮移転のため、帰国を最大限延長し、宣教師で最後まで日本に留まり、残務整理をして広瀬院長を助けた。戦後いち早く再着任し、1960年2月1日の帰国まで長きにわたって聖和女子学院、聖和女子短期大学で学長などの要職を務め、1950年の新学制による短大開設時には、神学部再興のため宗教教育科を発足させている。 　短大時代の教え子によれば、常に前向きで行動力があり、信仰と情熱に裏付けられた潔さがあった。寮で何か問題が起こると、どんな夜中でも「ホワイトカー」がやってきてただちにことが運ばれたという。また祈り深く、いつも「あーいふかーいの神さまよー」の呼びかけから、最後には「卒業生の今日の1日の働き助けたまえ」、「後ろにいる親たち守りたまえ」と祈られた。「天地の主なる」を愛唱、おそらくそこからこの讃美歌が校歌とされていったと思われる。 　また在任期間中も、1936年の休暇帰米中には、スキャーレット大学で、1942年にはバーミンガム・サザーン大学で、1951年からは、コーネル大学でそれぞれ大学院課程を修めた。1957年の短期大学学長退任に際し、名誉学長の称号を、また日本政府から勲五等宝冠章を受ける。1959年11月、送別感謝会の後、教え子たちを全国に訪ね、1960年2月に惜しまれつつ離日。1968年8月8日、アラバマ州バーミンガムで逝去した。
1926 大15 昭1	・第4回卒業式が行われ、15名（神3、保12）が卒業する（3.）。 ・保育専修部は、保母資格無試験免許の認可を受ける。 ・ランバス女学院「第1回修養会」が開催される（7.11）。 ・ランバス女学院同窓会設立総会が学院に於いて開催され、同窓会の中にランバス同窓会神学部会とランバス同窓会保育専修部会が設けられる（9.10）。
1927 昭2	・第5回卒業式が行われ、26名（神4、保22）が卒業する（3.）。 ・1923年に創設された「母親学級」をランバス女学院附属幼稚園「母の倶楽部」と合同し、幼児の生活に関わる事柄の講習を開催する。（『聖和保育史』pp. 116〜118参照）

解　説	一般歴史

1926
＊ランバス女学院同窓会の設立

　神戸のランバス記念伝道女学校は、同窓生が学校に戻り、研修と親交を深めることを大切に考え、修養会（教役者修養会や保育者との合同研修会など）を継続して開催してきた。新たな学校に同窓会を発足させ、主に研修会を実施していくことは、「ランバスが大阪に移転して以来の希望で長い間の懸案」（赤沢院長）であった。ランバス記念の同窓生は新たな神学部へ、広島女学校保母師範科は保育専修部へと、合同以前の同窓生を引き継ぐためにもランバス女学院同窓会の発足が待たれていた。

　7月の第1回夏期修養会に多数の同窓生が参加し、同窓会設立のための役員会が開かれ、9月の同窓会設立の運びとなる。尚、同窓会は、中江汪（1925年11月より学院の幹事）を発行人として「同窓会誌」（以下「会誌」）を発行し（これは1928年から1938年まで継続された）、毎年、同窓会の行事として修養会を開くことを計画したほか、卒業式後には同窓生歓迎会を実施していく。

- 東京放送局放送開始（3.22）。最初のラジオ放送。
- 治安維持法公布（4.22）。
- 普通選挙法公布（5.5）。

同窓会発足の契機となるランバス女学院第1回修養会

- 幼稚園令交付（4.22）。
- 大正天皇没、「昭和」と改元（12.25）。

第5回卒業式（1927年）

- 金融恐慌起こる（3.15）。
- ジュネーブ軍縮会議開催（6.20〜8.4）。決裂。

第4章　ランバス女学院　211

年号	事　項
1928 昭3	・第6回卒業式が行われ、32名（神2、保30）が卒業する（3.）。 ・保育専修部は修業年限を2年より3年に変更する(4.)。神学部は従来修業3年のため変更なし。 ・ホワイトヘッド、休暇帰米のため（夏〜）、ウィリアムスが神学部長代理を務める。 ・赤沢は、日本メソヂスト教会伝道局長の任命を受け、学院長を辞任する（9.）。クックが院長代理に就任し、釘宮辰生が院長代理顧問となって学校行政を改革する。 ・クックは附属幼稚園園長として、アン・R・ピービーと共に保育内容の改革を進める。

◇釘宮辰生（くぎみや ときお）（1872.3.13〜1947.9.11）

　1872年3月13日、大分県海添に生まれる。大分中学在学中に、父が逝去したため退学して県の裁判所に勤務する。1888年S・H・ウエンライト宅の英語講義で聖書と出会い、同年10月W・R・ランバスより受洗。翌年ランバスらと大分リヴァイバルを体験して、関西学院神学部に入学。1897年卒業後、広島メソヂスト教会に牧師として赴任し、アメリカ・トリニティ・カレッジ（→デューク大学）に留学。帰国後1912年より大阪両国橋教会（→日本基督教団東梅田教会）の牧師となり、神戸のランバス記念伝道女学校に関わりをもつようになる。

　このような経緯から1921年の大阪への移転時には、両国橋教会の釘宮牧師館をランバス女学院開校準備の事務局とするなど、学校に対し近隣教会として惜しみない援助を与えた。1921年から36年日本メソヂスト教会第5代監督に就任するまでランバス女学院の「新約聖書」「個人伝道」の教師として務め、赤沢院長離任後の次期院長決定までの間、院長代理のクックを助けて学院を支えた。

　監督職を離れた後、1941〜47年戦時下の厳しい状況の中で関西学院教会牧師として働き、病弱な身で兵庫県特高課の召喚を受けたこともあった。1946年健康を害し入院、1947年9月11日75歳で逝去した。

◇アン・R・ピービー／Anne Rosalind Peavy（1896.8.4〜1981.2.16）

　1896年8月24日ジョージア州バイロンに生まれる。1918年から1922年までフロリダ州ウエスト・タンパの国内宣教事業ロサ・ウォルデス・セツルメントにおいて教師。1923年8月に来日し、ランバス女学院に着任。クックの辞任に際して、1938年保育専修部部長に就任。ランバス女学院附属幼稚園の責任を持ち、特に3歳児の重要性に着目して、幼稚園にナースリースクール（年少）を設けて指導にあたった。

　第二次世界大戦中は、1941〜42年までテネシー州ナッシュビルのセンテナリー・インスティテュート・コミュニティー・センターにおいて、1942〜45年までアリゾナ州ボストンのコロラド・リヴァー日系米人強制収容所において幼稚園教師、1945〜47年までをカリフォルニア州ロスアンジェルスのセンテナリー日本人メソヂスト教会の宗教教育主事を務める。

　戦後、1947年1月に日本へ再着任、1947年〜63年聖和女子学院、聖和短期大学において「社会知識」などの科目を担当し、自由保育の実践のために尽くす。上品で、謙虚な人柄が慕われ、先生から「やってみなさい」と励まされた生徒たちは多い。

　定年帰米にあたり勲5等瑞宝章を受章。1963年6月25日に帰国。1981年2月16日、ジョージア州メイコンにて、急性肺炎のため逝去した。

解　説	一般歴史

＊自由保育への転換

　クックは、休暇帰米の度に1910年代頃から米国で主流となった経験主義哲学に基づく進歩主義教育を学んでいた。そこでクックは1925年以降A・ピービー、R・フィールドの協力を得て、フレーベルの「恩物」を使用した保育から徐々に距離を置き、1928年からはフレーベル的色彩をはなれた新保育（自由作業や創作活動を中心とする自由保育）を取り入れていった。

＊ランバス女学院の学生生活

　両学部とも修業3年となり、1920年代後半から1930年代までのランバス女学院は、あらゆる点で充実の時を迎える。それは学修課程や実習ほかの課外活動、伝道活動だけでなく、寄宿舎生活を基本とした学生生活にもみられ、教師と学生、学生たち同士、両学部同士も親しく交流していた様子がうかがえる。

一般歴史欄：
- 三・一五事件（3.15）。
- 思想問題に対処するため文部省に学生課を設置（10.30）。
- ラジオ体操放送開始（11.1）。

「play night」と裏書きされた写真。演劇発表の夜か。

3年生の広瀬演出・指導の劇「アリマタヤのヨセフ」
担任の高森ふじ（後列右から4人目）が写る。

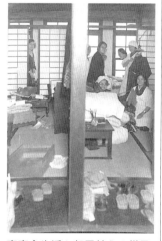

寄宿舎生活お部屋替えの様子
左後ろにホワイトヘッドの姿が見える。

第4章　ランバス女学院

年号	事　項
1929 昭4	・「クック先生25年記念感謝会」を在校生、同窓生主催で開く（1.25）。（コラム21参照） ・第7回卒業式が行われ、22名（神4、保14）が卒業する（3.16）。 ・学院内で「伝道集会」を始める（6.）。 ・仁川でランバス女学院修養会が開かれる（7.）。 ・ホワイトヘッドが休暇より帰任（秋）し、神学部長代理を務めたウィリアムスは再び工場伝道、病院訪問など伝道に専念する。
1930 昭5	・第8回卒業式が行われ、神学部生7名が卒業する（3.22）。保育専修部は、1928年に修業年限を1年延長したため、この年の卒業生はいない。 ・広瀬ハマコ、英語と宗教教育の教授として着任（9.）。 ・ランバス女学院日曜学校が盛んに行われる。 ◇＊広瀬ハマコ（ひろせ　はまこ）（1905.2.15～1988.4.24） 　　1905年2月15日、広島県神石郡仙養（現油木）に生まれる。1917年私立広島女学校が募集した特待生に、神石郡からの推薦を受け、広島女学校に特別奨学生として入学。学校と寄宿舎での経験から多くの感化をうけ（後輩として山川道子が寮生活をともにした）、N・B・ゲーンズの直接の教えを受けて、将来を期待される。1913年広島中央メソヂスト教会（→日本基督教団流川教会）で宣教師J・T・マイヤスから受洗。卒業後の1927年、奨学金を得てセントラルカレッジへの編入学を許され、多額の渡航費等を祖父に出してもらい留学。1929年同大学を卒業（B.A.）、1930年にはジョージ・ピーボディ大学大学院で宗教教育を専攻して修了し、M.A.を得る。また、聖和女子学院より研究渡米し、短大宗教教育科のカリキュラム理念を博士論文として、1950年にコロンビア大学ティーチャーズカレッジよりEd.Dを得ている。 　　1931年、3年ぶりに帰国して、大阪のランバス女学院の英語、宗教教育の教師として着任し、1938年には33歳の若さで院長に就任。ランバス女学院の閉校、聖和女子学院への移転、合併という苦難の時期に学校の責任を一身に担い、1941年聖和女子学院初代院長に就任した。宣教師がすべて引き揚げた戦時下の学校で、院長の重責を果たして、戦後を迎える。1951年、ゲーンズの願いどおり母校広島女学院第5代院長となり、1962年には原爆で焼失し16年間休園していたゲーンズ幼稚園を、広島市内の牛田山に再開園して1982年まで自ら園長となった。公職から引退後は、松山市のキリスト教ベテル病院で過ごし、1988年4月24日、83歳で逝去した。
1931 昭6	・第9回卒業式が行われ、16名（神3、保13）が卒業する（3.）。 ・日本メソヂスト大分教会牧師の田中貞、学院長に就任する（4.）。 ・ナースリースクール（年少）を、ピービーの指導で開始する（4.）。 ・ヘーガーの帰米中にヒンチが音楽担当者として着任する（9.）。 ・秋季遠足会で多武峰に出かけ、帰途橿原神宮に参拝する（10.21）。 ・学院創立記念祝賀の運動会を開催する（11.10）。 ・基督教教育同盟会第20回総会をランバス女学院に於いて開催する（11.4～11.6）。

解　説	一般歴史
＊伝道集会の開始とキリスト教活動の充実 　教職員、生徒たち（60名ほど）の協力により、近隣への伝道を目的として、毎日曜夜に伝道集会が開かれるようになる。集会前には提灯をかかげ、生徒たちが道行く人たちにトラクト（伝道チラシ）を配り、案内した。毎回50～80人の来会者があり、総勢100名余の集まりが開かれていた。また集会前には男女に分かれて聖書研究が行われ、神学部生が家庭訪問も実施していたという。	・文部省に社会教育局設置、学生課は部に昇格（7.1）。 ・ニューヨーク株式市場大暴落（10.24）。世界恐慌始まる。
ランバス女学院は、神学部のみならず保育専修部においても、英語名が示す通り、クリスチャンワーカーの養成に創立時から力をいれていた。このためキリスト教の活動に熱心で、両部とも実習や課外活動を教会ならびにキリスト教との関わりで実施していた。保育実習は、学内のランバス幼稚園と大阪東部教会、鶴町教会、大阪福島教会などのメソヂスト教会関連幼稚園でなされ、神学部生は、上記の教会の他、両国橋教会など大阪市内の関係教会で奉仕した。 　また、両部の実習機関として、プレイグラウンドや英語クラブ、絵画教室といった、放課後児童育成事業がなされ、幼稚園卒園生や地域児童に開かれていた。これらの活動には、栄養指導のもと、買い出し、調理を児童と行う食育のプログラムもあったという。このような週日の活動と、日曜学校活動が組み合わされ、生徒たちは、家庭訪問や病院伝道にも取り組んでいた。	・インド、ガンジー指導のもと、第2次非暴力不服従運動開始（3.12）。 ・日米英、ロンドン海軍軍縮条約調印（4.22）。
＊1929年の教師たち 　1929年3月、創立以来教授を務めた、曽木銀次郎、窪田学三が、関西学院の本務の都合上辞職し、7月より今田恵が関西学院より欧米留学へ出かけた。一方大野寛一郎、河邊満甕（4月～）、鈴木信（9月～）が教授に就任し、ホワイトヘッドも米国より帰任する。また舎監は、齊藤とめ（1924.1 ～）から桧垣逸代に交代し、上野光はプレイグラウンド担任兼クックの秘書と記録されている。	
プレイグラウンド  英語クラブ  小野田伊久馬による絵画教室	・文部省、思想問題対策のため国民精神文化研究所設立（8.23）。 ・柳条湖事件、満州事変起こる（9.18）。

第4章　ランバス女学院　215

年号	事 項
	◇田中 貞（たなか ただし）（1893.4.17〜1958.9.5）  　1893年4月17日、北海道日高郡荻伏村で田中助（神戸教会初の専任伝道者で北海道開拓のため「赤心社」社員として移住）と、栄の次男として生まれる。1913年に関西学院普通部、1919年に神学部を卒業後、日本メソヂスト教会牧師として大分県佐伯町教会、大分教会に赴任。1924年9月から1928年6月までヴァンダビルト大学神学部で学び卒業する。帰国後、別府教会で牧師をしていた時、ランバス女学院に招かれる。 　こうして、1931年4月から1938年3月まで、実にランバス女学院の中期3分の1にあたる7年を学院長として過ごす。院長就任の翌年、1932年に「ランバス女学院報」を発刊し、ここにランバス女学院の隆盛期の様子を読むことができる。ホワイトヘッドは、田中を「先生は完全に他の人々のためにのみ生きた人」と称し、苦難にある人の悩みを誠実に聞き、金銭的援助まで与えていたので、自分の衣類を買うお金がなく、清潔だがいつも丁寧に繕った洋服を着ていたと述懐している。また人を理解する能力にたけ、自分が相談を受けた他者の秘密を洩らしたのを聞いたことは1度もない、信頼に足る人であったとも語っている。 　経営上の危機が押し寄せていた1938年、関西学院中高部長に就任のためランバス女学院長を辞任するが、その時は関西学院からの要請を固辞し留任してほしいとの請願書や、辞任がやむを得ないのであれば田中のような人格高潔の教師を次期院長に切望する旨の請願書が出されるほどであった。 　その後、1943年からは神戸女学院教授として、1952年からは戦後復興の途上にあった名古屋学院院長に就任した。この間、聖和女子学院、聖和女子短期大学の理事として戦中戦後の学校を支えた。1958年4月、名古屋学院院長在任中に、風邪から入院。再起を目指して闘病していたが、9月5日、65歳で逝去した。 　先妻のちか子は、1932年2月ランバス赴任後1年もたたずに急逝。再婚した清子は、後に聖和女子短期大学の英語の教師となる。
1932 昭7	・第4回修養会が、開催される（1.5〜8）。 ・田中貞院長の妻ちか子が急逝する（2.27）。 ・第10回卒業式が行われ、21名（神7、保14）が卒業する（3.）。 ・長く教師をした西坂保治、井出菊江、磯田富子が3月で退職。5月には長く音楽とピアノを教えた三谷智恵子も辞職することとなる。 ・ウィリアムス、フィールドが休暇帰米のため送別会を開き（6.25）、神戸港に見送る（6.27）。 ・「ランバス女学院報」（発行人：中江汪）創刊（7.10）。（以下「院報」） ・クック、「大英百科辞典の最新版をお土産に」（「院報」2号）休暇より学校に帰任する（9.10）。 ・神学部3年生、愛媛県三瓶町へ「天幕伝道」の応援伝道旅行に出かける（10.5〜17）。 ・一泊遠足会で、比叡山に登り、翌日坂本大津から京都を経て帰院（10.7〜8）。教師、生徒合わせて70余名が参加。 ・学院創立記念日にあたり、午前は吉岡美国（関西学院名誉院長）によるランバス女学院の歴史についての講演、午後は学生の運動会を催す（11.10）。

解　説	一般歴史

＊ランバスの実習園の様子

鶴町教会

大阪東部教会

　1930年代の写真資料には、学院外の教会、幼稚園の写真が多数残され、ランバスの教師たちと卒業生、学生が深く関わったいくつかの教会、幼稚園があることがわかる。これらには米国南メソヂスト監督教会宣教部（ミッション）経営の幼稚園があり、「ランバス関係幼稚園」とも呼ばれていたようである。

＊ランバス日曜学校①

　このころ平均100名の出席数でランバス女学院日曜学校が開かれ、幼稚園から中学校、女学校1、2年生までの子どもたちが集っていた。教師は、日曜学校長のウィリアムスを含め13名。級別教案を使用し、クリスマスと子どもの日には、特別プログラムが持たれていた。また、日曜学校の生徒を近隣から多く集め継続させるため、午後3時半（週日か日曜日かは不明）より校庭を解放し、責任教師と当番の生徒が遊びの指導をしていた。

1931

＊田中院長時代のランバス女学院

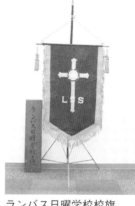
ランバス日曜学校校旗

　田中貞学院長時代の7年は、ランバス女学院の20年の歴史のまん中に位置し、学校の黄金期と言ってもよい時代であった。田中の発案による「ランバス女学院報」が1932年7月に創刊されるが、その中に、「ランバス女学院は新進気鋭の田中院長を迎え、まことに意気盛んなものがある。本誌（院報）もその意気のひとつとして生まれたものである」と記された通りである。

　この「院報」には、創刊時に、同窓会から上野、北川、学校側から桧垣、中江、生徒側から木原、中川、編集部として喜田、藤田、矢木沢とおそらく委員長として近藤の10名が、編集委員として田中学院長に指名され、学院と内外、同窓を広くつなぐ機関誌となっている。この「院報」発刊から合併の1941年5月の最終8号が出されるまでは、「学院日誌」の欄と関連記事により諸行事が記録されたため、学院生活の様子を知ることができる。春と秋の遠足、神学部、保育専修部それぞれの行事、創立記念運動会やクリスマス祝賀式、そして、学期に何度も著名人や講師を得ての講演会、音楽会、講話会などの多彩な催しが開かれている。

・上海事変起こる(1.28)。
・ジュネーブ軍縮会議(2.2〜)。
・満州国建国を宣言(3.1)。
・五・一五事件(5.15)。

年号	事項

創立記念日大運動会　吉岡美国（前から2列目の左から6人目）が共に写る運動会後の記念撮影。

　走るクック　　　　　　　全景 |
| 1933
昭8 | ・保育部3年生、近江ミッション見学旅行へ出かける（2.23〜2.25）。
・第11回卒業式が行われ、19名(神5、保14)が卒業する（3.17）。大阪教会畠中博牧師の卒業説教。
・大阪府社会事業課と大阪朝日新聞社会事業部の主催により「農繁期託児所保母学校」が学院を会場に開かれる（5.18〜5.28）。この事業はこの後6年間続く。
・ホワイトヘッド、父親の病気のため帰米する（6.7）。
・立花富、留学を終え2年ぶりに帰任する（7.）。
・第5回修養会が、同窓会の計画主催で学院内に於いて開かれ、42名が出席する（9.4〜9.6）。
・ウィリアムスとフィールドが休暇より、ホワイトヘッドは父の見舞いより帰任する（9.9）。
・大阪毎日新聞社会事業団と共同し、生野区猪飼野に「大毎保育学園」を開園する（9.15）。
・「農繁期託児所保母養成講習会」を学院で開催する（10.4〜10.24）。会期中の水、金曜の午後6時より開講。
・神学部3年生、田中、ホワイトヘッド、海野の引率で、四国川之石に天幕伝道応援旅行に行く（10.3〜10.17）。
・世界的な経済危機の中、米国からの伝道資金が減額され、日本メソヂスト教会宣教部実務委員会はミッション経営の幼稚園に対し、保母の給与の減額（減額に同意できなければ園の閉鎖も含む）を通達する（10.19）。
・保育部3年生、ピービー、高森の引率で東京へ「見学旅行」を行う（10.20〜10.29）。
・ランバス幼稚園の連合運動会が開催される（11.9）。
・学院12周年創立記念日に記念礼拝、音楽会、運動会を開く（11.10）。 |

解　説	一般歴史
しかし、遠足の際、帰途に神宮参拝などの記述が創刊の初めから見られ、2月11日の紀元節、3月6日の地久節、11月3の明治節などの祝賀式挙行が学院生活の中に位置づけられている様子が見て取れる。特に、「学院日誌」には、ランバスの文化を感じる諸行事と、戦争へと進む時代を感じる記載が混在して表れていることからできるだけ、その欄に書かれたものを年表の事項に反映しておく。 1932 ＊第4回修養会とその後のこと 　修養会は、赤沢元造の講演「聖職の自覚と尊厳」や、久留島武彦の「談話について」の講義のほか、毎朝の霊交会、両部に分かれての協議会などのプログラムが行われた。しかし、この修養会の2日目まで出席し、久留島の講義を「いまだかつて見なかったほどの喜びと朗らかさ」で聞き、その日の「午後の運動の時間にも校庭に出て共に軽い運動を試みられた田中院長夫人が、突然その夜病気の再発を見、2カ月後に大いなる悲しみ」のうちに逝去する。田中の院長就任1年にも満たないちか子の急逝を受けて、3月10日に学校にて葬儀が執り行われた。 ＊吉岡の語る「ランバスのおばあさん」 　吉岡は「ランバス女学院の歴史に就て」の講演で、学校の「記録に載せられていない」部分、特に始まりの時の話を語りたいとし、「ランバス女学院は、ランバスのおばあさんが土台」であると述べている。老ランバス夫人を自分たちは「ランバスのおばあさん」と呼んでいたこと、1888年の創立時に音楽を教えるため大工に黒板をつくらせ、五線におばあさん自ら音を書いて教えたことや、手芸の上手な岡夫人がいて手芸学校になったこと、バイス、ウォースを得て婦人伝道者を養成したエピソードなどが語られている。 　なかでも印象的なのは、「ランバスのおばあさん」メアリーについての描写で、表に立たずに内助によって「あまり達者な方ではない」J・W・ランバスをあれほど長く中国伝道に携わらせたとしている。また、「おばあさんは、小柄でありましたが、がっちりした体質の持ち主でありました。ぜんそくが持病でこれが発作すると大変な苦しみであったが、少しもそれを色に表されなかった。病気で休んでいるとは申されませんでした」と語り、ぜんそくを抱えながら、忍耐強く、家事万端をこなし、多くの客人と訪問者の留まる家をいつも提供していたとしている。「ランバス監督（ウォルター）のような大人物を作られたのは一におばあさんの教育による」もので、「殊にランバス監督のよく働かれたその性格はおばあさんの血を受けた為でありましょう」とも語っている。（「院報」2号）	・ナチス（独）、政権獲得（1.30）。 ・ルーズベルト米国大統領、ニューディール政策開始（3.4）。 ・日本、国際連盟脱退通告（3.27）。 ・児童虐待防止法公布（4.1）。 ・京大・滝川事件（4.22）。 ・独、国際連盟から脱退（10.14）。

第4章　ランバス女学院

年号	事 項
	・経営難から合併を視野に、神学部、保育部とも他校との協議がなされる（12.）。 ・ピービーが母の病気のため、帰米する（12.6）。 ◇山川道子（やまかわみちこ）（1905.5.1～1988.8.19） 　1905年5月1日、大分県塩九升町に生まれる。幼少の頃、I・M・ウォース（神戸のランバス記念伝道女学校で校長も務めた宣教師。1907年に大分に転任。p.144参照。）と出会い、日曜学校に通う。県立大分女学校を経て、広島女学院専門学校英文科で学び、W・A・ウィルソンより受洗。卒業後、大分の愛隣幼稚園の園長通訳兼教諭として働いていたとき、クックに勧められ、ランバス女学院保育専修部に編入学。 　卒業後、1933年に大毎保育学園（→大阪聖和保育園）の初代主任保母となる。1939年、ランバス女学院保育専修部教授に就任。その後、聖和女子学院教授、聖和女子短期大学教授となり、1958年、聖和女子短期大学学長に就任して以来、1964年～1980年は聖和女子大学学長と、長きにわたってリーダーシップを発揮する。1981年、学校法人聖和大学発足に伴い、初代理事長に就任した。 　在任中、広島文理科大学（→広島大学）、関西学院大学文学部心理学科に内地留学したほか、テネシー州ナッシュビルのジョージ・ピーボディ大学大学院、ニューヨークのコロンビア大学大学院、他で学ぶ。山川は、米国での保育実践と研究の充実を目の当たりにし、1964年、日本初の幼児教育の四年制大学課程を開設し、1973年には大学院教育学研究科幼児教育学専攻修士課程を開いた。 　1988年8月19日に逝去し、箕面公園墓地に埋葬された。米国ファイファー大学名誉博士号(1970年)、勲三等宝冠章（1976年）、兵庫県教育功労賞（1978年）、他を受章。
1934 昭9	・第12回卒業式が行われ、19名（神4、保15）が卒業する（3.17）。 ・「農繁期託児所保母講習会」を学院で開催する（5.15～5.25）。 ・宇治ライン回遊と助松海岸の2ヵ所に分かれて遠足を行う（5.19）。 ・音楽担当のヒンチ（夫の死の報を伏せて学期末まで教授）の送別会を開き、ヒンチは惜しまれつつ帰国する（7.18）。 ・クックの基督教保育連盟保育功労賞受賞の祝賀会を、同窓有志で軽井沢にて開く（7.25）。 ・大毎保育学園は「皇太子殿下御降誕」事業として、保育園舎78坪を新築、竣工式（6.11）。 ・第6回修養会が、神戸中央教会牧師斉藤宗治を迎えて開催される（9.7～9.9）。 ・保育部3年生、東京へ高森の引率で「幼稚園見学旅行」を行う（9.16～9.27）。 ・室戸台風による被災に対して、救援活動を行う（9.21）。 ・ピービーが帰任し（9.23）、歓迎会を開く（9.26）。 ・中華民国のキリスト教学校校長一行18名が来院する（10.16）。 ・学院創立記念日に記念礼拝を行う（11.10）。 ・学院一同で箕面に遠足（11.15）。 ・この頃「母の倶楽部」と「母親学校」は「児童研究会」へと発展。児童研究会は、附属幼稚園教師と幼稚園に関係する他園の教師によって運営され、保育部教授陣の指導で、幼児教育に関する書籍解題などの研究を行った。 ・ハリソン女史著、松本春枝訳『児童研究』の新訳改版を刊行。

解　説	一般歴史

1933
＊大阪毎日新聞社社会事業団幼児部（大毎保育学園）の設立

　この年6月、大阪毎日新聞社社会事業団より、学院と共同して猪飼野の大毎セツルメント内で幼児のための託児所を開きたいとの相談があり、「経費は新聞社が持つが、教育保育全般はランバスに委任し宗教についても自由」との約束で保育を担当することとなる。園長に、新聞社より村嶋帰之（よりゆき）が就任し、初代主任保母にランバス女学院より山川道子が就任する。

＊ランバス女学院の「卒業」

　この頃の卒業セレモニーの様子を、「院報」で「クラスデー号・白百合」が特別に出された1933年でみてみよう。

　まず、3月11日に「クラスデー」が開かれる。これは、卒業年度生による学びの集大成を在学生、教師たちに示す半日のプログラムだったようだ。白百合を胸に卒業生が入場し、第1部の礼拝が学生の説教で行われ、続く第2部で、神学部、保育部それぞれのクラスソングが歌われ、クラス研究発表がなされている。この年は、神学部が「日本における神道について」、保育部が「絵に表れる児童の興味」である。（このクラスデーの記事をみて、史料室にある幾種もの両部の学生たちの研究をまとめた冊子やプレゼンテーション用のポスターは、おそらく卒業時の卒業研究としてクラスデーに発表されたものだろうと思われた。）第2部はこの学術的な発表だけでなく、音楽の演奏、人形劇、クラス日記など思い出の披露もなされている。

　それから4日後、3月15日には、転任する藤田先生と卒業生のために、今度は学院主催の送別会が開催され、17日に卒業式当日を迎える。この日の午後は恒例の同窓会（新入会歓迎）が開かれ、卒業生たちは晴れて同窓の仲間となる。しかしこれだけでは終わらず、翌18日に卒業生による謝恩会、19日聖餐式及び卒業礼拝とある。この一連の行事から学院がもっていた「卒業」の高いレベルが感じられる。

・満州国帝政実施（12.5）。
・ワシントン条約単独廃棄決定（12.5）。
・文部省に国語審議会設置（12.22）。

＊講演会等の記録

　「院報」に記された学院日誌には、多くの行事の中に、しばしば講演会の記載がある。他の年について、すべてを書くことはできないが、1933年の記録は以下の通りで、それぞれの分野で、時の最先端を行く人たちの講演を、生徒たちは常に聞いていたと思われる。

　「来阪中のキング博士、井上愛策博士を請じ宗教教育講演会を開く（1.10）。高崎能樹先生の講演あり（1.20）。久布白落実女史来院、一場のご講演を下さる（6.21）。ラッセル博士の宗教教育に関する講演あり（9.29）。キュックリッヒ先生の講演あり（10.3）。賀川豊彦氏の自然研究に関する講演あり（12.13）。」

＊第12回創立記念日とその前後

　クックの記述によれば、創立記念日前日の11月9日に、大阪市内にあるランバス関係の幼稚園の園児と保護者、保証人78名で盛大な運動会が開かれた。また、その前後に珍しいふたりの来客――広島女学校幼稚園の初代主任保母の甲賀ふじと田中栄（田中院長の母）があり、学院創立の想いを新たにする時となったと報告している。（「会誌」昭和8年度号）

年号	事項
	 四貫島セツルメントが主催した西九条での風水災地愛護幼児施設の様子（1934年10月21日）
1935 昭10	・第7回修養会が開催され、青山学院神学部松本卓夫から3日間聖書講演を聞く（1.5～1.7）。 ・第13回卒業式が行われ、18名（神5、保13）が卒業する（3.21）。 ・大毎保育学園長・村嶋帰之は病気のため辞任。後任に大毎社会事業団常務理事・西村眞琴が就任（4.）。 ・ホワイトヘッド、1年間の休暇帰米のため送別会を行う（6.22）。 ・夏季帰省途中の神学部3年芝崎和子が瀬戸内海航路緑丸の遭難により死亡し（7.3）、追悼式が行われる（7.7）。 ・ランバス日曜学校夏期学校を学院で開く（8.10～8.15）。 ・保育部3年生、東京方面見学旅行にクック、高森の引率で出かける（10.6～10.16）。 ・アリス・G・ソーン著、高森ふじ、伴きみ子共訳『幼児の音楽』を教文館より出版（10.）。 ・学院創立15周年記念式を行い、午後運動会を実施する（11.9）。 ・神学部3年生、『芝崎和子さん』の編集を終え、和歌山県南部の向日荘（フレンドシップハウス：講師枡崎外彦の農村セツルメント内の宿泊施設）に退修旅行に出かける（11.23～11.27）。 ・学院編纂の『芝崎和子さん』献本式が行われる（12.3）。

解　説	一般歴史

＊合同の模索の開始

　1933年の春頃から、西宮の神戸女子神学校（会衆／組合派）、芦屋聖使神学校（聖公会）、十三のバプテスト神学校（バプテスト派）、ランバス女学院神学部（メソヂスト派）は、互いに経営的困難を抱え合同を視野に考えるようになった。小さな4つの神学校・神学部は、12月には「カンバセーションクラブ」をつくり協議の時をもちはじめた。

　一方、保育専修部も12月に関連ミッションである、カナダメソヂスト教会婦人部経営の東洋英和女学校保育部（東京）との合同を協議したが、これは間もなく中止となる。

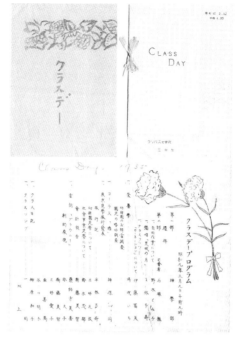

クラスデーのプログラム

1934

＊室戸台風と学院の生徒たち

　関西地方、特に淀川、大和川水域に未曾有の被害をもたらした室戸台風を受け、学院は被災地救援活動に学生を派遣し、大阪キリスト教救護団等が開設した臨時託児所（西九条、四貫島、春日出、北港、泉尾、鶴町、築港、三宝浜他）で約1カ月にわたり、保育と保健の指導、学童のためのプレイグラウンドの奉仕協力にあたった。（『八十年史』p. 255〜吉田源治郎の記述参照）

　この室戸台風には、後々まで語り伝えられたエピソードがある。9月21日朝、田中院長は暴風雨により、出勤途上の電車が運休したため、徒歩で学院に向かい正午ごろようやくたどり着いた。ところが、校内では外の暴風雨をものともせず、通常授業が行われていたという。その後ただちに授業を取りやめ、救援活動に向かうことになるのだが、ランバスの校舎がいかに堅固で、別世界であったかを語っている。

　生徒たちは、このような臨時の救援に限らず、午後（放課後）には地域社会に出かけて実習、奉仕の日々を送っていた。午前中は、朝から授業が行われ、礼拝が午前10時25〜45分の20分、その後11時05分までの20分は体操をして、授業に戻っていたとの記述がある。

・湯川秀樹、中間子理論発表（2.〜）。
・天皇機関説事件（2.18）。貴族院で美濃部達吉の天皇機関説攻撃される。

近藤良薫と、彼の記したランバスの人々・ランバスの文化

　1930年ごろの「同窓会誌」と1935年ごろの「ランバス女学院報」には、「先生の消息」「先生のおうわさ」と題された楽しい小欄があった。もちろん、他のどの学校の新聞や同窓会機関紙にも、校内消息、学校日誌、教師たちの近況などは書かれているのだが、ランバスのものは一味違って軽やかな感じがした。同じ人が書いているとすぐわかる文章で、少し読んで、田中院長提案の「ランバス女学院報」の編集長を任じられていた「近藤先生」の筆だとわかった。

　ちなみに神戸のランバス記念の「季報」では、「学校創立以来の教師として忠実に尽くされし○○先生は関西学院の都合により第一学期限り辞職せらる。先生の多年の御骨折りに対し満腔の感謝を表す」といった具合で、なんとも丁寧で少し仰々しい。当時の女学生、卒業生の先生への尊敬を考えれば当然なのだろうが。一方、聖書（旧約）を教える近藤良薫が書く先生についての記述は、教え子が書くものとは当然違い、同僚の先生方を軽妙洒脱な文体で紹介していて好評であったようだ。

　けれども、この面白い近藤のコーナーも、時代が戦争に向かい、結局出せたのは5年ほどで、以後は書くことが困難になっていく。そこで、ランバス女学院が最も充実していた頃の先生たちの顔ぶれと様子が伝わる、1930年発行の「同窓会誌」から「先生の消息」をかいつまんで紹介したい。

　取り上げられた「先生」は、宣教師6名、クック、ホワイトヘッド、ウィリアムス、ヘーガー、フィールドと9月に休暇より帰任するピービーである。この中でホワイトヘッドは、前年休暇からもどってきた様子がからかい気味に伝えられている。無論、こんな軽口はクックにはきけないだろうと思われるような表現なのだが、ホワイトヘッドは本当にまだ若くて、近藤に相当「可愛がられて」いたらしい。伝道に専心して、施設や病院を訪問するウィリアムスについては、「天の使いかと思わるるまで、患者の尊敬を集められます」とあり、神戸のランバス記念の校長時代とは少し違った、優しいウィリアムスの様子がうかがえる。

　日本人教師は、「何事か起きた時、なくてはならぬ」釘宮辰生、「全校に敬慕され、母らしい注意を払う」人で「お宅の花園から花を持ってきたり苗や野菜をもってきたり」する高森ふじ、「学校の先生であると共に学校の牧師たる」木村蓬悟、「米国帰りのチャキチャキの風が抜けていない」大野寛一郎、「授業だけでなく、伝道会の主任として敏腕をふるう」渡邉豊子、「天下の植物の名で先生にお尋ねして分からぬものはないと学校で評判の」生物・植物の神戸伊三郎、「相変わらず学校の宝、最近校園にあるすべての草木に名を附した札をつけてくださった」美術・図画の小野田伊久馬、「もっとも新しい時代に生きている、新時代の指導者」井出菊江、「何時も変わらぬ温厚な人格」校医の入間田悌偣、「パレスチナ巡礼以来一層話し上手になられた」西坂保治、「老いて益々盛んなりで、洒落を連発する、学校きっての政治通」中江汪と続く。

　特に、全文を紹介したいのは、舎監として寮の食事、栄養を一手に引き受ける桧垣逸代についてである。「栄養学の大家たる先生を迎えた

のは生徒の喜びだけではありません。或る先生は血圧が高くて心配していられたが、ランバスの食堂で特別に食事をして貰っている中（うち）に、低下してしまったという程です」とされている。

この他にも中村金次郎、尾崎和夫、吉田源治郎、磯田富子、河邊満甕（みつかめ）、松下積雄、堀江郁子、三谷知恵子、今田恵（留学中）、鈴木（旧：千葉）信、長山泰春、赤沢元造と、最後に自分のことで、日本人教師25名、宣教師と併せて、31名のそうそうたるランバスラインナップである。

近藤はまた、学院の働きを「院報」4号の「ランバス女学院の事業」に掲載し、これを読むとランバスの1934年〜35年当時の事業の展開状況の全容がまとめてとらえられ、貴重な資料となっている。

その他にも、生徒たちの姿を、学生版「院報」クラスデー号や「クラスのニュース」で取りあげ、この時代のランバスの学院文化の特徴である自治会の様子も伝えている。それによれば、生徒は、販売部・運動部・宗教部・栄養部・音楽部・文芸部・整理部・経済部・社交部・園芸部の10のいずれかの部に所属し、自治会活動をしていた。販売部は、生徒たちの便宜をはかるため「日用品十余種を売る」活動をし、運動部は、テニスコートの整備、運動してもらう活動や学校の遠足を企画して生徒の体力増進のために働いていたようだ。音楽部は、ランバスのグリークラブとして、様々な場所で歌の奉仕をしている。これらの部の名称や働きは、筆者が学生の頃（1980年代）の大学の自治会活動や、寮の「委員会」といわれた活動にそっくりで、ルーツはここにあったのかと思われた。

「院報」3号には、「図書室便り」が掲載されている。長く図書主任をしておられた方が辞められ、「学校は理事会を経、その後任を近藤のところへ持ってきた。近藤の外のことならともかく、書籍の世話役をすることなら、好きの道とて2つ返事で引き受け」ることを見越した人選により、図書室を引き受けたと自ら書いている。しかも健康がすぐれないながらも、やりたいことがたくさんある様子で、早速最近備えつけた図書の一覧が「文学の部」から8つのカテゴリーに分けて、リストアップされている。編集、図書、とにかく本に関わることならなんでも、のこの人は一体何者なのだろう。いや、ランバスの旧約の教師なのだけれど、とみると確かに、備え付け一覧の「聖書注解の部」には近藤良薫著『創世記註釈』からずらりとご本人の旧約聖書各書の注解が並んでいた。

1935年、夏期帰省途中の神学部3年生芝崎和子の不慮の遭難死をうけ、『芝崎和子さん』を刊行する話が持ち上がった時も、3年生の担当だった桧垣逸代からの編集手助けの打診に、近藤は一番に「手伝いましょう」と引き受けたと言う。同級生の熱意は初め強くあったものの、その後長く続く編集作業の中で、委員たちの気持ちが少しゆるみかけた時、「近藤先生は神学部3年生を1室に集められてひとつにまとめられた原稿を一同の前に差し出され」、「天に在るあなた方の友」の遺稿集なのだから、「5人のものが全くひとつになって働こう」、この仕事を完成させ形にすることで、6つの霊をひとつにして、これからも「聖国のために働こう」という意味の事柄を「懇々と涙ぐましいまでにおさとしになりました」と、桧垣は編集の経過を述べた記録に記している。そして、この時から、生徒たちの取り組みは本当に変わったと。「近藤先生は御健康を害していらしたにもかかわらず、毎日夕方暮れるまで御指導をつづけられ、若い人たちの気持ちを出来るだけ入れたい、こ

の書物は若い人の考えと手によって作り上げたいと仰せられ」、本当に些細なことでもいちいち生徒たちに尋ねて編集を進めたという。

単に軽妙な語り口の器用な編集長というのではなく、心から本と生徒たちを愛して、文章でランバスを支えてくださった先生なのだと見直し、写真を後年赴任された日本基督教団御幸町教会の年史で確認する。長身で、顎と口元で覚えられる顔立ちの方で、お顔が判明すると、「あ、近藤先生」「ここにも」と言った感じで、あちこちに登場している。しかもランバス女学院、聖和女子学院と、本当に長きにわたってお世話になったことがわかったのである。そうして、しばらく経った頃、ランバスの初代院長、『赤沢元造伝』を読んでいて、はっとした。

「近藤良薫は、昭和2年（1927年）、彼が日本メソヂスト教会の機関紙だった『教会時報』の主筆を辞任した時、赤沢院長に招かれて旧約の主任教授となった人である」とあったのだ。ランバス女学院の始まりに、学校を調和のとれた美しい共同体として出発させた敬愛の院長、赤沢がランバスへと連れてきてくれた人だったのか。近藤に言わせると、「東京で時報の主筆という首の座を失った近藤の骨を、文句を言わずに拾ってくださったのが赤沢さんでした」ということらしい。自ら「骨」というのだから、死んだも同然の想いであった近藤に、ランバスという場所を、彼がこんなにも活き活きと表現する場所、生徒たちと本と共にいられる場所を与えてくれた、ということだろう。

そして近藤は、例の口調でこんな風に赤沢を評している。「院長としての赤沢さんは、ほとんど神様のような存在で、赤沢さんなしでは夜が明けないという調子でした。赤沢さんは、教授としては、大して学者という型の人でなく、

と言って教育行政家としても素人にすぎないのに、ああまで成功されたのは、全く、その人徳の然（しか）らしめるところと言わねばなりますまい。何と言っても偉いもの、また立派な院長さんでした。」（『赤沢元造伝』p.164）

近藤はまた、そんな名院長が、突如メソヂスト教団の伝道局長となってランバスを去ることになり、その後数年は適任者が決まらなかったこと、ようやく1931年になって「赤沢さんの推薦で、田中貞（ただし）君が第2代の院長になられた」ことも合わせて語っている。ランバス女学院の中興の院長である、田中貞もまた、赤沢がランバスに連れてきてくれて、それを近藤がそう書き残したことでつながりが見えるものになったのは、まさに不思議というしかない。

田中のことでプロフィールには長すぎて書けなかったつながりをもう少し。

田中貞の父、田中助（たすく）は、アメリカン・ボードの神戸教会や北海道開拓の赤心社の伝道者で、そもそも神戸女子神学校のダッドレーと深いかかわりがあった人である。貞の母、栄（えい）は、神戸教会で重要な役割を担った塚本家の人で（姉の経（つね）は、神戸教会初代牧師松山高吉の妻）、神戸女学院の第1回卒業生、つまり甲賀ふじの同窓の友となる。それで、1933年秋に、当時瓢箪山（東大阪市瓢箪山）に住んでいた貞院長と同居していた母、栄は、級友の甲賀ふじを伴ってランバスに来院。それをクックが、ふたりの珍客として紹介している。無論その時には誰も、10年後にランバス女学院と神戸女子神学校がひとつの学校となり、貞がその聖和女子学院の理事となっていることなど予想だにしなかっただろう。

さらに田中貞は、戦後、理事を勤めていた聖和女子学院河原町寄宿舎のために、神戸女子神

学校の同窓でもある実姉の宮田あいを大分から呼び寄せる。彼女は、それから短大時代まで長く、「宮田のママさん」と呼ばれた名物舎監で、たくさんの寮生の第2の母となったのである。この「ママさん」の実の末息子、満雄は、女子寮に住めなかったため、当時神戸女学院に勤務し、岡田山（現在の西宮聖和キャンパス同窓会館の辺り）に住んでいた田中貞宅に寄宿して、関西学院高等部に通い、後に（1999年〜）聖和大学学長に就任する──。

　近藤が記したランバスの人々と文化は、次から次へと枝をはり、これからも聖和の歴史の中で、不思議で見事な実を結んでいくにちがいない。

近藤良薫

赤沢元造

第11回卒業式（1933年）
最前列左から4人目が「院報」編集長の近藤良薫、右隣のホワイトヘッドをはさんで、田中貞院長（左から6人目）の温顔が写る。

第4章　ランバス女学院　227

年号	事　項
	 ランバス日曜学校夏期学校 ラジオ体操をする広瀬ハマコ（左から2番目）  子どもたちが演じる「ソロモン王の裁判」
1936 昭11	・第14回卒業式が行われ、21名（神5、保16）が卒業する（3.18）。 ・同窓会は、学院の存続問題を討議し、支援活動を行う（2.～3.）。 ・社会情勢を受け、保育専修部の修業年限を3年から2年に短縮し、研究科を1年設ける（4.）。入学者が減少し、神学部では3名の入学となる。 ・大阪府社会事業連盟主催で「農繁期託児所保母講習会」を学院にて開催する（5.18～5.28）。 ・「基督教幼稚園五十周年記念園児大会」が開催される（6.5）。 ・第8回修養会が、「クックが入院中、ホワイトヘッド帰任の数日前で不在、田中は学校の問題で忙しい中」開催され、松下積雄、広瀬ハマコが講演する（9.1～9.3）。 ・同窓会総会後に追悼会を開催（9.2）。この年は多くの関わりある教師たち、三戸吉太郎、吉崎彦一、赤沢元造などが亡くなっている。 ・大毎社会事業団は善隣館の全事業の中止を決定し、大毎セツルメントの土地・建物を大井伊助に売却する（10.）。大毎保育学園は、翌年の3月まで保育を続行すること　なる。 ・パティ・S・ヒル著、高森ふじ訳『幼稚園及び低学年の行為課程』をランバス女学院より出版（10.）。 ・神戸での「南美宣教五十年祝賀会」に参加（11.1）。

解　説	一般歴史

1935

＊ランバス日曜学校②

　ランバス日曜学校は学院内で学院教師、生徒によって盛んに続けられていた。この年のランバス日曜学校は、15クラス編成で、在籍男70、女112、計182名。出席平均は男35、女66、計101名との統計がのこされている。また、毎土曜午後には中学科女子の女学生クラブが組織され、ピービーと喜田晴江が指導、火曜午後には子どもライブラリーが開かれ、読書指導も行われていた。

　夏休みには、毎年のように5～6日の夏期学校が学院内で開かれ、1935年は37名が参加している。秋には世界日曜学校デーがあり、10月20日には、ウィルミナで開かれた全大阪生徒大会にランバス日曜学校旗をもって参加している。

＊ランバス女学院の事業（「院報」4号、pp. 3～4）

　この1年のランバス女学院の事業が、①伝道的活動（伝道集会とランバス日曜学校）、②社会的福音事業（工場伝道、病院伝道の他、大毎セツルメント内に於ける鶴橋婦人セツルメント事業など）、③幼稚園（ランバス女学院附属幼稚園と大毎保育園）、④学内における他の教育的事業、⑤寄宿舎生活の5分野に分かれて統計と共に紹介されている。ランバス女学院が大阪で、地域に根差した社会活動に携わりながら教育活動を行っていた様子、学院全盛期の働きの広がりがよくわかる資料となっている。

＊『芝崎和子さん』のこと

　夏休みに帰省のため、学院の生徒2名が乗った別府航路の緑丸が遭難し、保育専修部1年竹林恵子は救助されたが、神学部3年の芝崎和子が不慮の死を遂げた。学院全体は大きな悲しみに包まれ、追憶集を編纂したいとの希望が同級生を中心に出される（コラム22参照）。これを学院の刊行として、『芝崎和子さん』を出版し、12月3日に献本式を行った。

芝崎和子

『芝崎和子さん』

・二・二六　事件（2.26）。
・日独防共協定調印（11.25）。

年号	事　項
	・学院創立第16周年記念式典を開催する（11.10）。 ・保育専修部3年生、高森の引率で東京方面見学旅行にでかける（11.11～11.21）。 ・神学部3年生、ホワイトヘッドの引率で四国俵津（愛媛県西予市）に天幕伝道応援に出かける（11.18～11.30）。  課題の布人形を手に 社会情勢に暗雲が漂い、経済状況の悪化による学院の存続問題が出る中、3年に引き上げられていた保育専修部の修業年限は、再び2年（プラス専攻科）へと変更を余儀なくされる。そんな1936年のスナップ。生徒たちの明るい笑顔が救いとなる1枚。  チラシ  「基督教幼稚園五十周年記念お母様大会」 スティーブン先生の指導によるランバス女学院聖歌隊のコーラス
1937 昭12	・第15回卒業式が行われ、23名（神6、保17）が卒業する（3.20）。 ・大毎保育学園は、鶴橋学園と名称を変更し、保育事業を継続していくこととなる（4.）。 ・大阪府社会事業連盟主催「農繁期託児所保姆講習会」を学院で開催（5.18～5.28）。 ・クック、キリスト教保育連盟関西部会主催「フレーベル幼稚園百年祭」で「フレーベル、その幼稚園の教育への貢献」と題して講演する（6.26）。 ・児童研究会は、研究成果を『ナースリー・スクール、幼稚園に於ける設備品及材料目録』として刊行する（7.22）。

解　説	一般歴史

＊同窓会の動き

　経営困難の状況の中、ランバス女学院の存続を危惧した同窓会は、2月6日神戸菊水楼において来日中の米国南メソヂスト監督教会婦人部東洋幹事マッキナンを招待し、ランバス女学院の諸問題について同窓有志と懇談する。学院の女性教師の支援を得て、同窓会の希望を文書にまとめ、アメリカの南メソヂスト監督教会宣教部（ミッションボード）とマッキナンに送ることとした。

　また同窓会臨時総会を3月17日に開催し、「ランバス女学院同窓会は従前通りランバス女学院を大阪或は其の付近に於て存続せられん事を請願す、ランバスの名称は永久に継承されたし」との動議を満場一致で可決した。

人文字「ランバス」と並んで

＊大毎保育学園から鶴橋学園へ

　1937年3月までの保育を許されていた大毎保育学園は、所有者大井伊助と折衝を重ねた結果、土地建物は大井から無償貸与を受け、経営は在日米国南メソヂスト宣教師社団法人社会事業部に移管されることとなる。名称は鶴橋学園と改称され、園長にS・M・ヒルバンが就任した。これにより保育自体は従前通りランバス女学院が行うこととなった。

一般歴史欄：
・盧溝橋事件。日中戦争始まる（7.7）。
・伊、日独防共協定に参加（11.6）。
・大本営設置（11.18）。

年号	事 項
	・同窓会は、「故エム・ボネル先生二十周年記念会」を開催し、釘宮が記念礼拝説教を行う（11.29）。また「会誌」を「モード・ボネル校長記念号」（1938年3月）として発行。その中には、学院北の土地を購入し、ボネル記念講堂とクック記念保育室を建築する記念事業の計画が記されている。  鶴橋学園の様子　おすもうさんがきた
1938 昭13	・神戸ランバス記念伝道女学校の校長を勤め、1936年に逝去したウォース（p.144参照）の記念礼拝を行う（1.19）。 ・「クック先生在職三十五年謝恩会」が学院、同窓会、幼稚園および母の会合同でウィルミナ女学校講堂に於いて開催され800名以上が参集し、先生の生涯の劇も上演される（3.21）。（コラム21参照） ・第16回卒業式が行われ、39名（神5、保34）が卒業する（3.23）。 ・田中貞は、関西学院中高部長に招聘され、辞任することとなり、「田中院長送別会」を開催する（3.23）。 ・クックは定年により辞任し、ピービーが保育専修部長に就任する（3.）。 ・広瀬ハマコ、院長に就任する（4.26）。 ・奈良奥山に遠足に出かける（5.14）。 ・大阪府社会事業連盟主催「農繁期託児所保姆講習会」を学院で開催する（5.18～5.28）。 ・退職後名誉院長となったクックは名残惜しまれつつ、帰国の途に就く（6.11）。 ・阪神大風水害の被災地救援のため、神戸平野教会牧師徳義の協力を得て、神戸市下三条通付近のテントに救護臨時託児所を設置、出張援助を行う（7.18～8.14）。 ・小野田伊久馬、急逝する（7.23）。 ・箕面に遠足に出かける（10.21）。 ・橿原神宮建国奉仕隊として、神戸女子神学校の生徒等と共に勤労奉仕を行う（11.4）。 ・国民精神作興詔書御下賜記念日の記念礼拝を挙行する（11.10）。 ・学院創立記念礼拝を挙行する（11.11）。 ・ルース・フィールド、帰米（12.30）。

解　説	一般歴史

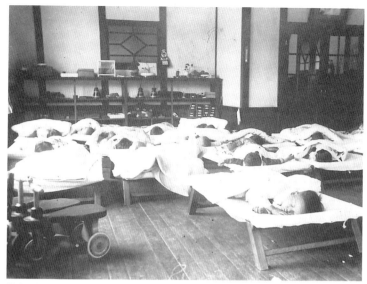

鶴橋学園の様子　ベッドでのお昼寝

＊1938年のランバス　戦時下の学校

　1938年はランバス女学院にとって、大きな変化の年であった。7年にわたり学院長としてランバスを導いた田中が3月に辞任し、同じ年度末に「保育部の生みの親であり育ての親たるクック」が定年を迎え引退帰米、夏には、創立以来絵画の教師として学院で教えた小野田伊久馬が心臓麻痺で急逝した。これにより、田中の後の院長に広瀬が、クックの後の保育専修部長をピービーが務めることとなり、学院は大きく様変わりをした。

　中国との戦争が厳しさを増し、世相も第二次世界大戦前夜の全面戦時下へと向かう中、今までのランバスの教育を守れない、支えられない状況が進行していく。たとえば、同窓会のバネル・クック記念事業は迷走の末、3月にいったん鶴橋学園を購入する決議をしたが、時局柄多額の募金は不適当ということになり、この計画は白紙とされ、年末には、別の募金を行う方向が同窓会より示された。また、必ず11月10日に守ってきた学院創立記念礼拝が、「国民精神作興詔書御下賜記念日の記念礼拝」となって、翌日に延期されたことにも、状況の重大さが表れている。

　11月25日発行の「院報」6号巻頭言は、「時局重大、国家は長期戦の精神を以って東洋平和のため戦っている」、日本軍は「支那の良民と戦っているのでなく、抗日政権とその軍隊とのみ戦っている」との言葉が掲げられ、学校は教育機関として、日本が建設を進める「新支那の親日良民のために尽くす」ことで「教育の大業」に参加する決意が述べられている。また、広瀬は、「キリスト教女子教役者を養成する学園」として、一層「使命感に燃えた伝道者と保母とを生み出す責任」に励むことを語ると同時に、「今や国家多事非常の折柄、吾らは女性として第一線に戦わないが、銃後に最も重き負担を持つ世の母親と子供の為に最上の奉仕をすべき」と述べている。

・国家総動員法公布（4.1）。
・神戸市および阪神地区で阪神大水害が発生（7.3～7.5）。

年号	事　項
1939 昭14	・元旦（四方節）の拝賀式（天皇、皇后の写真である御真影を前にして教育勅語を奉読する）を挙行する（1.1）。 ・豊藤勇（図画教師）と保育専修部生2年生2人が、橿原神宮建国奉仕隊第2次鍬始式に参列する（1.15）。 ・紀元節拝賀式を挙行する（2.11）。 ・地久節（皇后誕生日）拝賀式を挙行する（3.6）。 ・第17回卒業式が行われ、33名（神5、保28）が卒業する（3.）。 ・神学部3年生はホワイトヘッドに引率されて伊勢神宮へ参拝に行く（3.10）。 ・靖国神社臨時大祭につき、遙拝式を挙行する（4.25）。 ・天長節（昭和天皇誕生日）拝賀式を挙行する（4.29）。 ・笠置山へ遠足に出かける（5.1）。 ・青少年学徒に賜りし勅語拝読式を挙行する（6.3）。 ・基督教保育連盟関西支部保育大会に全生徒で出席する（6.17）。 ・同窓会は、「ボネル・クック奨学金」の募金を開始する（9.）。 ・研究科生は、高森引率で東京方面見学に出かける（10.5〜10.25）。 ・靖国神社臨時大祭につき、遙拝式を挙行する（10.20）。 ・全校生徒で伊勢神宮を参拝する（10.23）。 ・明治節（明治天皇誕生日）拝賀式を挙行する（11.3）。 ・国民精神作興詔書御下賜記念日につき拝賀式並びに創立記念礼拝を挙行する（11.10）。
1940 昭15	・四方節拝賀式を挙行する（1.1）。 ・午前、紀元節拝賀式を挙行し、午後には中之島公園で開催された大阪府民奉祝大会に参加する（2.11）。 ・キリスト教会は青山学院校庭で「紀元二千六百年奉祝全国基督教信徒大会」を開き、プロテスタント各派の合同を発表。キリスト教主義学校も合同を模索する動きが高まる（2.11）。 ・地久節拝賀式を挙行する（3.6）。 ・学生音楽祭開催、関西学院神学部招待会が行われる（3.9）。 ・桧垣逸代、長井斉、田中美津子の送別式が行われる（3.16）。 ・第18回卒業式が行われ、28名（神2、保26）が卒業する（3.21）。 ・同窓会総会で「ボネル・クック奨学金」基金として、5561円69銭が学院に贈呈される（3.21）。 ・天長節拝賀式を挙行する（4.29）。 ・六甲山に遠足に行く（5.10）。 ・日本基督教団教育局から亀徳一男が来院し、「皇紀二千六百年記念奨学金」が神学部3年白石喜代に授与される（6.8）。 ・神学部2、3年生、ホワイトヘッド引率で「健康の里」に出かけ、翌日1年生も合流して修養会を開く（7.1〜7.2）。 ・保育部2年生、「緑ケ岡」で修養会を開く（7.21）。 ・愛国婦人会大阪支部が、学院の土地建物の譲渡に関する件で来校する（8.15）。 ・理事会が開催され、要職や設立者の名義を日本人とするため、ホワイトヘッド神学部長とピービー保育専修部長の辞任、両部長を広瀬院長の兼任と決め、設立者はJ・B・カーブから釘宮辰生に変更する（9.12）。

解　説	一般歴史
橿原神宮建国奉仕隊の勤労奉仕（1938.11.4）　神戸女子神学校の生徒との共同作業。 1939 ＊戦時下の学校 　キリスト教主義学校への外国からの援助と外国人の存在が問題視される中、神学部長のホワイトヘッドは3月に自らが引率して神学部生と伊勢神宮参拝へでかけ、10月には全校生徒の参拝も行った。また、美しく大きなキャンパスを、国民精神作興のための町内会のラジオ体操に提供した。この年の4月から9月の使用統計によると、のべ13,500人に及ぶ参加があったという。 1940 ＊ランバス女学院、最後の半年 　1940年になりいよいよ厳しい戦時体制が進む中、学院は、ランバス女学院国民貯蓄規約を作って貯金を奨励したり、慰問袋づくりや病院等への慰問、勤労奉仕などに極力努めながらも、毎日の礼拝を欠くことのない日々を送っていた。しかし米国系の学校ということで、経営資金の問題から閉校や合併は免れないだろうと噂されてもいたようだ。そんな8月の初めのある日、竹村一・元非常勤講師（医学博士）が、もし移転の計画があるなら、婦人と子どものための病院建設のため土地建物を探している愛国婦人会に売ってくれないかとの話をもって広瀬を訪ねてくる。そして、8月15日愛国婦人会大阪支部長半井久子（大阪府知事夫人）が、その視察のために来校したのであった。	・文部省、各大学で軍事教練必修とすることを通達（3.30）。 ・満州国境ノモンハンで、満・外蒙軍隊衝突（ノモンハン事件の発端）（5.12）。 ・国民徴用令公布（7.8）。 ・独軍、ポーランド侵攻、第二次世界大戦始まる（9.1）。 ・日独伊三国同盟調印（9.27）。 ・大政翼賛会発会式（10.12）。

年号	事　項
	・中江汪の謝恩送別会を開く（9.18）。 ・ランバス自衛団を結成し、自衛団団長のホワイトヘッドが率先して任にあたる（9.30）。 ・仮想空襲の名目で全校全員が実践演習を行う（10.4）。 ・神学部3年生、東京でのキリスト教信徒大会および見学のため上京する（10.10）。 ・教育勅語発布五十周年記念日の月記念式典を挙行する（10.30）。 ・明治節拝賀式を挙行する（11.3）。 ・赤目四十八滝へ遠足（11.4）。 ・創立20周年記念式を学院講堂で行う。15年以上勤続教師が表彰される（11.8）。 ・学院および附属幼稚園連合大運動会を校庭で開催する（11.9）。 ・皇紀二千六百年記念式を挙行する（11.10）。 ・理事会は、学院の土地建物の愛国婦人会への譲渡を決定する（12.6）。 ・愛国婦人会大阪支部代表者との間にランバス女学院校地校舎譲渡の覚書の調印を交わす（12.16）。 ・神戸女子神学校との合同に関する初会合が持たれる（12.21）。
1941 昭16	・拝賀式を挙行する（1.1）。 ・ピービーが、帰米する（1.3）。 ・紀元節拝賀式を挙行する（2.11）。 ・学生音楽会を開催する（2.17）。 ・土地建物の謝礼金50万円を基金として、西宮市河原町1600坪の土地と建物を寄宿舎用に購入する（2.）。 ・地久節拝賀式を挙行する（3.6）。 ・学院教職員の労をねぎらう晩餐会が、大阪市東区久宝寺南浦園で行われる（3.10）。 ・「ボネル・クック奨学基金」は3月現在5687円32銭となり、加えて「フィールド奨学基金」が設けられ、8800円が基金として学院へ寄付される。 ・神戸女子神学校との第1回合同理事会が開催され、両校合同の校名を「聖なる和合」の聖和女子学院と決定する（3.11）。 ・ランバス女学院最後の卒業式となる第19回卒業式が行われ、26名（神4、保22）が卒業する。午後同窓会総会が開かれる（3.13）。 ・聖和女子学院、正式認可を得る（4.26）。 ・ホワイトヘッドが帰米する（7.）。

解　説	一般歴史
学院では、9月12日に理事会を開き、要職や設立者の名義を日本人に変えると同時に、愛国婦人会からの申出についても検討する。キリスト教界では、教派を越えた教会合同が協議されていた時勢であることから、学院もメソヂスト以外の他教派も含めてできるだけ同じような学校と合同すること、現校舎を手放し、その売却金で経営が容易な場所に移転して自給策を立てていくなどが考えられた。十三のバプテスト女子神学校はすでに閉鎖し、芦屋聖使女学院は合同の意思がなかったことから、他教派となるアメリカン・ボードの神戸女子神学校と合同する案と、同じメソヂスト派の関西学院近隣または構内への移転もしくは同校への合流案の2案が出されたが、関西学院が男子の学園であることから、実際問題として後者の案には無理があると考えられた。 　合同や移転などの方策と今後の方針に結論がでないまま、12月6日、理事会は、学院の土地建物を愛国婦人会に譲渡することを決定。同日、広瀬院長とホワイトヘッドは神戸女子神学校の西尾幸太郎理事長を訪ね、同校とランバスとの合同の可能性を打診する。西尾は、時局の時勢からできれば合同を実現したい意向をもらしたという。その10日後、移転先の決定も合同の正式協議も始まっていないまま、ランバス女学院の校地校舎は正式に手放されることとなる。在日本米国南メソヂスト監督教会宣教師社団会計のオクスフォードと広瀬・中村・田中・小林のランバス女学院理事は、12月16日、大阪府知事官舎にて愛国婦人会大阪支部代表者との間にランバス女学院校地校舎譲渡の覚書の調印を交わした。譲渡は、無償譲渡とし、金一封50万円が愛国婦人会より、在日本米国南メソヂスト監督教会宣教師社団への謝礼として渡され、その謝礼金がそのままランバス女学院に寄附された。	・国民学校発足（4.1）。 ・日本軍、ハワイ真珠湾を空襲（12.8）。対米英両国に宣戦詔書。
こうして、土地建物を失うことが先に決まった状況の中で、12月21日から、神戸女子神学校との合同についての協議が開始される。『八十年史』のランバス女学院の章は、合同について以下のように説明している。「（前略）神戸女子神学校のみを相手に熱心に話を押しすすめた。然し彼等もなかなか慎重で容易に回答を与えない。再三再四交渉し、特別委員会を開くこと実に数十回、半年に渉って研究に研究を重ね、漸く双方の一致点を見出し遂に合同の決議に至った」（『八十年史』p.94）。しかし、この合同の決議は1941年3月11日になされているため、実際の協議は、12月21日からの3カ月に満たないものであったことになる。ランバス女学院にとっては、愛国婦人会の夏の訪問を受けてからの最後の半年は、まさに怒涛の日々であっただろうと思われる。	

* 創立20周年

　ランバス存続の危機的状況の中、1940年学院は創立20周年を迎えた。11月8日の式典で、近藤良董は学院20年の沿革と感謝を述べ、その終わりに置かれた状況をこのように語っている。「我等は此のランバス一家の宣教の精神にならい、基督教働き人としての女子教育に専念して今日に至る。今後我校よりランバスの名は校名として失う時ありとしてもランバスの精神は失うべからず。（中略）我等此の校に縁ある者、顧みて己の責任の大なるにおののき、救霊の望に心転迫るを覚ゆる者なり」と。（「院報」8号）

ランバス幼稚園ナースリーの1年

「あ、これ、私だわ」、2007年に聖和で「日曜学校展」が開かれたとき、ランバス日曜学校旗のところにあった「ランバス日曜学校最後の日　1941年3月」の記念写真の前で、聖和大学非常勤講師の岩阪アツ子先生がそう言われた。一番前に座っている子どもたちの、向かって右から4人目、白いベストのかわいい目の女の子がアツ子先生だという。そこで初めて、先生が、ランバス女学院の幼稚園に通っておられたこと、それも1941年合併による閉園時に、ナースリー（年少組）を終わった4歳であったことを知ることになった。

岩阪アツ子先生は、聖和女子短期大学保育科卒業生（第6回）で、聖和乳幼児保育センター、聖和幼稚園でお働きになり、長く非常勤講師としても実習を担当してくださった聖和生え抜きの保育者である。教授を受けた講義の学生時代にとったノートはすばらしく、高森ふじ先生の「両親教育」、「保育原理」、ピービー先生の「社会知識」などを後進のために寄贈してくださっている。「自由保育」の実践者として、たくさんの引き出しをもっておられ、先生が書かれた「音の世界に遊ぶ〜実習を始める前に〜」は、「聖和の保育」の学びに貴重な宝である。そこで、2010年8月には、聖和短期大学キリスト教教育・保育研究センターで、聞き取りをさせていただいた。

けれども、先生のお話を伺っていると、先生が示されようとする「聖和の保育」は、ご自身の幼稚園時代に出会い、培われたことを抜きには語れないのではないかという思いが深くなった。その保育をランバスで実際に子どもとして

ランバス日曜学校最後の日

受けていて、しかも奇跡的と思える仕方で記憶しておられる。大阪のランバス女学院とランバスの保育がなんであったのかを、幼稚園の現場で、まさに自分の心と体に受け取り、それを憶えていて語ってくださる——。あの輝くようなランバスはなくなってしまって目に見えるところ跡形もないのだが、その歴史を書きとどめようとするこの時に、先生のお話をきけたことこそ、まさに神さまが隠しておいた、とっておきの宝との出会いだったのだと思わされたのである。

坂田アツ子ちゃんは、1936年5月4日、大阪の聖バルナバ病院で生まれ、体が弱かったため、母に連れられてよくバルナバへ通院していた。病院通いのとき、いつも通るのがご近所のランバス女学院の前。前を通るたびに母娘は美しいお庭のあるランバスの門の前にたちどまり、母は必ず小さな娘にこう言った。「アッちゃんは大きくなって、元気になって、ランバス幼稚園にいくんですよ」。ここが自分の幼稚園、ここへ来るんだと信じていた。上本町の通りに面したランバスは、誰もがその前で立ちどまらざるを得ない雰囲気をもっていて、いろいろな方たちを、どんな方たちでも「さぁいらっしゃ

い」と手を広げて迎えているようだった。実際に運動会の写真には、近所のおじいさん、おばあさん、赤ちゃんをおんぶした「ねえや」たちが楽しそうに写っている。伝道集会の夕、日曜学校や放課後の集まり、ランバスの開放的でウエルカムな雰囲気を、小さいアッちゃんは、ナースリーに入る前から自分のことも招いてくれているものと、感じ取っていたのである。

1940年4月、3歳になって、ついに憧れのランバス幼稚園ナースリーに入園。その年のランバス幼稚園は、園長が広瀬ハマコ先生、年長緑組は立花富先生（コラム15参照）、年中黄組は平野祐子先生、そして、アッちゃんの年少ナースリーは赤組、子どもは15人で、担任は上野光先生だった。毎日スロープの玄関を入ってまず「ミル　センセイ」（日診の先生）として宮川タカ先生がおられたこと、お部屋の様子、お庭の花壇の花の美しさ、「モーおっぱい」（牛乳）とビスケットをいただくおやつの時間は、「オチチノオバサン」がお世話してくださり、モーモーのいる牧場に遠足に行ったこと、実習生（ランバス保育専修部の生徒たち）は「オニカイノセンセイ」と呼ばれていて、その中にタイからの留学生「タウインさん」がいたこと、宣教師の先生では、ピービー先生がナースリーに姿を見せられていたことなど、はっきりと憶えている。

3歳で初めて上野先生にならって歌ったのが、「ままごとしましょ　なかよくしましょ／おいもに　だいこん　ごちそうできた／ポチも　ちょうちょも　おきゃくさま」というおままごとの歌よ、と美しい声で歌われる。子どもを取りまく、最初の社会であるお家の中を「ごっこあそび」で楽しみながら、こどもたちは、幼稚園で世界と出会っていくのだろう。全園児と先生たち、「オニカイノセンセイ」、ランバスの先生たちみんなで祝ったクリスマスの、ページェントで降誕の最後の場面を見た時の感激も思い出す。イエス様のお誕生がわかったとか、それに感激したとかではないと思う。ただみんなが一緒に喜び祝っているあの雰囲気の中で、はっきりと「世の中にこんなことがあるの」と驚きでいっぱいになったのだという。

アッちゃんの絵の作品集には、上野先生が日付と名前、そのとき子どもが言ったことを書き添えてくれているのだが、「アツコ」の「ツ」が、先生の字体ではつながって「ワ」にみえて、「アワコ」と書かれているのを気にしていたらしい。ナイーブな4歳である。時代を映して、そこには兵隊さんの塗り絵もあった。周りのみんなが国防色（カーキ色）をぬっているのに、アッちゃんはピンクの濃い「マゼンタ」（明るい赤紫／

牧場への遠足
「モーおっぱい」の秘密をさぐりに、「モーモーさん」のところへみんなで出かけました。

紅紫色）で兵隊さんを全部ぬった。ちなみにマゼンタは、癒しの色だという。ピンクを塗りながら、「先生怒らないかなぁ」と思っていた記憶がある。先生は怒らなかったのだけれど、「これでいいのかなぁ」と子ども心に気にしていた。戦時色一色の時代の空気や、大人たちがそれにどう対応しているのかを、敏感に感じ取っていたのだろう。

　そんな楽しいランバス幼稚園が、突然、わずか1年で、アッちゃんから奪われることになってしまう。1941年3月18日付の1枚のハガキにはこう書かれていた。

　「草木の芽が漸くほころびて日増しに春らしくなってまいりました。お元気におすごしの事と存じます。扨て、兼ねて御承知の通り、此度ランバス女学院は西宮市に移転し、神戸女子神学校と合同、新たに聖和女子学院として従前の教育を継続いたすことに相成り、当付属幼稚園をやむなく閉鎖いたす事になりました。就きましては来る3月22日（土）午前10時より閉園式を挙行致し、なつかしいこの園舎とのお別れを惜しみたいと存じます。何卒万障御繰合せ御出席下さいます様右御案内申上げます。昭和16年3月18日　大阪市天王寺区石ヶ辻町　ランバス女学院附属ランバス幼稚園」

　あこがれ、愛してやまなかったランバスの美しい校舎、園舎、先生たちとの別離、明日から、もうここが自分の幼稚園でなくなってしまう、その「お別れのさみしさはいまだにおぼえている」と、70年の月日が流れてもなお悲しそうに、先生は言った。幼い日に経験した、癒えない「さよなら」の記憶なのだと思う。

　ランバス女学院の歩みが戦争によって理不尽にも断ち切られたとき、もちろん学校は大変な危機と困難に直面したが、まだ学校は西宮に移るという想いをつなぐことができただろう。しかし、大阪の、この子どもたちは、連れていくことができない。見送る親たちに悲しむ子どもたちをおいて、別れて行った幼稚園の先生たち。卒園を待たずに、ナースリーの1年で、卒園アルバムを書いた上野先生の想いが伝わる「憶ひ出」（卒園アルバム）。そこに記された、担任からの願いのこもった最後の言葉を読んでみたい。

　（前略）貴女方は素直な心で万物の支配者、創造主をよく信じておりました。ほんとに美しい心で。どんなに大きくなっても、この純心さは捨てないでください。そして、ランバスを思い出すとき、みんなでお祈りしたことを思い出してください。まだいろいろお話したいですけど、これでやめなければなりません。しかし、わたしの心は何時までも貴女方にお話をやめないでしょう。10年も、20年も、30年も。そんな頃には貴女方はどんなに立派な人になっていらっしゃるでしょう。終わりに貴女方の好きだった歌を書いておきましょうね。さようなら　みなさま

　　　　「汝の光を輝かせ」
1　きよく　世に輝くは　主の尊きみ旨なり
　　光の子よ照らせ　ここかしこの　すみずみ
2　今はまだローソクの　火のごとくに小さくも
　　力のかぎり照らせ　ここかしこの　すみずみ

　こうして、ランバス幼稚園は、アツ子先生の人生の3歳から4歳のわずか1年の経験ではあるが、深い原体験を与え、しかもそれだけでは終わらなかった。小さな娘の手を引いてランバスの門をくぐった母、「アッちゃんのお母さんはね、お姉さんのお母さんなの」と彼女が自慢

していた若い、お嬢さんのような優しいお母さんにも、ランバスは特別な恵みの日々であったのだ。お寺の住職の家に生まれ、讃美歌が大好きで日曜学校にも通っておられたお母さん、坂田嘉代さんは、ナースリーのアルバムや先述の告知のはがき、写真などを大事にとっておいていた。戦時中は、自分の大切な着物の中に、それらを包むようにして疎開させてくれていたという。まさに命がけで守った我が子のランバスの「憶ひ出」には、それらだけでなく2通のランバスの幼稚園の先生からの自分宛ての手紙があった。

1通は、「ミル　センセイ」宮川タカ先生からのお礼状で、ランバス閉園に伴い、以前働いていた別の園に行くお別れと、祝福を祈る言葉が書かれている。その中に「どうぞお体お大切に、明るい落ち着いたよき家庭が日々営まれますようにお励み下いましね。おやさしいお母さまやお父様のおありになるアツ子ちゃんはほんとうにおしあわせでございますね。それらにまさってお小さい時から、天の神様のお前でお祈りを捧げることをお学びなさいましたことをお喜び申します。」と書かれている。母親たちにとってもランバスは、子育ての、そして人生の指針を、また、何がいちばん大切なものなのかを示してくれる学校だったのではないだろうか。

もう1通は、担任の上野光先生が西宮の聖和女子学院に異動されたあと、送ったもの。スミレ会という母親たちの聖書の会に、アッちゃんの弟の病気のため出席できなかったお母さんへのお見舞い状である。お小さい方がご病気、それもジフテリアかもしれないと他のお母さんから伺ったこと、「近いところならば走ってもお見舞いに行きますこと、ただ心配のみ」しているのだという、寄り添う想いが綴られている。今はもう、別の場所の、別の学校の、別の子どもたちの先生であっても、ランバスの中で大きな神さまの御手に迎えられて、結ばれたという経験は決して失われないのだと、ハガキを見るたびに感じていたに違いない。

坂田嘉代さんは、アッちゃんと弟妹の5人すべてを、奈良に転居してからも大阪の聖バルナバ病院で出産し、奈良で日曜学校へ連れて行っている。そして人生の最後も「主よみもとに」の讃美歌を歌いながら平安に過ごし、臨終前にアツ子先生と話した最後のことは、ランバスのことだったという。「一緒に手をつないでいったねー、ランバスは楽しかったねー、お花が咲いてきれいねー、ピービー先生、上野先生がいたねー」と。ランバスは、まさに、神さまの国、子どもたちが自由に遊び歌う、花が咲く美しいガーデンの姿をこの世界に見せ、このような神の国を来たらせるようにと、今もわたしたちに語りかけているのだ。

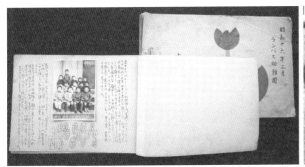

アッちゃんの「憶ひ出」と「お絵かき帳」

ナースリー赤組のおやつの風景

年号	事　項

ランバス女学院最後の卒業式（1941.3.13）　前列右から4人目に神戸女子神学校の長坂鑑次郎の姿がある。

解　説	一般歴史

＊ランバス女学院の終わりと聖和女子学院の誕生

　学院は、在日本米国南メソヂスト監督教会宣教師社団より寄付された土地建物の謝礼金50万円を基本金として、その一部で西宮市河原町48の土地1600坪と建物を購入し、幼稚園の用地と寄宿舎とすることとし、学院の諸設備品をもって西宮に移転することとなった。ランバス女学院の全教職員は3月31日をもって解職となり、宣教師も米国宣教本部からの指示によって、ピービーは1月に、ウィリアムスは3月に帰米。ホワイトヘッドだけは移転と残務整理のために出帆を延期した。

　ランバス女学院理事会は、広瀬ハマコ、釘宮辰生、田中貞の3名で、宣教師社団に①学院の創立と発展のための物心両面の援助に対して、②宣教師の優れた働きのゆえに、③新設される合同学園のための50万円の賜物に対して感謝状を送付した。また、愛国婦人会との仲介役となった竹村と、必要とあらば上ケ原構内のハミル館を使用してよいと申し出た関西学院に謝意が伝えられた。

　3月11日、第1回合同理事会が開催され、この場で両校合同の校名を「聖なる和合」を表す、聖和女子学院と決定。新院長に広瀬ハマコを選出した。

　それから2日後、最後の卒業式が行われ、ランバス女学院は20年の歴史の中で保育専修部356名、神学部88名の計444名を送り出し閉校する。3月21日、膨大な荷物と共に思い出深い天王寺の校舎を出て岡田山に移る（最終の移転は4月末日に完了）。この日、最後まで校舎に残っていた広瀬、ホワイトヘッドら数名は、何もなくなったチャペルの一隅に跪いて祈りをささげ、思い出深い学院をあとにしたという。

　この学院の突然の終わりと将来について、聖和女子学院への移転後5月10日に発行された最後の「ランバス女学院報」に、広瀬ハマコが「節理の飛躍」と題して述べている。「吾等の愛するランバス女学院は今から20年前に広島保姆師範科と神戸のランバス記念伝道女学校との古い殻から生れ出て、大阪に於いて新しい生命の実を結んできた。そしてその美しい成長と発展とを経て再び古い殻を破って新しい姿の飛躍をなさんとしている。私はこれを敢えて摂理の飛躍と呼びたいと思う」。（「院報」8号）

余滴 「ランバス」その後

　ランバス女学院のシンボルともいえるあの堂々とした校舎は、その後どうなったのだろうか。聖和の歴史編纂を終えていく今、ここに資料として残る「上六のランバス」その後を記しておく。

　1923年、淺沼組の大きな社屋ビルを東のお隣として、出現したランバス女学院新校舎は、20年足らずを学校として生き、1941年、愛国婦人会（大阪支部）に土地建物一切を譲渡されることとなる。次のオーナーとなった愛国婦人会とは、1902年「明治34年3月北清事変を動機として創立され、婦人に奉公の儀を進め、軍人援護事業、厚生事業、報国運動を行う」ものとして創られた団体で、創立者は奥村五百子であった。戦時下に女性の力を「報国」、お国のために使うことを目的とした愛国婦人会は、大阪の中心地で医療保護事業を計画して、「上六のランバス」の校舎校地を病院に転用しようとしたのだった。

　こうして、1943年、財団法人「愛国病院」が創立され、コの字型の4階建ての建物は、病院となった。愛国婦人会が長年計画していた「婦人及び小児を対象とする診療、保険衛生指導の建前から、主として小児科病院として発足」したそうである。この病院は、戦後、1948年には内科、外科、産科、婦人科、性病科、泌尿器科、X線科を増設して総合病院となり、1952年には、名前が社会福祉法人「奥村記念愛国病院」となる。築30年になる鉄筋の4階建て建物の、病院姿の写真は残っていない。

　その後、時代が進み1959年、法人は、建物の老朽化と「医療器具機械設備の不近代化」に

「大阪市立社会福祉会館案内」リーフレット

より、将来の「医療保護事業の進行と運営に万全を期し難い」と判断し、病院閉鎖と法人解散を決意する。そして、「大阪市に全財産を寄贈し、法人の精神を大阪市に継承をお願いする」ことを理事会で決定した。新しいオーナー、大阪市は、今度はあのコの字型建物を改装の上、「大阪市立社会福祉会館」とする。

　社会福祉会館の案内（1980年以降の発行）には、寄贈されたことへの謝意の表われだろうか、わざわざ別冊の「資料」がつけられていて、「前史の記録」が書かれているのだが、そこに、こんな記述がある。「それにしても戦後、いわゆる生活保護家庭の医療に貢献してきた機関として特異であった愛国病院、時勢とはいえ閉鎖の止むなきに至り、大阪市に全面寄付」云々。大阪の街中、雑踏と煤煙のただなかで、愛国病院は、それでもほかの病院とは少し違った病院として、特に貧しく、弱くされた者たちを招き

ながら、あの戦争を超えたのだと思いたい。

　その後もコの字型の4階建てはなかなかの長寿で、案内の写真をご覧のように「大阪市立社会福祉会館」として活躍し、とうとう1984年大阪市住宅供給公社によって取り壊されることとなる。そして、翌年跡地に「アーバンヒル上町」のマンションが建てられ、その1〜3階を「大阪市立社会福祉センター」として現在も事業を行っている。こうして「上六のランバス」校舎はもうないが、あの校地は、大阪市立社会福祉センターのある場所として訪れることができる。近鉄上本町駅のすぐ北側の道沿いを鶴橋方向へ少しいったところ、今も東のお隣は株式会社淺沼組の立派なビルである。

　ここまでも、もちろん余滴であるが、さらに、そのしずくの小さなふたつぶのエピソードが、聖和の歴史資料のファイルの中に残されている。ひとつは、コの字型の建物を取り壊した時の新聞記事（1986.2. 朝日新聞）で、社会福祉会館の建物を建て替えのため取り壊したところ、珍しい形の鉄筋が見つかったというもの。記事によると、それはカーン・トラスト・バーと呼ばれる米国製の異型の鉄筋で、とても特殊であることから、大阪市住宅供給公社では、そのメモリアルを新しく建てられるマンションの一角におく予定、だという。

　大阪住宅供給公社（大阪住まい公社）に問い合わせてみたところ、しばらく調べてくれ、職員が「かなり前の（2世代ほど前の）建物だったとき、公社の理事長室にその輸入鉄筋と思われるものが一時期、記念として置かれていたと記憶している」とのことだった。メアリーの名を冠したランバス女学院校舎の、それも見えない構造のほんの一部が、建物を壊した時にも、

フェニックスへの面会（1980年11月）

誰かに何かのメッセージを発して、しばらく保管されていたということになる。

　ふたつめは、先述の社会福祉会館案内の「前史の資料」に掲載されていた、1枚の写真からこぼれ出るもの。そのキャプションには、1980年の聖和創立100周年記念式典に出席した1927年の卒業生たちが、自分たちが卒業時に記念植樹したフェニックスに面会にきたと書かれている。コの字型の建物の前に、大きくそびえるフェニックスをバックに14名が並んでいる。ランバスの校舎だけでなく、木もちゃんと戦争を潜り抜け、2回のオーナーチェンジを潜り抜け、こんなに大きく成長していたのだ。その上、木への面会が記念撮影され、さらにその写真が市の会館の案内に掲載されている。

　それだけではない。このフェニックスの面会後の話も残っていたのだ。社会福祉会館をいよいよマンションへと建て替える時に書かれた、渡辺勝・大阪市立社会福祉会館館長の直筆の手紙である。そこにはこうある。「第5回卒業生が当館正面玄関に記念植樹されましたフェニックス（別名カナリーヤシ）は、樹高10数メートルにも達し、この景観と相まって、今では当館のシンボルとなり、来館者の目を楽しませてくれる存在となっておりますが」建物の老朽化で建替えが計画されている。そして「卒業生の

フェニックス植え替えの様子（1984年6月）

フェニックスを訪ねて（2015年2月）
「旧郊外保育所広場」として貝塚市管理の敷地内に、元気なフェニックスを確認。奥の屋根が郊外保育所だった建物。

現在の「ランバス女学院」跡地
右手が淺沼組のビル。

皆様に対してまことに心苦しいことでありますが、このフェニックスを植樹に適った時期（6月下旬）に貝塚市の大阪市立郊外保育所に移植することに相成りました」ので、知らせるというのだ。資料ファイルには、移設時のスナップ写真、移転先の地図もあった。

　フェニックスを訪れた卒業生が、大阪市の人たちによほど印象的だったのだろうか。いったい何の力が「ランバス」の1本の木を、ここまで手厚く生かし続けたのだろうか。渡辺館長の手紙の最後にこうあった。「新天地でフェニックスが、皆様の青春の思い出をいつまでも深く育み、また次代を背負う園児の情操教育の一環として寄与すべく、力強く且つ華麗に成長するよう期待いたします」。ランバスがなくなって43年を経て書かれたこの言葉の「フェニックス」、まさに「不死鳥」を、「ランバス」に代えてみる。「ランバス」は、生徒たち、子どもたちを豊かに育み続け、新天地で力強く、華麗に育っていった——のだと。

第5章

聖和女子学院

1941-1950

Seiwa Woman's Training School

年号	事項
1941 昭16	・第1回合同理事会を開催する（3.11）。 ・聖和女子学院始業式を行い、近隣より通学できる者が出席する（4.8）。 ・岡田山と大阪ランバス女学院に分かれて生徒による勤労奉仕を実施する（4.9～4.12）。 ・聖和女子学院第1回入学式を行い（4.15）、16日～19日に校舎内部片付け、道路修理等の勤労奉仕を生徒が実施したうえ、22日より時間割に従い授業を開始する。 ・靖国神社臨時大祭のため休業とする（4.25）。 ・兵庫県知事より、神戸女子神学校の校名変更（「聖和女子学院」へ）、ならびに学則変更が認可される（4.26）。 ・天長節祝賀式を挙行する（4.29）。 ・ランバス女学院校舎を愛国婦人会へ引き渡す（4.30）。 ・「聖和女子学院報国会」を結成する（4.）。 ・鶴橋学園の経営は、在日本米国南メソヂスト監督教会宣教師社団法人より鶴橋学園理事会に移管される。理事長に広瀬ハマコが就任（4.）。 ・ランバス女学院廃校、認可される（5.17）。 ・六甲山に遠足に出かける（5.中旬）。 ・聖和女子学院開校式が行われる（5.27）。これにより5月27日を創立記念日と定める。 ・開校式に先立ち聖和女子学院同窓会発会式を行い、会則承認、役員選出を行う（5.27）。 ・日本基督教団甲東教会から申し出を受け農繁期託児所への応援奉仕活動を行う（6.20～6.23）。 ・滞日を延長していたホワイトヘッドは、最後の交換船「浅間丸」にて帰米する（7.15）。 ・防空演習が開始される（10.12）。 ・財団法人聖和女子学院設立の申請をする（10.30）。 ・「降誕節音楽礼拝」を開催する（12.7）。 ・聖和女子学院神学部第1回の繰上げ卒業式が行われ、8名が卒業する（12.27）。   聖和女子学院開校式　　　　　　　　　開校式後の野外パーティー   六甲山への遠足　旧神戸女子神学校と旧ランバス女学院の先生、生徒たちがいっしょに。

解　説	一般歴史
＊第1回理事会 　理事会メンバーは、西尾幸太郎、ハケット、ケリー、富田象吉、児玉コマ、芹野奥太郎、阪田素夫、釘宮辰生、中村金次、カーブ、ホワイトヘッド、松本春江、菱沼紅於、小林儀三郎、田中貞の15名。理事会議長に釘宮辰生を任命した。校名を「聖なる和合」を示す聖和女子学院と決定し、広瀬ハマコを新院長に選任する。 ＊4月の聖和女子学院 　聖和女子学院の学則によれば、学院は、神学部修業年限3年、保育学部（本科2年、研究科1年）、社会事業学部2年の3学部の組織で募集を行ったが、社会事業学部への入学者はなかったようである。 　開校当時の教師たちは、専任：広瀬ハマコ（院長、社会事業部主任）、長坂鑒次郎（神学部教務主任）、山川道子（保育学部教務主任）、高森ふじ（保育学部顧問）、近藤良薫、民秋重太郎、佐久間愛子（舎監）、元森アイ子、岩戸雪子（栄養士）、立花富、上野光、松尾満江、竹内愛二。非常勤講師：木村蓬伍、古武弥正、奥山一也、石橋栄、神原浩、中川久成だった。（担当科目は、『八十年史』p. 103参照） 　また時局柄、従来の自治会または学生会を解消し、4月に「聖和女子学院報国会」を総務部、鍛錬部、国防部、宗教部、文化部、生活部の6部21班に分けて結成。教師および生徒全員がこの会員となり、「学院を挙げて報国精神の練成に努める」ことが報告されている。 　附属幼稚園は、園舎ができるまでの期間、関西学院教会附属仁川幼稚園（当時は、関西学院構内ハミル館で保育）を師範幼稚園として、週に3日立花富を派遣し教育の責任をもっていた。 ＊財団法人聖和女子学院設立 　この年にはすべての宣教師、滞日米国人の帰国が急がれ、学校を経営していた宣教師団体、米国南メソヂスト監督教会（ランバス女学院）、アメリカン・ボード（神戸女子神学校）の引き上げに伴い、日本人を設立者とする財団法人の設置が必要となった。理事会は理事数を12名とし、その選出方法は、日本メソヂスト教団2名（釘宮、中村）、日本組合教会2名（芹野、ハケット）、キリスト教信者4名（田中、小林、西尾、富田）、卒業生3名（菱沼、松本、児玉）とした。アメリカン・ボード現地委員会のハケットが、最後まで理事として残っていたが、1941年8月4日に辞任し、後任は阪田素夫となり、すべての理事が日本人となった。 　また神学部を専門学校令に準ずるものとするため、文部省の要求に合わせることや、保育学部の「聖書」を正課外の科目とし、「宗教教育」を「教育」のなかに入れるなどの学科課程変更が必要となった。加えて神学部生の繰り上げ卒業も急がれる状況となっていった。 ＊聖和女子学院同窓会 　神戸女子神学校卒業生219名、ランバス女学院卒業生666名、計885名（内364名は神学部卒業生、521名は保育専修部卒業生）の会員をもって、5月27日に聖和女子学院同窓会が発足する。役員には、会長：広瀬ハマコ、副会長：児玉こま、書記：田山小枝・立花富、会計：長坂たか・上野光があたり、12月に「会員名簿」を発刊する。	・国民学校発足（4.1）。 ・日本軍、ハワイ真珠湾を空襲（12.8）。対米英両国に宣戦詔書。

第5章　聖和女子学院

年号	事項
	 関西学院神学部生との降誕節音楽礼拝（12月7日） 奇しくも真珠湾攻撃の前夜、学院報国会音楽部主催、関西学院神学部聖歌班の賛助出演を得て、共にメサイアを歌いクリスマスを祝っていた。
1942 昭17	・理事会議長西尾幸太郎が逝去し（1.3）、追悼会を2月14日に行う。 ・月曜休日（ミッションスクールでは、日曜日教会出席のため通例だった）をやめ、授業日とする（1.）。 ・保育学部第1回卒業式が行われ、24名が卒業する（3.20）。 ・兵庫県より保母無試験検定免許状を受ける（3.）。 ・聖和女子学院附属聖和幼稚園は、仁川幼稚園から河原町に場所を移し開設の申請を行い（4.17）、設置認可がおりる（6.10）。 ・寄宿舎の一部を仮園舎として聖和幼稚園を開園する。園長に広瀬ハマコ、主任に立花富が就任（6.15）。 ・神学部3年生は長坂の引率で鳥取へ伝道旅行に出かける（7.3～7.6）。 ・全国の女子神学校を合同し、日本女子神学校を設立するため、日本基督教団「神学校研究調査」委員が来校する（7.31）。 ・神学部第2回第1次（繰り上げ）卒業式が行われ、6名が卒業する（9.30）。 ・大東亜戦争2周年記念講演会を開催する（12.8）。  河原町の聖和女子学院寄宿舎 前の道が国道171号線（西国街道）である。

解　説	一般歴史

名簿刊行によせて、会長の広瀬は、今後は両校が共に「一大家族を作り天父の召命に応じたる同労の姉妹としての交誼を厚くし相共に母校の発展のために」働いていくことを呼びかけている。

聖和女子学院神学部第1回繰り上げ卒業式
その後繰り返し行われることになる神学部の繰り上げ卒業式の1回目。年の瀬の12月27日に行われた。

＊河原町の寄宿舎と幼稚園

西宮市河原町48番地、1600坪の土地に建つ2階建の建物は、もともとミス・バイヤーによって孤児院の施設として建築されたが、事業開始を目前にしてミッションからの命令で強制帰国を余儀なくされ、売却せざるを得なくなったという。この土地建物を、寄宿舎を探していた当時のランバス女学院院長広瀬が、1941年2月に購入して、聖和女子学院の寄宿舎として使用することとなった。ここにヴォーリズの設計で附属幼稚園園舎の建築を予定していたが、戦時下のため資材の調達ができず、寄宿舎の食堂を仮園舎として使用することになった。結局新園舎の完成は、戦後1951年2月のこととなる。

・ベルリンで日独伊軍事協定調印（1.8）。
・日本海軍ミッドウェー海戦敗北（6.11）。

保育学部第1回卒業式

第5章　聖和女子学院　251

年号	事　項
	 神学部第2回第1次（繰り上げ）卒業式 9月30日に行われたため、珍しい夏の装いで。後ろから2列目、左から6人目の卒業生が、のちに聖和大学教授となる香月恒子（コラム25、photo11参照）。
1943 昭18	・神学部廃止が認可される（2.10）。 ・聖和女子学院学則を変更し、保育学部と社会事業学部の2学部編成となる（2.）。 ・神学部第2回第2次卒業式が行われ、6名が卒業する。神学部の閉部式を行う（3.17）。 ・保育学部第2回卒業式が行われ、9名が卒業する（3.23）。 ・報国会主催の史蹟巡歴の遠足に行く（5.1）。 ・財団法人聖和女子学院設立が認可される（5.26）。財団法人の創立総会を開催し、理事長を広瀬ハマコとした他、バネル・クック奨学金やフィールド奨学基金、ランバス建築資金など外国人名のついた財産について名称を変更する（6.11）。 ・学院の土地建物の所有権を日本コングリゲーショナル宣教社団より本財団へ移転、登記完了（8.13）。 ・山谷省吾を講師に、修練会を開催する（8.26～8.28）。 ・鳥取震災罹災者臨時託児所の応援に、生徒を交代で派遣する（9.20～10.15）。 ・全校教師生徒、広田神社造営工事の奉仕をする（9.27）。 ・社会事業学部学科課程研究会が開催され、「厚生学部」に変更することを含めて検討を行う（9.28）。 ・釘宮辰生を講師に、修養会を開催する（11.4）。 ・保育学部研究科の設置を当分見合わせること教師会で決定する（12.22）。 ・学則の変更が行われ（12.）、社会事業学部を臨時措置として今学年にて廃止することを決定し、現在の社会事業学部在学生は1944年1月から保育学部へ編入するとした。  「神保合同最後の同窓会員」　神学部第2回第2次卒業生（3.17）と保育学部第2回卒業生（3.23）が写る。

解　説	一般歴史

1943

＊聖和女子学院神学部廃止

　全国の女子神学校を合同する件については、前年理事会で再三協議され10月の段階まで合同不可、神学部の継続が確認されていた。しかし、情勢はさらに切迫し11月11日の理事会では、条件付で合同に同意。これによりこの年2月に神学部の廃部が正式に認可された。

　在籍中の生徒は、東京に新設の日本女子神学校に一部が編入し、少なくとも4名が日本女子神学校で卒業を迎えたものと思われる。3月17日には聖和女子学院での最後の卒業式が行われ、同夜神学部に尽力した教職員の感謝慰労会が開かれた。神戸女子神学校、ランバス記念伝道女学校からの長い婦人伝道者養成の歴史に一旦終止符が打たれる。（神学部廃止については、第1章参照）

＊1943年の学校

　健民週間行事としての勤労奉仕や戦時作業などが、学校生活にしばしば入ってきたほか、2学期（9月）からは20分の礼拝の前に、体操（ラジオ体操、国民体操、女子青年体操など）を15分加えることとなった。また、報国会鍛錬部により、鍛錬遠足、鍛錬六甲山登山（10.22.）防空訓練、救護訓練などが行われ、軍事援護に関する講演、「交換船帰朝者、早川栄氏に聴く会」（11.27）も開かれている。10月の教師会では、「キリスト教、キリスト教主義学校についての世人のつまらぬ攻撃の的とならぬよう、お互いに注意すべき」ことが記されている。

　さらに、4月に全教職員生徒からなる「聖和女子学院防衛隊」が結成され、秋に再編成されて名簿と要綱が作られている。その要綱には、「本学院自衛防空、①勅語謄本、詔書謄本の奉護、②生徒の保護、③貴重文献、研究資料の防護、④校舎の防護」の順番が書かれ、なによりも大切な勅語謄本の仮奉安所として「神戸女学院又は関西学院」の名が記されている。万が一にも勅語や詔書を避難させなくてはならなくなった場合は、神戸女学院か、関西学院の奉安殿（学校に設けられた勅語を置く場所）に、仮に入れさせてもらうということだと思われる。

・日本軍、ガダルカナル島撤退開始（2.1）。
・第1回学徒出陣（10.21）。

日本女子神学校　この学校の記録写真はこの1枚のみ残っている。

年号	事　項
1944 昭19	・奨学基金半額を日本女子神学校に寄贈し、残額を第1奨学金とする（3.10）。 ・保育学部第3回卒業式を行い、16名が卒業する（3.23）。 ・聖和女子学院「同窓会だより」が発行される（3.）。 ・防衛隊結成式を行う（4.8）。 ・報国会総会を開催する（4.12）。 ・防空週間につき諸訓練、農園等での作業を行う（5.1～5.6）。 ・6月以降、保育学部2年生は市内の戦時保育所、幼稚園で終日実習、1年生は空地開墾、野菜栽培等、夏休みを撤廃して戦時作業につく（6.）。 ・幼稚園仮園舎（寄宿舎内）の完成にともない、新園舎の建築契約を解消する（10.）。 ・大神宮御親拝を記念し、広田神社を参拝する（12.2）。  河原町の仮園舎での聖和幼稚園児 背後に六甲の山並みが見えている。  子どもたちの髪型から、写真上は男の子だけの外遊び、写真下は女の子だけのままごと遊びと見られる。戦時下の幼稚園では、男女別組み分けがなされていたのだろうか。

解　説	一般歴史

＊講演会などの開催

　この年になると、下記のように宗教的な内容から生徒（文化部）の発表、戦時色の濃いテーマなど多岐にわたる会合が混在して開かれるようになる。

　「文化講演会」今田恵（2.11）、「純潔に関する講演」岩間松太郎（2.19）、「女子挺身隊についての講話」佐藤一郎（5.1）、「文化講演会──ギリシャ神話について」京大大学院・大島康正（5.13）、「宗教講演会」山谷省吾（5.24）、「救護講演会」近藤綾子（5.31）、「練成会」長坂鑒次郎（6.25）、「童話発表会」文化部主催（10.5）、「講演会」鮫島盛隆（10.6）、「文化講演会──世界の平和の原理」京大助教授・高山岩男（10.7）、「人形紙芝居及び音楽発表会」文化部主催（11.2）、「文化講演会──明治天皇と国史の発展」京都市史編纂員・篠原勝（11.3）、「練成会」田中郷二（11.26）「講演会──南方事情」白戸八郎（11.27）

＊「同窓会だより」に見る学校の変化

　聖和女子学院の資料の中にただ1号残されている「同窓会だより」には、「先生方の近況」に6名の辞職が報告されている。「神戸女子神学校の育ての親」である長坂鑒次郎は引退し、甲東園の自宅で伝道に専念。高森ふじも引退。近藤良董は芦屋山手教会へ、民秋重太郎は同志社大学予科教授に転任、舎監の佐久間アイ子、栄養士の岩戸雪子も学校を離れている。

　現教職員は、広瀬ハマコ、山川道子、和田正、久山康、谷山余司、立花富、上野光、岡崎和子、酒井敏子、元森アイ子、松尾満江、山口良子、南信子（幼稚園）、坂本喜代枝（書記）の14名で、非常勤講師に竹内愛二、竹村一、奥山一也、大庭匠、中川郷一郎（図画）、中川久成（校医）が記されている。

　また、神学部の同窓生を日本女子神学校同窓会に引き継ぐことになったこと、親密な交わりのために神戸女子神学校同窓生のいづみ会と、ランバス女学院神学部のランバス会（仮称）を置いておくことが報告されている。

・女子挺身勤労令公布施行（8.23）。満12歳以上40歳未満の配偶者のない女性を日本・南洋に徴用。
・海軍、神風特別特攻隊編成（10.19）。

保育学部第3回卒業式
この年の卒業式までこのような正装で記念撮影が行われている。

年号	事項
1945 昭20	・入学試験に応募者242名があり70名を合格とする（3.1）。 ・保育学部第4回卒業式が行われ、31名が卒業する（3.23）。 ・大阪で空襲が激化し、鶴橋学園は休園となる（3.）。 ・天長節式後、京都大学松村克巳の訓話（4.29）。 ・戦争火災地震保険の契約を行う（5.18）。 ・鶴橋学園、大阪空襲のため全焼する（6.）。 ・校舎を、指月電機株式会社の非常疎開予備工場とする貸借契約を取交す（7.1）。 ・附属幼稚園、夏休みを繰り上げ休園にはいる（7.1）。 ・第1校舎と第2校舎の一部を海軍施設部女子軍属宿舎とする賃借口約を結び、提供を開始する（7.10）。 ・学徒隊結成式が行われる（7.11）。 ・正午、ラジオ放送の大詔にて終戦となる(8.15)。終戦により指月電機株式会社との契約は解消。 ・教師会にて、「四囲の情勢により」1カ月間の休校を決定する（8.20）。 ・連合軍の宿舎準備のため兵庫県庁より、調査に来る（8.25）。 ・臨時理事会を開催し、海軍施設部との契約を解約し居残組のため8月31日までの使用を許可することが決まる（8.29）。 ・2学期始業式を行い、生徒は疎開荷物の整理作業をする（9.21）。 ・進駐軍上陸開始のため9月中休校となる（9.24）。 ・授業が再開される（10.）。 ・幼稚園が再開される（10.10）。 ・実習園の教師、卒業生、校内教師らで幼稚園研究会を開くことを教師会で決定（10.26）。 ・明治節祝賀式を挙行する（11.4）。 ・進駐軍の指示により、兵庫県からキリスト教学校宗教事情の調査が行われる（11.6）。 ・長坂を講師に、修養会を開催する（11.6～11.7）。 ・理事と教師合同で今後の学校発展に関する懇談会を行う（12.3）。理事側から、芹野・釘宮・阪田・田中、教師側から、広瀬・山川・上野・久山が出席する。 ・報国会を改組するため総会を開催する（12.5）。 ・実習幼稚園教師を招待し、研究会及びクリスマス祝会を開く（12.6）。  保育学部第4回卒業式 「もんぺ姿の卒業式」と呼ばれる卒業記念写真。写真に写る男性はみな国民服を着用している。

解　説	一般歴史

＊終戦前後の学校

　3月18日の理事会総会では、「時局に伴う校内の変動に関し急を要する議事はこれを常務理事会に於いて処理するもの」とすることを決議。事項からわかるように、終戦までは校舎を戦争協力のために提供せざるを得ない状況が次々と起こっていった。7月には校舎の使用に伴い、重要図書、資料の疎開が教師会で検討され、「聖和女子学院六瀬村疎開　図書の部」と書かれたノートには、疎開書籍のリストが2冊のノートにびっしりと書かれている。

　終戦直後の臨時理事会（8.29）では、学院の被害について、「戦災学徒家庭31、教師罹災家屋3、戦傷死者なし」が報告され、海軍施設宿舎としての提供を終わるものの、今度は進駐軍宿舎となる可能性もあることが取り上げられている。そのため、休止期間を経て、10月からようやく授業は一応再開されることとなる。

　その後も明治節や翌年の紀元節祝賀式典を行うなど戦時下の思想や行事を維持する混乱の中で、今後の学校をどう立て直すのかを理事、教師が共に協議していく必要に迫られた様子がみてとれる。

休園前最後の鶴橋学園卒園式（1945年3月12日）
6月には大阪空襲によりこの園舎は全焼した。

一般歴史欄：
・レイテ沖海戦（10.24）。連合艦隊の主力を失う。
1945
・米軍沖縄本島に上陸（4.1）。
・対日ポツダム宣言発表（7.26）。
・米軍B29、原子爆弾を広島に投下（8.6）。
・米軍B29、原子爆弾を長崎に投下（8.9）。
・御前会議、ポツダム宣言受諾を決定（8.14）。
・敗戦。天皇、戦争終結の詔書を放送（8.15）。
・連合軍の先遣部隊、厚着飛行場に到着（8.28）、マッカーサー司令官到着（8.30）。
・文部省、私立学校におけるキリスト教教育を容認（10.15）。
・宗教団体法廃止（10.）。
・治安維持法廃止（10.）。
・宗教法人令発令（12.28）。

第5章　聖和女子学院　257

聖和女子学院と戦争

　それは、すでに神戸女子神学校とランバス女学院の歩みに、そして何より聖和女子学院の誕生自体にはっきりと表れていたのだが、先の大戦は、キリスト教の宣教師たちによって建てられた学校の在りようを全く変えてしまうものだった。

　無論、ミッションスクールであるなしを問わず、当時の若者たちが学んでいた学校への戦争の影響は大きく、たとえば学徒動員によって戦争の犠牲となった学生数ひとつをとっても、今もって確かなことがつかめていないところもある。戦災で多くの記録が焼失した学校もあるだろうし、印刷や紙の状態が極端に悪く保存できていない事情もあるだろう。だからこそ、戦争──その時日本の教育機関は、何をして、何をしなかったのかを、断片的にでも残された記録からレコード（再録）しておく必要があるのだと思う。

　そこで、この5章は、聖和の歴史にとってはわずか10年足らずの「聖和女子学院」時代を、できる限り掘り起こして、わたしたちの歴史の中に刻んでおく役目をもっている。だが、聖和女子学院時代の写真は、やはり極端に少ない。期間が短いこともあるだろうが、写真を撮るどころではない光景、それどころでない状況があった表れである。学校や同窓会による機関紙も、全くと言っていいほど発行されていない。

　しかし一方で、聖和女子学院の校舎は戦災の被害を免れたため、たとえぼろぼろに劣化した更紙に青焼きされたプリントであっても、ある意味で紙1枚、戦争によっては失われることがなかった。また、「疎開図書」のリストがあることから、図書や貴重な資料を、疎開させてでも守ろうとしていたと思われる。そこで、広島と神戸の荷物を持ったランバスからの引っ越し荷物も、中山手から岡田山と持ち続けた神戸女子神学校の荷物も、聖和女子学院時代の理事会、教師会等の会議記録や日誌類も、いつか真実が読み取られ、語り伝えられ、書き留められることを待つかのように保管されてきたのである。

　そこで、第5章の年表には、戦時下の学校の歩みを、残された一次資料からできるだけ拾い上げて記したが、事項や解説の言葉としては書き残せなかった肉声のようなものが、この時代には少なからずある。それらを、このコラムに記録しておきたい。

　まず、「理事会記録」から取り上げる。そこに、初めて直接的に戦争を思わせる記載が表れるのは、1942年11月11日である。最後の議事として「理事松本春枝氏御令息南方戦線にて名誉の戦死をとげらる」があり、誰を慰問に送るかを協議、決定している。戦争による死が、学院共同体の中に現実に入ってきたことを感じる。

　そして、翌1943年9月3日の常務理事会記録には、芹野からの報告として、「過日神戸市厚生課係員芹野理事を訪問し、聖和女子学院の校舎を同市厚生事業のため借用できぬかとの問合せあり。之に対し、現に教育を継続し居る校舎の長期借用は不可と思うが、一応理事会に計って返答すと返答をなす」という記録がある。実際に使っている校舎を貸してくれとの話である。この時は、審議の結果、「本学院は、時局上重要なる保育者並びに厚生事業従事者の養成をなし居るものにて、今後増々その充実

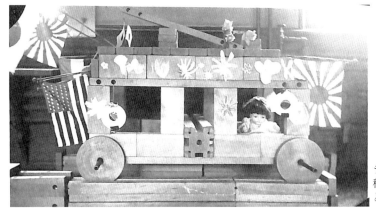

ランバス女学院時代の幼稚園の積み木。この時はまだ、日章旗と共に星条旗も見られる。

拡充を志しつつあるを以て之を他所に移す意志なく」、適当な代替場所がない限り賃貸や譲渡は不可能である、と突っぱねている。

ところがそんな学校の主張など、どんどん通らなくなったのであろう。1945年7月の記録には「校舎を、指月電機株式会社の非常疎開予備工場とする貸借契約を取交す」と、すでに決められ契約したことが報告され、その1週間後には、「第1校舎と第2校舎の一部を海軍施設部女子軍属宿舎とする賃借口約を結び、提供を開始する」とされている。有無を言わせず、言われた通りに約束（口約束）させられ、すでに引っ越しがなされていることがわかる。

理事会記録は、戦後の膨大さにくらべ、1941年から1946年は極端に少なく、戦中と戦争直後は会議として機能していなかったことがうかがえる。それでも理事会は、学校の中心である学則を、1943年には2度に渡って変更することを決議している。「学則」の設置学科と目的の部分を、比較のため記載しておく。

① 1941年4月からの「学則」

〈神学部、保育学部、社会事業学部の3学部〉

「本学院は教育に関する勅語の聖旨を奉体し、特志の女子に基督教伝道、幼児教育及び社会事業に必要なる学課を教授し且つ国民として不可欠の訓練を与うることを以て目的とす。」

② 1943年2月改訂「学則」

〈保育学部、社会事業学部の2学部〉

「本学院は教育に関する勅語の聖旨を奉体し、特志の女子に幼児教育及び厚生事業に必要なる教育を施し以て皇国民としての錬成を行うを目的とす。」

③ 1943年12月改訂の「学則」

〈保育学部 単科〉

「本学院は教育に関する勅語の聖旨を奉体し、特志の女子に幼児教育及び育児に関する厚生事業に必要なる高等の教育を施し以て皇国民としての錬成を行うを目的とす。」

②の変更でも十分戦時体制を思わせるが、年末になって再び③へと変わる。この学則変更は1943年12月20日の常務理事会で以下のように記録されている。「本学院の学則中学科課程より聖書の科目等を除くようにとの県当局の意向に関し、院長より報告あり」そして、続く次の行には、「決議　学科課程より聖書の科目及び宗教教育の科目を除くこと。実施時期昭和19年1月より」である。こうして、神学部も、社会事業の働き手の養成部門も廃部されただけでなく、唯一残った保育学部の授業科目からも、聖書と宗教教育が、直ちに削除されなくてはな

第5章　聖和女子学院　259

らなかったのである。

　キリスト教の学校経営に大変な重圧がかけられる中、「〜と院長の報告あり」と短く書かれているが、学校の責任者としてひとり立つ広瀬の想いはどうだったのだろう。広瀬を支えていた理事、芹野の発言や、書記の田中貞(ただし)の会議録の量もどんどん減っていく。「書く言葉が見つからない」状況を読む思いである。

　しかし、このような公式の記録の少なさに反比例するように、聖和女子学院には生徒や教職員個人が書いた、寄宿舎日誌(寮日誌)、週番日誌、クラス日誌、事務日誌等が相当数残されている。残念ながらそのすべてを再録することはできないが、その時聖和女子学院に生きた人々の直筆の想いの一端を、ここにとどめておく。

　1941年――合併をして聖和女子学院となった初めの冬、1941年12月7日クリスマスの礼拝を守って帰寮した当番の生徒によって、書かれた寄宿舎(寮)日誌。「日増しに加わる寒さの中にも舎生一同健康を支えられて、長い間待っていた降誕節(こうたんせつ)音楽礼拝の日を迎える。学院(がくいん)報国会(ほうこくかい)音楽部主催、関西学院神学部聖歌班(せいかはん)の賛助出演を得て、まことに恵まれた音楽礼拝を守り、救世主をお迎えするの思いは、一層に深められる。いつもの夕拝は、この音楽礼拝に代えられて、恵まれた聖日の夜を、静かに感謝のうちに憩いにつく。」

　名前は学院報国会(がくいんほうこくかい)といかめしいが、関西学院神学生と混声でメサイヤを歌ってクリスマスを祝った聖和女子学院初めのクリスマス夜が、どのようであったかが思い浮かぶ。しかしその静けさは、一夜明けて、真珠湾(パールハーバー)攻撃、日米開戦の報にやぶられる。

　翌日の寮日誌。「英国、米国に対し宣戦布告。この報に接し、思わず息をのむ。正直のところ『大丈夫かしら』と、第1に考えさせられた。然し、布告をしてもしなくても結局同じ状態にあったのだし、雄々しく戦わなければならないのだ。何卒(なにとぞ)あくまで真理の為(ため)の戦いでありたい。そして早速、基督教(キリストきょう)と軍国主義の問題が追ってくる。基督者こそ真の愛国者であるということが認識されなければならない(後略)」。すでに、宣教団体はみな引上げ、残された米国系であり、キリスト教主義である学校への風当たりは、相当強かったのだろう。当時の日本のキリスト教信者の想いも推し量(お)られる記述である。こうして、様々な危惧と揺らぐ思いが綴られた12月8日の日誌は、やり場のないモノローグのように終わっている。「人間は結局こうして常に刺激を与えられなければ真面目になれないのであろうか。或(あるい)は戦争、或(あるい)は天災、様々な災厄(さいやく)に遇うたびに、人心(じんしん)の緊張なし、そしてまた弛緩(しかん)した話を聞く。今度もまた、その繰り返しであってはならない。」

　保育学部生以上に強い危機感を抱いていたのは、神学部生だったと思われる。1941年の年末には、12月27日という年の瀬に、追い立てられるように神学部第1次繰り上げ卒業がなされている。時期を待たずに、卒業させられた人たちを送り、翌1942年2月23日の日誌は、神学部の(のちに聖和大学教授となる筆者の恩師)香月恒子(かつきつねこ)が、言葉少なにこう書いている。「夜中から朝にかけて降った雨の、樋(とい)をつたう音、しみじみと春を感じた。久しぶりに温かい1日だった。冬来たりなば春遠からじ。冬のさ中に春を望むように、苦難の中にも、常に望みを失わないように、光を見つめて、進みゆきたいものだ」。春は遠く、いつまでも訪れそうにない、長い冬のさなかに、それでも希望をもって、希

ランバス女学院正門の前で「紀元節」

望の光を見失わないで歩みたい、と。静かな、いつも痛みをこらえて静かな、香月先生の横顔が思い起こされる。

　1943年になると、日誌の記載のなかに、たびたび「国民儀礼」と呼ばれるものが登場してくる。学校での「詔勅の奉壇式」も増えていく。また、「盛厚王殿下が御婚儀の翌日にもかかわらず、今日早速学校に出席なさり勉学にお励みの由（中略）わたしたちも盛厚王殿下のように緊張した生活をなしていかねばならないとしみじみ思わされ感謝です」（1943.10.14）や、「臨時大祭第2の今日は天皇皇后両陛下親拝の日である」など、日課のように、皇族や宮家に関わる記載と臣民としての生活訓が書かれている。

　しかし1943年は、そんな中でもまだ、「10月14日木曜日晴。今朝の作業は、お芋のつる切りと水やりでした。お芋のつるを切りながら、皆でこれをバターでいためたらおいしいのにと、それぞれお芋のつるの料理法を話し合った」や、「今日は自習時間中ラジオを空襲のサイレンと間違えて大笑いでした」などほほえましい記述もみられている。

　1944年となる。週番日誌は、それまで「1日中春のように暖かい光の差し込む日であった。午前中の3校時の授業を済ませ」など、当番のひとことが書かれ、その後に毎朝の「礼拝」の記録、聖書箇所、讃美歌、奨励の内容などが書かれていたものに異変が起こる。1944年の1月10日、朝必ず「朝礼」を行うことになり、礼拝は昼食時に行わることになると、記される。

　それからは、日付の後「朝礼」として「明治天皇御製　目に見えぬ神に向かひて恥ぢざるは　人の心の真なりけり」など天皇の和歌（御製）が、必ず一首書き写されるようになったのである。「朝礼」の後に昼の「礼拝」が記録されている日もあるが、朝礼の御製のみ書かれて、あとは、ひとこと「戸締りはよかった」だけの日も見られるようになる。「今日は礼拝があった」と書かれている日も見受けられることから、「朝礼」は必ず行い、時々「礼拝」がなされる状態になったと思われる。

　2月25日の寮日誌には、「寮に帰って5時のラジオの報道の時間、又々マーシャル諸島方面に6500の皇軍将士の玉砕が報ぜられた」の記載。「又々」玉砕である。

　3月の卒業礼拝の日には、「長坂先生の詩情あふれる『汝の若き日に創り主を覚えよ』のおすすめは、皆の胸に希望と決意をお与えくださった」とあり、卒業生の立派な様子に感激したことが書かれている。しかし、その翌日、「夕

食の後、爆風と弾片の映画を見にいくことになり」、爆風の威力をみて、「どうしても私たちは空襲に備えなければならないと痛切に感じ」させられた。ガラス破片の恐ろしさを示す実験などの映像もあったようで、「公衆退避」の問題、「ガラスは井に貼るのが一番安全でセロファンのほうがよい」など具体的な対処方に続き、「壕こそは国民の生命を守る陣地である。完全な壕を作って空襲に備えたいと思います」との決意で、日誌は締めくくられている。

いよいよ1945年になると、岡田山でも、たびたび敵機を目にするようになった様子が記される。1945年1月19日の寮日誌、「早朝敵機の来襲を見る。（中略）午後2時頃再び敵の来襲。今日の目標は大阪を中心とする近畿地方の空襲だった」。3月17日、「午前2時頃警戒警報発令され次いで空襲も発令され、1機ずつ何回も神戸に投弾、未明解除される。この敵機来襲の為に多くの罹災者が困っておられる事でしょう。3月18日、「明方から高射砲の音や飛行機の爆音がしきりに聞こえていたが、敵機が来襲していた様である。今日は1日警報の解除される暇もなく、次々と来襲し、主として艦載機グラマンなどであった。10時頃増田さんに電報が来て、田辺のお兄様が出征なさるとの事、警報が解除になるとすぐ、お昼前に田辺にいらっしゃった」。この他に、空襲警報、炸裂音がなり通しの後、解除されたので登校し、学校に来られた人で、「待機しながら楽譜写しをした（この度空襲の被害を受けられた2年生の近藤さんにおあげするため）」の記載も。「もんぺ姿の卒業式」（p. 256写真参照）の日の寮日誌は、「3月23日、栄えある第4回の卒業式、晴れ着に着かえ、しかも決戦服装で卒業生の方々、目出度く卒業証書を受けられました」

と書かれている。こうして、卒業生を送った在校生徒たちは、日々豪堀りや馬鈴薯（ジャガイモ）の種まきなど、勤労奉仕に駆り出されている。

そして、ドイツ陥落の5月4日の日誌は、長いがそのまま記載する。

盟邦ドイツの首都ベルリンも遂に陥落した。世界の動乱はその極みに達しているように思われる。私達も何時どんな事態の中に投げ込まれるとも分からない。けれど私達は最後まで戦いぬいて行かなければならない。どんなに大きな苦難が国家の上に襲いかかろうとも、すべては神の御手にあることなのだから。如何に鳴りどよめく世にあっても、私達は少し心を鎮めると揺るぎない平安の世界に入るという恵みをいただいている。すべての事を尽くして後、静かに神の御旨を待つ生活に入りたいものである。

昨夜は11時過ぎに警戒警報、続いて空襲警報が出たが、やがて解除された。夜中に1時間程眠りが中断されたので、今日は少し眠かった。

学校の横穴式の壕は、今日とうとう向う側へ貫通した。山の斜面を斜めに突っ切って崖の方にぽっかり穴が開いたのである。40人50人の力でも集まると山をも穿つことが出来るのだと思うと、何か私達の生活に大きな教訓が与えられるような気がする。

戦争の中で、人が考えること、「神の御旨」とは何か、など色々考えさせられる日誌なのだが、筆者がいちばん気になったのは、いったいどこに横穴の防空壕を掘ったのだろうということだった。岡田山はその名の通り山で、学校は

山の上に建っている。聖和に上がる坂の途中の神戸女学院の斜面か、図書館の裏あたりから、キャンパス西端の体育館の向こう、神戸女学院の西門方向に、岡田山を貫通させたのだろうか。40〜50人の女子生徒たちで、掘り上げたトンネル。戦争を遂行するエネルギーの凄さ。

　こうして敗戦の日を迎える。「8月15日水曜日　今日は私達の永久に忘れることのできない日である。正午に重大発表があるとの事、私達は胸をドキドキさせて待ちました。やがて12時ラジオより伝わります天皇陛下の玉音はただ不忠な臣民をかくまで思召してくださる御心に対して言うところを知らなかったのであります。戦いは終わりました。しかし、敗戦国日本という汚名を着て終わったのです。」

　「8月16日木曜日　今日の1日は無事に過ぎました。だけど、昨日の朝と今日の朝のたった1日の違いで世界中にとって日本祖国にとって一大変化が起ころうとは誰が想像したでしょう。」「一大ショック」、「ただ唖然としてなすところを忘れ」、「院長先生から、新しく月曜から午前中だけ授業することになると」聞いたとだけ記されている。

　こうして、「祖国の大国難」の中で、物凄いエネルギーが突如行き場を失ったその後の数日の日誌は、奇妙なトーンである。先生たちに言われた家庭勤労奉仕に1日中まい進したり、「大馬力をかけ寄宿舎周囲の除草を行った」り、「新しい日本の建設」に燃えてみたりといった敗戦から5日が行き、8月20日に学校は1カ月のお休みとその後再開が、決定されている。1945年の9月は、生徒たちも、先生たちも、学校も、そして日本の国中が、子どもも大人も、それまで懸命に掘って作った「ぽっかりあいた」穴を前に、しばらく座り込むような時間が、空を流れた秋だったのだろうか。

ランバス女学院時代の子どもたち　日章旗を打ち振って

年号	事 項
1946 昭21	・広瀬が病気のため院長不在ながら常務理事会を開催する。専門学校昇格の件と案授業料値上げ等について協議、可決する（1.29）。 ・京都大学西谷啓治を講師に、講演会「民主主義と天皇制」を開催する（2.5）。 ・紀元節祝賀式を挙行する（2.11）。 ・「昭和21年度生徒募集人員及び学則変更」の申請書類を兵庫県庁に提出する（2.15）。 ・自治会音楽部によりレコード・コンサートが開かれる（2.20）。 ・病気静養中の広瀬は全快して帰校する（2.27）。 ・地久節拝賀式を挙行する（3.6）。 ・田中剛二を講師に、修養会を開催する（3.9）。 ・保育学部第5回卒業式が行われ、39名が卒業する（3.22）。 ・鶴橋学園は、保育を再開する（4.）。 ・理事会総会を開催し、理事改選を行う（4.9）。 ・入学試験実施（4.15、5.10）が遅かったため、5月に入学式を行う。入学生50名（5.14）。 ・中川校医により、全教職員生徒にコレラ予防注射を実施する（5.17）。 ・開校記念日の式典を行い、その後演芸会を開催する（5.27）。 ・全校生徒、箕面公園へハイキングに出かける（5.22）。 ・神学部再開について臨時理事会を開く（9.6）。 ・徳憲義を講師に、修養会を開催する。（9.27〜9.28）。 ・ホワイトヘッドが、米国より帰校する（10.14）。 ・理事会懇談会を開き、ホワイトヘッド、J・B・カーブ、ミス・ケリーが出席する（10.19）。 ・保育学部のみとなった聖和の今後を考える学院改革案の起草委員に広瀬、浜田、芹野、田中、ホワイトヘッドを選出する（10.30）。 ・進駐軍より、図書没収命令に該当する書籍3冊を追放する（11.29）。 ・臨時理事会が開催され、学院改革案が報告される（12.27）。  **保育学部第5回卒業式** 宣教師の姿はまだないが、袴姿の正装で卒業式を迎えている。前列左から4人目より上野、柳原、高森、広瀬、山川、今田ら教師たちが並ぶ。

解　説	一般歴史

＊戦後の理事会①──アメリカン・ボードからの異議

　4月9日に改選された理事会メンバーは、日本基督教団推薦：芹野興太郎、釘宮辰生、中村金次、阪田素夫、基督教信者より：田中貞、浜田光雄、菱沼紅於、平岡とみ、卒業生より：佐野小春、谷富、宮田和子の11名であった。また、5月27日に開催された常務理事会において、財団法人聖和女子学院寄付行為総則と学則の変更を行って、戦前の「キリスト教の精神に基づき」教育を施す旨に戻し、「皇国民の錬成」などの語を省いている。

　さらに理事会は、広瀬の回想（『八十年史』p.238～）によれば、1946年7月初めに戦後帰日したアメリカン・ボード代表者より「聖和が神学部をなくして保育学部のみのを持つことは、合同条件に対して違法」との異議申し立てに対応することとなる。9月6日臨時理事会が開催され、広瀬から合同創立以来の経過報告と「神学部の復活に関して会衆派（アメリカン・ボード）ミッション側の申し入れ」について聞き、懇談協議を行った結果、本理事会の諸意見をメソヂスト派、会衆派（アメリカン・ボード）両ミッション代表者（カーブ、ケリー）に伝えるほか、今後の方針案を常務理事会で検討することとした。この異議はこれから数年の懸案となっていく。

＊戦後の理事会②──学院改革起草委員会からの提案

　12月27日の臨時理事会では、ヒューステッドの派遣をアメリカン・ボードに依頼する件が可決されたほか、帰日したホワイトヘッドを加えた学院改革起草委員会からの報告を受け、戦後の学院の方向性が具体的に協議され始めている。

　田中貞より理事会に報告された学院改革案の内容は、「本学院の目的は基督教の精神により婦人指導者を養成すること」とされ、①幼児教育及び初等教育にあたる教師養成科、②キリスト教の伝道及び宗教教育に従事する宗教教育科、③都市、農村の社会事業及び福利厚生施設に従事する社会事業科の3科の課程を置くことが提言されている。修業年限や入学資格は、新学制に合わせて設定し、これらの案の「効果的なる実施の為に聖和女子学院と頌栄保育専攻校が合同なしひとつの財団を組織する」可能性も視野に入れるように、とされている。

　報告を受けた理事会は、頌栄との合同について研究することとし、フランク・ケリー、ホワイトヘッドを窓口として翌年1月11日に両校の委員で懇談会を実施している。

- 第1次米国教育使節団来日（3.6）。
- 総選挙（4.10）。
- 極東国際軍事裁判開廷（5.3）。
- 文部省、教育勅語の奉読廃止など通達（10.8）。
- 日本国憲法公布（11.3）。
- ユネスコ発足（11.4）。
- 保姆を「幼児の保育を掌る職員」と改める。

真っ先に帰校したホワイトヘッドと共に

年号	事 項
1947 昭22	・ピービーが、米国より帰校する (1.14)。 ・ランバス記念伝道女学校第6回卒業生の島田知根(ちね)を講師に、修養会を開催する。2日目は特に卒業生を対象とした (3.7～3.8)。 ・保育学部第6回卒業式が行われ、45名が卒業する (3.21)。 ・理事会総会を開催し、常務理事の改選を行う (3.27)。 ・自治会体育部企画の新入生歓迎遠足で六甲山へ行く (5.12)。 ・開校記念日式典を行い、ホワイトヘッドより創立の歴史について聞く。その後、親睦会を実施 (5.27)。 ・修養会を開催する (7.10～7.11)。 ・アメリカン・ボード側代表者と面談する (8.12 ～ 8.13)。 ・理事の釘宮辰生が逝去し (9.11)、後任にJ・B・カーブが就任する。 ・保護者を招待して音楽会を開催し、学内の音楽教師が演奏をする (10.16)。 ・幼稚園と合同で運動会を実施する (10.24)。 ・遠足で、芦屋山麓に出かける (11.2)。 ・「中江汪、元森アイ子両先生追悼会」が同窓会主催で開かれる (10.26)。 ・米国教育使節団ミス・ヘファナンによる初等教育講演会を研究科生が聴講する (10.13～10.14)。 ・片山正直を講演者に、宗教講演会を開催する (12.10)。  幼稚園と合同の運動会（10月24日）　子どもたち、宣教師たち、みんな一緒に

解　説	一般歴史
*学校東側隣接地の借用 　今期の常務理事、浜田光雄、田中貞、中村金次、阪田素夫、芹野與太郎、広瀬ハマコの6名と学院会計管理者のホワイトヘッドは、6月6日の常務理事会で隣接地約2000坪を地主である西守弘より借用し、運動場、新校舎、幼稚園舎の建築地とすることを決定する。 　この校地については、翌年3月の理事会で、米国ミッションからの援助を願い購入する方向で、西との交渉を開始し（交渉委員：浜田、阪田、ホワイトヘッド、山川）、園舎建築の計画も進めている。 *アメリカン・ボードとの協議 　理事会で継続協議されていたアメリカン・ボードからの異議について、この年の夏、ようやく進捗をみる。 　8月12日夕、アメリカン・ボード側からミス・ケリー、デフォレスト、ヒバード、および神戸女学院院長畠中の来訪があり、カーブ、ホワイトヘッド、ピービー、広瀬は正式な話し合いを求められる。この席で広瀬は、「戦時中の経過の一切を説明し、教会の為に献げられたこの学院を、現在合同した教会の為の働き人の養成に、大きい立場からこのまま成長させるべきであると精魂をかたむけて訴えた」という。夜遅くまで結論が出ないまま、祈りをもって会は終わり、翌朝、ケリー、ヒバード、デフォレストの3名が再び来校し文書を渡される。そこには「聖和の合同を認め、保育学部のみでもこれを支援する」こと、「過去に違法的な行為があったとしても、やむを得ない適当な処置として最善であったと信じ」、メソヂスト、アメリカン・ボードの両ミッションに、この現地委員会の決定を報告することが書かれていた。 　これを見た広瀬は、感激してホワイトヘッドと共に泣いたという。こうして聖和の歴史は岡田山で、宗教教育科の設置を伴ってなお進んでいくこととなる。（『八十年史』p.239参照）	・教育基本法、学校教育法公布、4月より6・3・3制実施 (3.31)。 ・労働基準法公布 (5.3)。 ・日本国憲法施行 (5.3)。 ・改正民法公布。家族制度廃止 (12.12)。

保育学部第6回卒業式
ホワイトヘッド（前列左から7人目）とピービー（前列左から6人目）が帰ってきて共に写る卒業写真。

第5章　聖和女子学院　267

年号	事　項
1948 昭23	・臨時理事会を開催し、新たな合同の意向について協議する（1.26）。 ・三浦清一を講師に、修養会を開催する（3.5）。 ・保育学部第7回卒業式が行われ、39名が卒業する（3.20）。 ・理事会は、鶴橋学園の土地（大阪市生野区猪飼中5丁目18）を購入し、聖和女子学院財団の財産として登記すること、同学園の経営主体を財団法人聖和女子学院に変更することを承認（3.29）。 ・鶴橋学園の厚生事業施設申請書を府知事に提出する（6.10）。 ・原野駿雄を講師に、修養会を宗教部の計画で実施する（7.7～7.8）。 ・諸種の夏期研修会に、学院より参加者を派遣する（7.～8.）。 ・9月の学期より、再び土曜を休日とする。 ・広瀬、研究と休養とを兼ね渡米のため、横浜を出帆する（9.11）。院長代理はホワイトヘッドが務める。 ・ヘルテブライドを講師に、同窓会講座が開講され、第1期講演会がなされる（10.25～11.4）。 ・内外協力会より学校事情調査のため、冨田満、平賀徳蔵、ハナフォード、コーテスが来校する（11.28）。 ・島田惣一郎を講師に、秋季修養会「基督教とマルキシズム」を開催する（12.1）。

解　説	一般歴史
＊新たな合同についての協議 　1946年年末から話題となっていた頌栄保育専攻学校との合同に加えて、1月24日に神戸女学院より、「新制度に伴う変動を機に3校（聖和、頌栄、神戸女学院）の協力または合流の意向について」協議の提案がなされたことが、臨時理事会で報告される。これを受けて、浜田、カーブ、芹野、ホワイトヘッド、広瀬の5名を協議委員として選任する。 　さらに3月29日の理事会では、関西学院神学部女学生の寄宿舎への入寮許可や「関西学院大学と教室の交換または教授の交換をなすこと」などの協力要請について協議される。こうして、それまで出てきた3校に関西学院も加わり、戦後の新たな学校像をめぐり様々な学校間交渉がなされていく。 　この協議について、8月31日の臨時理事会において内外協力会（CoC.：Council of Cooperation 戦前各学校の運営等を行っていた北米8教派の伝道部が連合した組織と、国内のキリスト教主義学校やキリスト教事業団体を結ぶものとして1948年2月に設立された協議会。→2007年解散）からの提案が提出される。それは「関西地方に保姆養成を目的とする学校、聖和、頌栄の2校の存在の必要があるか否や。関西に有力なるものを1校設置できないか」というものだった。これについて種々懇談がなされ、「聖和の性格」を明らかにした上で内外協力会に以下のように報告することが決定される。「聖和女子学院の教育使命目的がキリスト教会及びキリスト教社会事業その他キリスト教関係事業の指導者を養成することである故に、保姆養成学校が他に在るとしても、当女子学院がその使命の特異性に鑑（かんが）みて関西学院大学と将来合同することが適当と思われる故（ゆえ）に適当なる援助を希望する」。 　しかし、この8月31日の内外協力会への回答の決議は、10月21日の常務理事会において「暫時保留すること」が議され、関西学院との合同に関する交渉委員（浜田、カーブ、ホワイトヘッド）が決められた。12月15日の常務理事会で、先の交渉委員より関西学院長並びに関係者との会見結果が報告される。それによると「神崎院長は関西学院と聖和との合同に関して積極的意思を表示」、これを受けて懇談の結果、「①関西学院との合同の件は来年4月までには応答できない。②頌栄との合同の可能性の可否を研究して後に、関西学院に対して聖和として具体的計画を立て相談を開始する」ことが決められた。 　――このような様々な学校間での協力、合同の模索は、この後一切理事会記録にあらわれなくなる。新学制の下でそれぞれの学校が、学校法人として大学設置に向けて動き出したためであろうと思われるが、1948年までのこのような協議、特に関西学院との合同の協議の記録は、興味深い。 **＊夏期研修会派遣** 　夏の講習会が盛んに行われ、教師会記録によれば、この夏だけで下記研修会に学校から参加、派遣している。 　キリスト教教育同盟会主催第18回夏期学校、日本基督教団讃美歌委員会主催「全国基督教学校音楽教師夏期修養会」、キリスト教保育連盟修養会（群馬一宮）、全日本保育連盟講習会（奈良）	・文部省、『保育要領昭和22年度試案』発行（3.1）。 ・児童福祉法施行（4.1）。 ・英国のパレスチナ委任統治終結。イスラエル国家独立宣言（5.14）。 ・大韓民国成立（7.17）。 ・教育委員会法公布（7.17）。 ・朝鮮民主主義人民共和国成立（9.9）。 ・日本保育学会設立（11.29）。 ・国連総会、世界人権宣言を採択（12.10）。

第5章　聖和女子学院

年号	事　項
1949 昭24	・荘司雅子を講師に、同窓会講座が開講され、第2期講演会がなされる（1.15～1.17）。 ・河邉満甕を講師に、同窓会の支援により修養会を開催する（2.）。 ・宮武辰夫を講師に、同窓会講座が開講され、第3期講演会がなされる（2月中旬～3月の6回）。 ・戦後初めてとなる「聖和女子学院同窓会報」が発行される（3.5）。 ・保育学部第8回卒業式が行われ、14名が卒業する（3.21）。 ・開校記念日式を行い、その後上野光による「回顧談」を聞く（5.27）。 ・宗教部学生との協同で、修養会を行う（7.7～7.8）。 ・理事会を開催し、聖和短期大学の設置を決定する（9.20）。 ・神戸女子神学校とランバス女学院の神学部卒業生の合同修養会を実施する（8.30～8.31）。 ・臨時理事会にて、神学部を宗教教育科とする件につき協議する（9.27）。 ・財団法人聖和女子短期大学設置認可書を文部省に提出（10.26）。この年、学院は隣接土地6567㎡を購入、鶴橋学園は、大井氏の土地1272㎡を購入する。 ・関西保育大会（於：灘高校）に全校生徒が出席する（10.29）。 ・関西学院で行われる「ブルンナー博士講演会」に全校生徒が出席する（10.31）。 ・神戸女子神学校校長を勤めたコザートの記念会に、舎監宮田あい（コラム22参照）と生徒2名を派遣する（12.）。
1950 昭25	・修養会が開かれる（3.14）。 ・長田新を講師に、講演会「新教育と保育」を開催する（2.21）。 ・聖和女子短期大学設置認可を受ける。定員は、保育科（2年制）60名、宗教教育科（3年制）30名とする（3.14）。 ・棟方文雄を講師に、卒業修養会を開催する（3.14）。 ・保育学部第9回卒業式が行われ、18名が卒業する（3.18）。
1951 昭26	・保育学部第10回卒業式が行われ、聖和女子学院最後の卒業生49名が卒業する（3.17）。

創立70周年記念同窓会
神戸女子神学校の恩師長坂鑿次郎、たか夫妻（前列左から8人目、9人目）が並び、最後列中央に田中貞の姿も見える。

解　説	一般歴史

＊1949年の女子学院

　この年は戦後の学院の新体制、短期大学設置に向けて、教師の学究活動の支援がさかんになされた。3月28日の理事会では、渡米中の広瀬のEd.D（宗教教育博士号）取得のために、在米期間を1950年2月までに延期すること、関西学院に内地留学中の山川には更に1カ年の奨学金を給付すること、柳原豊彦（教授）の2カ年留学（デューク大学で宗教教育及び宗教音楽を研究）の承認がなされているほか、内外協力会に保育学部のために幼稚園の専門家1名、宗教教育部のために宗教教育専門家1名の派遣を依頼することが決定されている。

　また、設置される短期大学に「神学部」（仮称）を再開することについての検討が進められた。3月の理事会では、「日本基督教団総会常議員会で本学院宗教教育部を新設する件が提出されて、内外協力会に推薦され、内外協力会においても賛成を得た」との報告がなされている。

　そしてついに、9月20日理事会は、満場一致で短期大学設置を可決する。この時点では、名称「聖和女子短期大学」、組織として保育科（2年）、神学科（3年）の2科を設けるとされ、学科課程の研究と教員人事については、引き続き検討することとされた。

保育学部第10回卒業式
聖和女子短期大学となって新しい教職員も増えた学校から、聖和女子学院最後の卒業生が巣立っていった。

1949
- 文部省設置法公布（5.31）。
- 教職職員免許法公布（5.31）。
- 社会教育法公布（6.10）。
- 下山事件、三鷹事件、松川事件相次いで起こる（7.5、7.15、8.17）。
- 中華人民共和国成立（10.1）。
- 湯川秀樹、ノーベル物理学賞受賞（11.3）。
- 私立学校法公布（12.15）。

1950
- 日本戦没学生記念会（わだつみ会）結成（4.22）。
- 朝鮮戦争始まる（6.25）。
- レッドパージ始まる（7.24.）。
- 警察予備隊令公布（8.10）。54年には自衛隊になる。
- 第2次アメリカ教育使節団来日（9.22）。
- 文部省、祝日に「日の丸、君が代」を進める通達（10.17）。
- 短期大学149校設立（132校が私立）。
- 女性の平均寿命、60歳を越える（女性61.4歳、男性58歳）。

1951
- 教育課程審議会は道徳教育充実について答申（修身科を復活せず、教育活動全体を通じて道徳教育を行う）(1.4)。
- マッカーサー解任（4.11）。
- 児童憲章制定（5.5）。
- 国際労働機関（ILO）、日本の加入を承認（6.21）。
- 日米安全保障条約調印（9.4）。
- 対日平和条約、日米安保条約調印（9.8）。
- 私立大学11校に新制の大学院の設置が決まる。

Column26

「帰ってきたふたり」の言葉

　戦争が終わり、文字通り「ぽっかり穴があいた」学校に、すぐ年末がやってきて、明けた1946年、敗戦の翌年のこと、まずホワイトヘッドが、そしてピービーが岡田山の聖和女子学院に帰ってくる。そうして、戦後の聖和の復興と再建が始められたのである。

　それからの道のりは、本書のⅡ部へと続いていくが、Ⅰ部の最後に、どうしてもとどめておきたいのは、ふたりの師の言葉である。大阪のランバスを追われるようにして、子どもたちを幼稚園において帰米したピービーと、聖和女子学院のスタートを見届け、広瀬を助けて、岡田山に送り届けるようにして最後の最後に帰米したホワイトヘッド。このふたりが、戦争によって遮断された5年もの歳月を経て、なお忘れることなく聖和に戻ってきてくれたこと、それによって、聖和の戦後は再スタートしたと言っても過言ではないと思う。

　戦後の聖和女子学院時代に、1号だけ発行された「同窓会報」(1949年3月5日) に、ふたりは敗戦を経験した卒業生へ向けての言葉を書いている。

　ピービーはまず、「再び愛する日本へ帰ることが出来まして、本当に嬉しく存じています。誌上を拝借いたしまして、心からなる御挨拶を申し上げます」と、人柄がにじみ出る言葉で丁寧に書き出し、日本に帰り、多くの同窓生が訪ねて近況を報告してくれていることを喜んだ後、「このよい機会に2、3の事を申し上げ、これが、皆様方の御働きの御助けともなり得ますならば幸い」だとする。そうしてその後書かれているのは、最後まで「子どもたちに何が必要

ピービーと子どもたち
河原町の聖和幼稚園で

であるか」である。ピービーにとって、「子どもたちが必要としていることを考える」ことこそ、保育者が常に意識しなければならないことだったのだ。

　子どもたちに何が必要か、まず、食物不足の時代にあって、子どもたちの身体的発達に十分留意して、適当な栄養に気を配ることが、勧められている。

　その次は、とてもピービーらしいと思うのだが、子どもたちが挑戦したいと思うような「興味に満ちあふれた環境の中で、遊ぶことが必要」だと。そして室内のいろいろな玩具や、子どもたちの「創造の意欲」を引き出す、ものを創りだすための材料、さらに、遊んでみたいという気持ちを与えるさまざまな経験について語られていく。「お庭を作る」、「動物の世話をする」、「お話を聞く」、「絵を見る」そして、先生の歌やレコードによる「音楽的経験」も、子どもたちが「遊んでみたい」と思うために必要なのだと。

　最後に子どもたちに必要なのは、人格的教育である。ピービーは、子どもたちが「キリスト

教的に養われているでしょうか」、「他の人々に対し思いやり深いという事を、親切という事を学びつつあるでしょうか」、と保育者たちに問いかけ、子どもが協力と分かち合いを知ることの大切さを語っている。

どの文章も、子どもの主体性と経験を大切にするピービーの保育観に根ざした言葉だと思われ、戦後の日本の教育の中で、「聖和の保育」の行くべき道を語っているものだと思う。

この柔らかく優しい文章は、まさに、アン・ピービーという先生自身を表しているが、その中でも、最も印象深かったのは、次の一言である。「皆様方の子どもさんは軽い可愛い声で歌っておられるでしょうか。大きいはりさける様な声で、がなってはいませんでしょうか。」どんな理論も、賞賛されるような経験も、声高に叫ぶものではない。わたしたちが、子どもたちに軽やかで美しい声で話しかけているならば、それは、きっと愛に満ちた言葉にちがいないと、「ピービー先生」は信じ願っている――そんな風に思えるのだ。

もうひと方は、マーベル・ホワイトヘッド。苦難に苦難の続いた日々を院長としてひとり歩いた広瀬ハマコの、いちばんの笑顔の写真をみれば、肩を組むこの人が、どんな人かはわかるだろう。戦争の間、ずっと日本を思い、心配し続けてくれていたのだと思う。そして戻ってきて、戦後の日本の状況を彼女はじっと見つめながら、こんなメッセージを書いている。

「昔イエスが地上に生活し給うた時、弟子たちは暴風雨の湖に漂う小舟の中で、生命を失うかと、恐れました。そして、長い伝道の後疲れて艫の方に眠っておられたイエスを起こしました。イエスは起きて、湖上の嵐、更に大きな弟

広瀬ハマコのベストスマイル

子たちの心の中の嵐を静め給いました。この同じイエスが、今日も尚生きて、諸姉が求めさえすれば日本の心の嵐を静めることが出来ます。」

ホワイトヘッドが見た日本は、「停戦調印後4年、進歩と癒しが進んでいるが」、どこか虚ろに思えたのだろう。重ねてこんなイエスの話を続けている。「イエスの死は、その弟子の心の中には、大きな空洞をつくりました。彼らは茫然自失し、考える根拠をうしなってしまいました。そして漁師に復職しました。終夜漁りましたが何をも獲ませんでした」と。しかし「その時イエスが来て」その空しい漁は、大漁へと変えられたのだと。「日本は、過去の理想の基礎を根底から壊され」その姿は「丁度迷える弟子のひとりのよう」だ。しかし、そこに「イエスが来て」くれる。「イエスのみが日本を救い得」ることを信じ、これからの歩みを「永遠の基礎の上に建設し再建し得る」方法をイエスに教えられて行こう、と。そして、最後の呼びかけはこう語られている。「いざ、イエスの求めに応じて生き、人類を愛し、他人の幸福のために、常に働こうではありませんか。」

学校の建つ山に、ぽっかりとあいた大きな空洞、そこにも、もう1度イエスがきてくれることを、もう1度「永遠の基礎の上に」これからを建てていけることを、卒業生たちは、教師たちは、もう1度聖和にやってきてくれたふたりをみながら信じたのだと思う。そうしてまた、この学園は、歩き出したのだ。イエスの思いを思いとし、人々を愛し、他者のために喜んで働く人たちを送り出すために。

ホワイトヘッド送別会の学校歴史劇の様子

典拠資料・参考文献

1. 資料 〈議事録、報告書、機関誌、雑誌等〉

「ランバス記念伝道女学校季報」ランバス記念伝道女学校、1911年〜1920年 （「季報」と略記）
神戸女子神学校同窓会誌「會報」神戸女子神学校同窓会、1912年〜1940年 （「会報」と表記）
「神戸女子神学校卒業生諸姉に贈る書」1913年
「基督教邦人教員名簿」基督教々育同盟会、1923年
「ランバス女学院同窓会誌」ランバス女学院同窓会、1928年〜1937年 （「会誌」と略記）
「ランバス女学院報」ランバス女学院 1932年〜1941年 （「院報」と略記）
シ・ビ・デフォレスト編「神戸女学院新築記念」神戸女学院、1934年
「神戸女子神学校日誌 長坂編」1936年〜1941年 （長坂「日誌」と略記）
「會員名簿」聖和女子学院同窓会、1941年
「いづみ会会報」1943年
「聖和女子学院同窓会だより」1944年
「同窓会報」聖和女子学院同窓会、1949年
「めぐみ」（神戸女学院同窓会誌） 神戸女学院同窓会、第31号1937年、第75号1985年
神戸女学院史料室『学院史料』神戸女学院史料室、Vol.1 1983年、Vol.4 1986年、Vol.5 1987年、Vol.7 1989年、Vol.8 1990年、Vol.9 1991年、Vol.27 2014年
田中貞子・飯沼道子編「聖和大学110周年に神戸女子神学校関係 めぐみのあしあと」1990年
「NCC教育部ネットワークニュース」No.23、NCC教育部、2007年
「神戸女子神学校理事会記録」、「神戸女子神学校記録簿」、「中央委員会報告書」神戸女子神学校
「聖和女子学院理事会議事録」、「聖和女子学院教師会記録」聖和女子学院
「学校日誌」、「学級日誌」、「聖和寮日誌」、「寄宿舎日誌」聖和女子学院
「ランバス女学院日誌」ランバス女学院
Annual Report of ABCFM（アメリカン・ボード）
Annual Report of Woman's Board of Mission of Interior（アメリカン・ボード）
Life and Light for Woman（アメリカン・ボード）
Missionary Herald（アメリカン・ボード）
Mission Board Records（アメリカン・ボード）
Year Book, METHODIST EPISCOPAL CHURCH SOUTH （MECSと略記）
Fifty Years in Japan, Fiftieth Anniversary Year Book, MECS （MECSと略記）
ANNUAL REPORT OF THE JAPAN KINDERGARTEN UNION （JKUと略記）
「旭光」日本組合教会月刊機関誌 旭光社
「基督教世界」
「七一雑報」
「基督教新聞」
「日本組合教会便覧」
「日本メソヂスト教会年会記録」

2. 文献 〈学校、幼稚園、教会等の年史〉

神戸女学院創立五拾年祝賀会編『創立五十年神戸女学院史』神戸女学院創立五拾年祝賀会、1925年
『神戸女子神学校五十年記念誌』神戸女子神学校、1930年
谷平吉編『丹波基督教会史』丹波基督教会、1934年
広島女学院『創立五拾週年記念誌』1936年

中村金次編『南美宣教五十年史』南美宣教五十年紀念運動事務所、1936年　（『南美』と略記）
『神戸女學院その歴史を描く　明治8年～昭和25年創立75周年記念』神戸女学院、1950年
広島女学院『創立七拾週年記念誌』1956年
神戸栄光教会七十年史出版委員会編『神戸栄光教会七十年史』日本基督教団神戸栄光教会、1958年
聖和八十年史編集委員会編『聖和八十年史』聖和女子短期大学、1961年（『八十年史』と略記）
『播磨地方の諸教会と学園——播磨地方キリスト教小史』（記念誌『日ノ本75年史』第6章抜き刷り）日ノ本学園、1968年
摂津三田教会創立百周年記念史編纂委員会編『日本キリスト教団摂津三田教会創立百周年記念史』日本基督教団摂津三田教会、1975年
『南大阪教会五十年史　付南大阪幼稚園四十五年史』日本基督教団南大阪教会、1976年
広島女学院創立90周年記念編集誌編集委員会編『九拾年の歩み——NINETY YEARS OF GROWTH』広島女学院、1976年
活水学院百年史編集委員会編『活水学院百年史』活水学院、1980年
土肥昭夫『日本プロテスタント・キリスト教史』東京創文社、1980年
『聖和100年のあゆみ』聖和女子大学、1980年
『100周年記念—— 1980　卒業生の歩み』聖和女子大学、1980
神戸女学院百年史編集委員会編『神戸女学院百年史　各論』神戸女学院、1981年
神戸女学院百年史編集委員会編『神戸女学院百年史　総論』神戸女学院、1981年
神戸女学院記念帖委員会編『岡田山の五十年』神戸女学院、1984年
聖和保育史刊行委員会編『聖和保育史』聖和大学、1985年
キリスト教保育連盟百年史編纂委員会編『日本キリスト教保育百年史』キリスト教保育連盟、1986年
七十周年記念事業委員会編『神戸平安教会七十年のあゆみ』日本基督教団神戸平安教会、1986年
渓水社編『広島女学院同窓会百年誌　広島女学院と共に百年』広島女学院同窓会、1986年
写真による100年史作成委員会編『目で見る広島女学院の100年』広島女学院、1986年
創立100周年記念事業委員会記念出版専門委員会編『関西学院の100年』関西学院、1989年
聖和幼稚園100年史委員会編『聖和幼稚園100年史』聖和大学、1991年
広島女学院百年史編纂委員会編『広島女学院百年史』広島女学院、1991年
日本基督教団神戸教会編『近代日本と神戸教会』創元社、1992年
高道基編『幼児教育の系譜と頌栄』頌栄保育学院、1996年
山本裕司著、大洲教会百年史編纂委員会編『流れのほとりに植えられた木』日本基督教団大洲教会、1999年
編集委員会編『神戸女学院の125周年』神戸女学院、2000年
日本基督教団関西学院教会80年史編集委員会編『関西学院80年史』日本基督教団関西学院教会、2000年
竹中正夫『ゆくてはるかに　神戸女子神学校物語』教文館、2000年
幼稚園百周年記念誌編集委員会編『ランバス記念幼稚園の100年』日本基督教団神戸平安教会附属ランバス記念幼稚園、2003年
日本キリスト教団京都御幸町教会百年史編纂委員会編『日本基督教団京都御幸町教会百年史』日本キリスト教団京都御幸町教会、2004年
神戸栄光教会百年史編集委員会編『日本基督教団神戸栄光教会百年史』日本基督教団神戸栄光教会、2005年
広島女学院幼児教育史刊行委員会編『小さき者への大きな愛』広島女学院、2006年
NCC教育部歴史編纂委員会編『教会教育の歩み　日曜学校から始まるキリスト教教育史』教文館、2007年
今田寛『広島女学院を創立した人たち』広島女学院、2008年
『蒔かれし種より —— 聖和80』社会福祉法人聖和共働福祉会、2011年

3. 文献 〈伝記、事典他一般書籍〉

（ダッドレー・鈴木清著）『聖書史記問答』米国傳道教師事務局、1879年
ダッレー『育幼岬』福音社、1880年
ダッレー『育幼岬』神戸福音舎、1880年
『メレイライヲン一代記』大日本国神戸印行、1883年
Frances Little, *The Lady of the Decoration*, 1907
Frances Little, *The Lady Sada San*, 1912
今泉眞幸編『天上之友』福音印刷、1915年
『ミス・ダツレー』1930年
「天上の友」刊行委員会編『天上之友　第二編』基督教世界社、1933年
桧垣逸代編『芝崎和子さん』ランバス女学院出版部、1935年
ランバス伝委員会編『関西学院創立者ランバス傳』関西学院、1959年
山崎治夫『地の果てまで――ランバス博士の生涯』啓文社、1960年
倉田俊丸『釘宮辰生伝――祈りに生きた伝道者の生涯』教文館、1965年
陳舜臣『神戸というまち』至誠堂、1965年
小田切快三『ゲーンズ先生物語』広島女学院、1966年
鮫島盛隆『赤沢元造伝』新教出版社、1974年
広瀬院長退任記念事業委員会編『広島女学院と共に――広瀬ハマコ先生文集』、1974年
吉野丈夫『神戸と基督教（第三版)』神戸キリスト教書店、1975年
日本基督教協議会文書事業部キリスト教大事典編集委員会編『キリスト教大事典』教文館、1978年改訂版
堀博・小出石史郎共訳、土居晴夫解説『神戸外国人居留地』神戸新聞出版センター、1980年
日本キリスト教歴史大事典編集委員会編『日本キリスト教歴史大事典』教文館、1988年
「天上の友」刊行委員会編『天上之友　第三編』基督教世界社、1988年
ジャン・W・クランメル編『来日メソジスト宣教師事典1873～1993年』教文館、1996年
フランセス・リトル著、佐々木翠訳『勲章の貴婦人』広島女学院、1996年
Edith E. Husted, *Gift To Japan*, 1996
黒田実郎『ALL FOR SEIWA 山川道子先生のご生涯（1905-1988）』1998
イーデス・E・ヒューステッド著、茂純子・長尾ひろみ訳『日本への手紙』聖和大学、2000年
関西学院事典編集委員会編『関西学院事典』関西学院、2001年
サムエル・M・ヒルバーン著、佐々木翠訳『ゲーンス先生』広島女学院、2002年
築地居留地研究会編『近代文化の原点――築地居留地』築地居留地研究会、Vol.1　2000年、Vol.2　2002年、Vol.3　2004年
三田征彦編『ランバス物語』興正社、2004年
同志社大学人文科学研究所編『アメリカン・ボード宣教師　神戸・大阪・京都ステーションを中心に、1869～1890年』教文館、2004年
ウォルター・R・ランバス著、山内一郎訳『キリストに従う道　ミッションへの動態』関西学院、2004年
澄田新・小嵜智通編『豊かないのち　ランバス・ファミリーの蒔いた種』関西学院・啓明学院協議会、2005年
黒瀬真一郎編『わたしたちのゲーンス先生そして広島女学院』広島女学院維持会、2007年
本井康博『徳富蘇峰の師友たち――「神戸バンド」と「熊本バンド」』教文館、2013年

4. その他の一次資料

　上記典拠資料、参考文献のほかに、聖和短期大学キリスト教教育・保育研究センター書庫に所蔵の歴史資料（パンフレットなどのプリント類、アルバム、切抜き記事等のスクラップブック）を参照した。

参考文献　付記

　本書の典拠資料となった参考文献・資料のほぼすべては、聖和大学歴史資料室が所蔵していたものを、2009 年の合併後、聖和短期大学キリスト教教育・保育研究センターで引き継いだものです。これらの歴史資料の収集、ファイリング、管理は、聖和大学旧職員の井口純子さんが、歴史資料室担当であったときはもちろん、他の部署配属の折も人知れず、ほとんど独力でしてくださいました。

　そもそも本書の構成も、「井口年表」とわたしたちが呼ぶ彼女の労作、「聖和大学年表　（未定稿）」を下敷きとしています。このように、あらゆる「聖和の歴史」を表す作業には、背後に井口さんの長年にわたる、想いを込めたお働きがありました。この場をお借りして、心から感謝を申し上げます。

　また、歴史素人の執筆者のために、神戸女子神学校と岡田山に関する歴史をご教示くださり、いつも快く資料を貸してくださる井出敦子さん、佐伯裕加惠さんはじめ神戸女学院のみなさま、関西学院、メソヂスト関連のわからないことを瞬時に教え、執筆作業をずっと応援してくださった学院史編纂室の池田裕子さん、そして、インタビューや突然の質問電話に応えて、貴重なお話を惜しみなく聞かせてくださった宮田満雄先生、城山幸子さん、岩阪アツ子先生、薦田緑さん、みなさんの有形無形の資料提供がなければ、第Ⅰ部の執筆はとうていかないませんでした。ここに記して、心より感謝します。

（小見 のぞみ）

学校法人 聖和大学　建学の精神・教育理念

　この学園は、神がわたしたち一人ひとりを愛してくださっていることを知り、イエス・キリストが示された生き方にならって、他者─特に幼い者や社会的に弱くされた者たち─に仕える働き人を養成するために建てられています。そして、この建学の精神を、All for Christ「キリストに心を向けて」や、Seiwa College for Christian Workers「キリストの働き人を育てる聖和」という言葉で表してきました。

　また、ここに集う一人ひとりの全人的で調和のとれた成熟のために、3つのH─Head：真理の探求、Heart：自分を愛し人を愛する心、Hand：奉仕と実践─を大切にすることを教育理念としています。

　この学園は、米国から来た女性宣教師たちによって始められた3つの源流（1880年創立の神戸女子神学校、1888年創立のランバス記念伝道女学校、1895年設立の広島女学校保姆師範科）が順次合同し、「聖和」＝聖なる和合として歩んできました。イエス・キリストのうちに、つながり合い、結び合う和合の源があることを「聖和」の名は表しています。

『聖和100年のあゆみ』表紙絵より
画・中川久一

写真で見る聖和キャンパスの80years

発行：学校法人関西学院西宮聖和キャンパス　編集：「写真で見る聖和キャンパスの80年」編集委員会より

2012年、聖和キャンパスが岡田山で80歳を迎えたとき、その歩みをリーフレットにとどめました。ここでは、それを4頁に組み替えて再録します。

1880年、アメリカン・ボードにより、神戸花隈に日本初の女性の神学校として開校。1883年より神戸中山手6丁目を校地としていた。

女子伝道学校―神戸女子神学校
（1880～1941）

創立者
ジュリア・E・ダッドレー　　マーサ・J・バローズ

1908年に新築された中山手の神戸女子神学校校舎。ここから1932年に岡田山の現在地に移転した。

History-A 聖和キャンパスの誕生　1932～1941年

草はらに建つ神戸女子神学校の校舎
ヴォーリズ建築のチャペル（現4号館：右）と寄宿舎（左）。

上の写真の反対側からみた校舎
右奥から寄宿舎、宣教師館、日本人教師住宅。

岡田山の新校舎献堂式（1933年3月）
ヴォーリズのチャペルを背景に記念撮影。

History-B 聖和女子学院時代　1941～1950年

聖和女子学院開校式　（1941年5月）
神戸女子神学校とランバス女学院が合同。

日米開戦パールハーバー前夜のチャペルで
関西学院学生と合同メサイヤ合唱（1941年12月7日）。

もんぺ姿の卒業式（1945年3月）
アメリカ人宣教師がいない戦時下の質素な卒業写真。

1888年、米国南メソヂスト監督教会により、神戸居留地山2番に創立。1899年、中山手4丁目に新校舎を建築。以降「35番のランバス」と呼ばれた。

関西学院創立者W・R・ランバス一家の援助によって1886年砂本貞吉が創立した広島女学会に、ゲーンズが附属幼稚園と保姆養成科を設立。

神戸婦人伝道学校―ランバス記念伝道女学校
（1888〜1921）

創立者
メアリー・イザベラ・ランバス

広島女学校保姆師範科
（1895〜1921）

創立者
ナニー・B・ゲーンズ

ランバス女学院
（1921〜1941）

1921年、2校が合同し、神学部と保育専修部をもつ。大阪上本町のこの校舎から、1941年に岡田山に移転し、神戸女子神学校と合同。

子どもたちと学生たちの運動会（1947年10月）
長い戦争が終わり、キャンパスに歓声と笑顔が戻る。

History-C
聖和女子短期大学時代　1950年〜

短大となり敷地を広げたキャンパス
立派な門柱が建てられる（現在の南門）。

ヴォーリズのチャペルでの学校礼拝（1954年）
戦後戻られたM・ホワイトヘッド学長が講壇に立つ。

1955年建築の講堂での学校礼拝（1959年6月）
花が飾られ、教職員と学生は毎日礼拝を共にした。

聖和第二幼稚園時代 1955〜1961年

ヴォーリズ建築のチャペルを使用して聖和第二幼稚園開設

キャンパスの中にある通園路
園舎から正門への道を降園する子どもたち。

すべり台やシーソー、砂場があるキャンパス
学生たちが学ぶ校舎の隣で子どもたちが遊ぶ。

photo-3

History-D
聖和女子大学時代　1964〜1981年

桜のキャンパス　旧1号館のある風景

「グラウンド開き」の式典（1970年9月）
積み木の箱に乗って話をする山川道子学長。

雪の日のグラウンドで遊ぶ子どもたち
後ろにヴォーリズ建築のチャペルと宣教師館が見える。

やわらかなピンクの南聖和幼稚園園舎
この園庭は現在の正門左手駐車場あたり。

Seiwa College for Christian Workers
壁の言葉が坂を上ってきた人たちを出迎える講堂。

History-E
聖和大学時代　1981年〜

1980年に聖和創立100周年を記念して建設された記念館（現短期大学図書館）

キャンパス全景（1980年）
旧1号館と聖和の森を挟んで新旧の建物が向かい合う。

阪神淡路大震災 1995年1月

亀裂の入った4号館東側入り口

ビニールシートが張られ足場の組まれた4号館

History-F
復興から現在のキャンパス 1995〜2012年

甲山を背景にした新1号館
子どもたちが遊び、散歩する姿がキャンパスに戻ってくる。

「ノアの箱舟」をかたどって再建された新1号館。1階部分の壁色を変えて箱舟をデザインしている。

1999年に新築された聖和幼稚園の園庭 自然の中で成長していく子どもたち。

講堂跡に建てられた山川記念館　1階に関西学院こどもセンター、2階に聖和短期大学キリスト教育・保育研究センター、メアリー・イザベラ・ランバスチャペルがある。

1号館屋上レリーフ
「ノアの箱舟」は、大洪水の中でいのちを守り育む姿を表している。
「オリーブをくわえた鳩」が、新しい出発と希望を知らせる。

パイプオルガンが設置されたメアリー・イザベラ・ランバスチャペル

80年間キャンパスを眺めてきたヴォーリズの2つの建物
ダッドレーチャペルとゲーンズハウスは、西宮市都市景観形成建築物に指定されている。

種から育ち、毎年実をつけるびわの木とダッドレーチャペル

昔から変わらないチャペルの木のぬくもり

クリスマスのライトアップ

神戸女子神学校校舎から持ってきたJulia.E.Dudley Memorial Chapelの銘板

聖和幼稚園園庭に移設された旧宣教師館ゲーンズハウス

photo-5

1950〜60年代の聖和

「エイ！」鍬をふりかざす、ホワイトヘッド学長の勇姿。

建築中の短大新校舎校。坂を登りきって、広くなりゆく校地、建てあげられていく木造2階建ての校舎。

1952年、新校舎1号館建築の鍬入れ式。みんなが立っている原っぱに、待望の校舎建設が始まる。

完成した1号館には、教室、事務室のほか図書室がつくられた。

1955年には講堂も完成し、3月6日に竣工式が行われた。

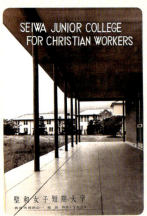

表紙

出来上がった講堂で、創立75周年が祝われ、学校の歩みを思い起こす歴史劇「75周年を回顧して」が上演された。

裏表紙のマーク

聖和短期大学のパンフレット

聖和短大の3人の学長。短期大学の初代学長、広瀬ハマコ（左）は、広島女学院学長に就任のため聖和を辞し、1951年にマーベル・ホワイトヘッド学長（右）となる。そして1958年に、山川道子（中央）が学長に就任し、1964年からは女子大学長となった。

テニスコート開き（1960年）ラケットをもって記念撮影。

石塀ができ、新しい石の門から坂を下りて帰っていく学生たち。

ヴォーリズ建築の5号館にはピアノレッスン室があった。ここで汗をかいた人、涙した人もきっといるはず。

学生生活の時間割には、「労作」や「掃除」が組み込まれていた。

寮生活（1960年に建てられた10号館の学生寮）

現ダッドレーチャペルでのページェント

1967年の先生たち、笑顔のスナップ。

学生たちによる本格的クリスマスページェントが毎年なされていた。

旧講堂でのクリスマス。講堂入口には、大舞台を照らす照明係の姿が見える。

1970年代の聖和

派手やかなツツジのピンクと、なぜかこのベンチの緑が、長くキャンパスの春の色に。

主に授業が行われていた教室棟の3号館

3号館横での授業。後方（現在のグラウンド）には畑がつづく。

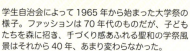

学生自治会によって1965年から始まった大学祭の様子。ファッションは70年代のものだが、子どもたちを森に招き、手づくり感あふれる聖和の学祭風景はそれから40年、あまり変わらなかった。

人形劇部「わらべ」のカラフルな芝居小屋（外観）

小屋の中ではミドリのネコが、子どもたちの前で熱演。

大学院開学式式典（1973年）

式典後といえば野外パーティー。

入試風景

神戸新聞の記者が撮った試験会場。大きな受験番号をつけた受験生たち。

合格発表は、講堂前に毛筆書きの合格者「氏名」が貼り出された。

入試を突破して、晴れの入学式。会場へ向かう新入生たち。

入学式の最後に、恒例の教員紹介が壇上でなされる。

70年代の卒業式・卒業生

クリスマスには、寮の玄関も飾られ、寮の食堂を会場に「聖和ファミリー」といわれた教職員のクリスマス祝会が毎年行われていた。先生たちの出し物、熱唱。

1980年代の聖和

聖和創立100周年を迎えて、記念館が建てられる。竣工式、AD1980の銘板の前で、左から山川道子、安達醇、右に松永晋一。

↑ 1号館の図書室から、学生たちの手で本が運び出される。学校の仕事は、いつもキャンパスのみんなの働きで担われた。

新しい図書館（100周年記念館）に向かって、↓赤色屋根の渡り廊下を移動中。

100周年記念式典

創立100年のお祝いとなれば、野外大パーティーはやはり欠かせない。サービスしたのはもちろん学生たち、これも伝統。

聖和が男女共学になる。今では珍しくないが、当時は先駆的、画期的な決断で、1981年聖和大学入学式にはメディアが殺到した。松永新学長の前に立つ大学院への2名の男子新入生に、一斉にシャッターがきられた。

入学式後、学長室ではテレビカメラでの取材が。

聖和大学となって、学長に松永晋一が就任（1981年）。山川道子理事長との落ち葉のベンチでのツーショット。

「聖和の良心」と呼ばれた香月恒子先生の授業風景

「まぁステキ！ まぁたのしい！」。上谷潤子先生の声が聞こえてきそうな授業。

1985年に開設された英語科の授業風景

キャンプファイアーではありません。全学での消火訓練（1982年）。

講堂にはツリーとアドベントクランツが飾られる。クランツとリースは、学内のカイヅカイブキを切り出すところからすべて手作りされ、講堂のクランツは、舞台天井から吊るされた。この天井裏に登るのが、宗教主事の役目だった時もある。

寮の前のクリスマスツリーと寮生のキャロリング

1986年の教職員クリスマス祝会　集合写真

1986年から大学院研究科、幼児教育学科、キリスト教教育学科、保育科、英語科の全学合同で卒業感謝会が開催される。第1回目の感謝会の様子は、「関学生協に頼んだビュッフェスタイル」で、料理やセッティングが細かくアルバムに残され、「大成功だった」と記されている。

photo-11

1990年代～2008年の聖和

入学式の日の華やぐ聖和キャンパス

人形劇部わらべ

吹奏楽部 1998年から続く聖和ジャズ礼拝にも出演した。

女子タッチフットボール部は、1993年初の日本一に輝いた。

チアリーダー部

5号館LL教室

英会話でのハロウィンパーティー

1987年から毎年行われた英語スピーチコンテスト

体育の時間のパラバルーン

「どろんこあそび」のれっきとした授業

巨大オブジェづくりや仮装、地面へのらくがきも授業でさかんに行われた。

講堂で夜行われたキャンドルサービスには、卒業生や聖和ファミリーの家族たちも参加した。

はかま姿が華やかになった卒業式後の感謝会

西垣二一学長
（1993年就任）

宮田満雄学長
（1999年就任）

山村 慧 学長
（2002年就任）

創立125周年に教職員みんなで記念撮影（2005年）

取り壊し前の講堂で行われた最後の「聖和大学クリスマス礼拝」の後に。学生、職員、教員、平日午前中に駆けつけた卒業生、いろんな人が一緒にいる聖和らしいショット。（2008年12月）

校歌 新しき歌

阪田寛夫 作詩
大中恩 作曲

第Ⅱ部

第6章

学校法人聖和女子短期大学時代

1950-1964

Seiwa Junior College for Christian Workers

年号	事　項	一般歴史
1950 昭25	・文部省より保育科と宗教教育科の2学科を擁する聖和女子短期大学の設置が認可される（3.14）。これは、短期大学設置基準の決定（1949.8.31）後、最初に認可された短期大学のひとつであった。保育科は、2年制、入学定員60名、教育職員免許法による幼稚園教諭二級普通免許状の取得が可能。宗教教育科は3年制、入学定員30名、米国の教会において重要視されていた宗教教育指導者の養成を目的とする日本初の試みであった。 ・広瀬ハマコ、学長に就任（4.1）。広瀬が米国にて在外研究中のため、M・ホワイトヘッド（Mabel Whitehead）、学長代理となる。 ・聖和女子学院附属幼稚園は聖和女子短期大学附属幼稚園となる（4.1）。（以下、「聖和幼稚園（河原町）」） ・聖和女子短期大学開学式・入学式を行う（4.14）。宗教教育科1期生12名、保育科1期生47名が入学。 ・聖和社会館（旧鶴橋学園、大阪市生野区桃谷5丁目）の竣工式・開館式を行う（6.25）。鶴橋学園から聖和女子短期大学附属聖和社会館への名称変更が認可される（7.30）。 ・広瀬は、米国より帰任する（10.22）。	・日本戦没学生記念会（わだつみ会）結成（4.22）。 ・朝鮮戦争始まる（6.25）。 ・レッドパージ始まる（7.24）。 ・警察予備隊令公布（8.10）。54年には自衛隊になる。 ・第2次アメリカ教育使節団来日（9.22）。 ・文部省、祝日に「日の丸、君が代」を進める通達（10.17）。 ・短期大学149校設立（132校が私立）。 ・女性の平均寿命、60歳を越える（女性61.4歳、男性58歳）。
1951 昭26	・聖和幼稚園（河原町）の新園舎竣工式を行う（2.3）。 ・財団法人聖和女子学院より学校法人聖和女子短期大学への変更が認可される（3.3）。理事長は広瀬ハマコ。 ・創立70周年記念式典を行う（5.27）。学生による劇「十字架の挑戦」を上演。記念講演：山谷省吾（栄光教会にて 5.28）、棟方文雄（大阪女学院にて 6.6）。 ・広瀬は、広島女学院院長に招聘され、理事長、学長を辞任する（7.31）。 ・ホワイトヘッド、学長に就任（8.1）。ホワイトヘッドが一時帰米のため、山川道子、学長代理となる。	・児童憲章制定（5.5）。 ・国際労働機関（ILO）、日本の加入を承認（6.21）。 ・日米安全保障条約調印（9.4）。 ・私立大学11校に新制の大学院の設置が決まる。
1952 昭27	・ホワイトヘッドは、米国より帰任する（2.16）。 ・保育科第1回卒業式を行う（3.15）。 ・新校舎（旧1号館。1995年まで本館として使用）の起工式を行う（4.14）。 ・長坂鑒次郎元聖和女子学院教授・元神戸女子神学校教頭（9.22逝去）の告別式を行う（9.28）。 ・新校舎の竣工式を行う（11.18）。 ・保育科が厚生省より保母養成校に指定される（12.26）。これにより、児童福祉法による保母資格の取得が可能となる。	・対日平和条約、安保条約が発効し、GHQ解消（4.28）。 ・皇居前広場でメーデー流血事件（5.1）。 ・中央教育審議会設置法公布（6.6）。 ・破壊活動防止法公布（7.21）。
1953 昭28	・宗教教育科第1回卒業式を行う（3.17）。 ・宗教教育科における教職課程が認可される（3.31）。これにより、中学校教諭二級普通免許状（宗教）の取得が可能となる。 ・濱田光雄、理事長に就任（9.11）。	・NHKテレビ放送開始（2.1）。民間テレビは8月開始。 ・南・北朝鮮休戦協定調印（7.27）。 ・日本育英会法公布（8.23）。

年号	事　項	一般歴史
1954 昭29	・聖和女子短期大学附属聖和社会館が厚生省より第3回全国保育事業研究大会の推奨保育所に選定される（7.22）。 ・講堂の起工式を行う（9.16）。	・キリスト教主義学校組合連合会結成（1.）。 ・ビキニ水爆実験で第五福竜丸被災（3.1）。
1955 昭30	・講堂の竣工式を行う（3.6）。正面に"Seiwa College for Christian Workers"の文字が掲げられる。 ・現4号館の一部を園舎として聖和女子短期大学附属聖和第二幼稚園を開園（4.11）。 ・ハモンドオルガンが米国メソヂスト教会婦人部より寄贈される（5.20）。 ・基督教学校教育同盟主催第2回基督教学校女子舎監協議会が開催される（8.28〜8.31）。	・日本聖書協会、『口語訳聖書』出版（4.）。 ・広島で第1回原水爆禁止世界大会開催（8.6）。 ・神武景気始まる（〜1957）。
1956 昭31	・現4号館で行われていた日曜学校が関西学院教会教会学校の聖和分校となる（4.15）。以後、1981年度まで続く。 ・基督教史学会第7回大会（関西学院大学を中心に開催）に協賛して、「キリスト教幼児教育に関する歴史資料展覧会」を開催する（6.8）。 ・創立75周年記念式典を行う（10.21）。日本基督教団総会議長、基督教学校教育同盟代表、米国メソヂスト教会連合婦人会長、米国組合教会代表より祝辞。F・ケリー（Frank Cary）が神戸女子神学校時代を、田中貞名古屋学院院長がランバス女学院時代を、広瀬ハマコ広島女学院院長が聖和女子学院時代の思い出を語る。	・地方教育行政法（任命制の教育委員会法）公布（6.30）。 ・文部省、大学設置基準制定（10.22）。 ・スエズ戦争（10.30）。 ・国連総会、日本の加盟を可決（12.18）。 ・幼稚園設置基準公布（12.）。 ・なべ底不況始まる（〜1958）。
1957 昭32	・聖和女子短期大学保育専攻科の設置が認可される（3.22）。入学定員20名。 ・保育専攻科に1期生7名が入学する（4.11）。 ・聖和幼稚園（河原町）にナースリー・クラスを開設する（5.14）。これはランバス女学院時代以来16年ぶりの再開となる。	・南極観測隊、昭和基地設営（1.29）。 ・ソ連、人工衛星スプートニク1号打ち上げ成功（10.4）。
1958 昭33	・山川道子、学長に就任（4.1）。ホワイトヘッド前学長、名誉学長となる。 ・聖和第二幼稚園が午前と午後の二部保育を始める（4.）。 ・第14回基督教教育世界大会（8.6〜8.13、東京で開催）に先立ち、第2回世界キリスト教教育研究会議が聖和女子短期大学、神戸女学院、関西学院で開催される（7.19〜8.1）。58カ国より261名が参加。	・米国、人工衛星打ち上げ成功（1.31）。 ・東京タワー完工式（333メートル、当時世界一）（12.23）。
1959 昭34	・伊勢湾台風被災地支援のため、学生を名古屋の臨時託児所に1カ月間派遣する（10.15〜11.15）。	・伊勢湾台風（死者、行方不明者5000人）（9.26）。
1960 昭35	・講堂横のテニスコート開きを行う（3.15）。 ・安保改正について教員と学生の懇談会を開催（6.20、23）。 ・聖和後援会が発足（7.19）。学生の奨学金や教師の研究支援等を目的として募金を行う。	・日米新安保条約調印（1.）。安保闘争起こる。 ・国民所得倍増計画を決定（12.27）。

年号	事　項	一般歴史
1961 昭36	・学生寮（現10号館）と聖和第二幼稚園園舎の起工式を行う（3.17）。 ・創立80周年記念式典を行う（11.23）。記念講演：鵜飼信成国際基督教大学学長「人生にとって最も価値あるもの」。『聖和八十年史』を刊行（11.23）。 ・学生寮・聖和第二幼稚園園舎の竣工式を行う（11.23）。 ・聖和幼稚園（河原町）は河原町聖和幼稚園に、聖和第二幼稚園は岡田山聖和幼稚園に名称変更。岡田山聖和幼稚園、保育を開始（11.29）。 ・新学生寮に60名が入居（12.2）。河原町の学生寮には48名が残る。	・ケネディ、大統領就任（1.20）。 ・ソ連宇宙船ヴォストーク1号（ガガーリン少佐）、地球一周飛行に成功（4.12）。 ・ライシャワー、米駐日大使に着任（4.19）。 ・ベルリンの壁再封鎖（8.13）。
1962 昭37	・学内道路を舗装し、門柱を校地の南北2カ所に設置する。	
1963 昭38	・宗教教育科の卒業生6名が日本基督教団によって日本初のキリスト教教育主事（Director of Christian Education = D. C. E.）に認定される（3.20）。 ・大学設置研究委員会を置く（5.31）。 ・理事会は、幼児教育者および宗教教育者に求められる学問の高度化に対応するため、幼児教育学科と基督教教育学科からなる4年制の聖和女子大学教育学部設置を決定する（8.12）。	・日本、ガット（GATT）11条国に移行（2.20）。 ・吉展ちゃん誘拐事件発生（3.31）。 ・文部省・厚生省、「幼稚園と保育所の関係について」通達（10.28）。 ・米国でケネディ大統領、暗殺される（11.22）。

参考文献

資料：

「短期大学設置認可申請書」聖和女子学院、1949.9.26

「聖和女子大学設置認可申請書」学校法人聖和女子短期大学、1963.9.20

「理事会記録」学校法人聖和女子短期大学、1958.12.13 〜 学校法人聖和女子大学、1971.9.9

「理事会総会報告書」聖和女子短期大学、1950年度

「報告書」聖和女子短期大学、1952 〜 1956年度

「学長報告」聖和女子短期大学、1957 〜 1961年度

「年次報告書」学校法人聖和女子短期大学、1962 〜 1963年度

文献：

聖和八十年史編集委員会編『聖和八十年史』聖和女子短期大学、1961.11.23

聖和保育史刊行委員会編『聖和保育史』学校法人聖和大学、1985.3.15

キリスト教保育連盟百年史編纂委員会編『日本キリスト教保育百年史』社団法人キリスト教保育連盟、1986.7.28

聖和幼稚園100年史委員会編『聖和幼稚園100年史』学校法人聖和大学、1991.10.25

日本基督教団関西学院教会80年史編集委員会編『関西学院教会80年史』日本基督教団関西学院教会、2000.3.1

竹中正夫『ゆくてはるかに　神戸女子神学校物語』教文館、2000.6.25

NCC教育部歴史編纂委員会編『教会教育の歩み　日曜学校から始まるキリスト教教育史』教文館、2007.5.1

『蒔かれし種より──聖和80』社会福祉法人聖和共働福祉会、2011.7.18

第7章

学校法人聖和女子大学時代

1964-1981

Seiwa College for Christian Workers

年号	事　項	一般歴史
1964 昭39	・学校法人聖和女子短期大学から学校法人聖和女子大学への変更が認可される（1.25）。 ・聖和女子大学の設置が認可される（1.25）。聖和女子大学は1学部（教育学部）2学科（幼児教育学科、基督教教育学科）からなり、入学定員は幼児教育学科40名、基督教教育学科25名。幼児教育学科の設置は、国立大学における4年制幼稚園教員養成課程設置開始に先行するものであった。聖和女子短期大学保育科は存続し、宗教教育科は募集停止となる。 ・教育学部における教職課程が認可される（2.24）。幼児教育学科において幼稚園教諭一級普通免許状、基督教教育学科において中学校教諭一級普通免許状（宗教）および高等学校教諭二級普通免許状（宗教）の取得が可能となる。 ・山川道子は、聖和女子大学初代学長に就任し、聖和女子短期大学学長を兼任する（4.1）。 ・聖和女子大学開学式・入学式を行う（4.18）。1期生62名（幼児教育学科46名、基督教教育学科16名）が入学。 ・「聖和女子大学報」創刊号を発行（10.25）。	・文部省、学校教育法施行規則等の一部を改正する省令を公布、幼稚園における教育日数を220日以上とし、教育課程の基準は幼稚園教育要領によることとする（3.9）。 ・日本、IMF8条国に移行（4.1）。 ・海外旅行自由化（4.1）。 ・日本、OECDに加盟（4.28）。 ・トンキン湾事件、ベトナム戦争の発端（8.2）。 ・東海道新幹線開業（10.1）。 ・第18回オリンピック東京大会（10.10～10.24）、パラリンピック東京大会（11.8）、開催。
1965 昭40	・創立85周年記念礼拝を行う（5.27）。W・D・ブレイ（William D. Bray）理事、加藤秀次郎理事よりメッセージ「本学創立の精神について」。 ・山川は、メソヂスト・ミッション・ボード等訪問のため、米国に出発し（7.8）、P・マケーン（Pearle McCain）が、学長代理となる。 ・日本基督教団教育委員会主催第1回キリスト教教育主事研修会が開催される（9.1～9.2）。 ・学生自治会主催で第1回大学祭を開催する（10.30）。 ・山川、米国より帰任（12.10）。	・北爆開始（2.7）。 ・東京教育大学教授家永三郎、教科書検定を違憲とし、国に対し賠償請求の民事訴訟をおこす（6.12）。 ・「幼児のキリスト教教育指針」刊行（7.20）。 ・下半期より、いざなぎ景気（～1970.7）。
1966 昭41	・教育学部幼児教育学科が厚生省より保母養成校に指定される（2.7）。これにより、保母資格の取得が可能となる。 ・短期大学宗教教育科、保育専攻科の廃止が認可される（3.31）。	・中国で文化大革命始まる（5.16）。 ・ザ・ビートルズ来日（6.29）。
1967 昭42	・日本基督教団教育委員会主催第3回キリスト教教育主事研修会が開催される（8.29～8.31）。	・ヨーロッパ共同体（EC）成立（7.1）。
1968 昭43	・教育学部第1回卒業式を行う（3.15）。 ・1968年度より『要覧』を作成し、学生に配布する（3.）。 ・聖和女子大学編『Piano Music For The Kindergarten：幼稚園ピアノ曲集』を刊行（6.）。以後改訂を重ね、最新版『Explore The Musical World With Young Children：保育者のためのピアノ曲集』を2004年に刊行。 ・3号館の起工式を行う（8.23）。	・東大紛争始まる（1.29～）。 ・キング牧師暗殺される（4.4）。 ・ソ連軍など5カ国軍チェコ侵攻（8.20）。 ・社団法人キリスト教保育連盟設立認可（11.1）。 ・全国115大学で紛争発生。

年号	事　項	一般歴史
	・ホワイトヘッド名誉学長（8.8逝去）の追悼式を行う（9.16）。 ・国道171号線拡幅のため、河原町の土地の一部を売却する（10.14）。 ・学生寮（現10号館）の増築工事、始まる（12.20）。	
1969 昭44	・3号館および学生寮（現10号館）増築部分（短大寮）の竣工式を行い（4.26）、河原町の学生寮に残っていた学生全員が合流する。 ・日本女子大学で開催の日本保育学会第22回大会において、黒田実郎、宮井溙子、小寺沢静代の研究「就学前幼児の恐怖に関する研究」が倉橋賞を初めて受賞する（5.18）。 ・日本基督教団讃美歌委員会主催キリスト教音楽講習会が聖和女子大学と神戸女学院で開催される（8.25～8.30）。 ・日本基督教団教育委員会主催第5回キリスト教教育主事研修会が開催される（9.1～9.3）。 ・学生によって聖和の礼拝のあり方を問うビラが配布される（9.19）。 ・学生より聖和の礼拝等に関する公開質問状が出される（10.17）。 ・学生からの問題提起を受けて、学生と教師の話し合いが行われる（11.11、12.5）。	・機動隊8,500人、安田講堂占拠学生排除に出動（1.18）、封鎖解除（1.19）。 ・東名高速道路全通、名神高速道路と結ばれ、東京・西宮間全通（5.26）。 ・米アポロ11号月面着陸（7.20）。 ・大学運営に関する臨時措置法案公布（8.7）。 ・全米でベトナム反戦デモ（10.15～）。 ・文部省、『幼稚園教育九十年史』刊行。
1970 昭45	・講演会を開催（1.19）。矢部利茂元朝日新聞論説委員「安保をめぐる諸問題」。 ・礼拝問題特別委員会を設けて検討し、聖和における礼拝を主題とするパンフレットを作成、全学生に配布し、説明を行う（2.2）。 ・礼拝をチャペルアワーとし、時間を午後から午前に変更する（4.）。 ・聖和の教育理念を主題として教師懇談会を開催（7.9～10）。 ・グラウンド開きを行う（9.21）。 ・創立90周年記念式典を行う（10.25）。記念講演：荘司雅子広島大学教授「明日への幼児教育」。 ・キリスト教信者以外の学生の増加に配慮しながら、チャペル等の宗教活動を行うことを教師会で確認する（12.23）。 ・理事会は、社会的要請を受け、親と子の宗教的情操教育、保育者養成の充実をめざして、聖和乳幼児保育センターの設立を提案する（12.）。これにより、聖和乳幼児保育センター設立準備委員会が発足。	・日本政府、核兵器の不拡散条約に調印（2.3）。 ・国産初の人工衛星おおすみ打上げ成功（2.11）。 ・キリスト教大学でも学園紛争激化。東京神学大学、学生よる封鎖解除のため機動隊導入（3.5）。 ・大阪千里で日本万国博覧会開催（3.14～9.13）。 ・日航機よど号事件（日本初のハイジャック事件）（3.31）。 ・第1回世界宗教者平和会議（WCR）が京都で開催（10.16～10.22）。 ・厚生省、「保母養成所指定基準」設定。 ・公害問題拡大。

年号	事　項	一般歴史
1971 昭46	・『聖和女子大学九〇周年記念論集』を刊行（3.1）。これを第1号として、その後、『聖和女子大学論集』（1972～1980）、『聖和大学論集』（1981～1994）、『聖和大学論集A, 教育学系』および『聖和大学論集B, 人文学系』（1995～2008）が刊行された。 ・マケーン、帰米（4.3）。帰米に当たり、『橋をかけわたす人 ── パール・マケーン先生学校礼拝説教』を刊行。 ・日本基督教団教育委員会主催第7回キリスト教教育主事研修会が開催される（8.24～8.26）。 ・「基督教教育学科」の表記を「キリスト教教育学科」に変更（9.9）。 ・日本新約学会学術大会が開催される（10.5）。	・マクドナルド1号店銀座に開店（7.20）。 ・米国、金とドルの交換停止等を発表（ドル・ショック）（8.15）。 ・中央児童福祉審議会、「保育所における幼児教育のあり方について」厚生大臣に答申（保育所と幼稚園の併存、保育所の充実）（10.5）。 ・NHK総合テレビ全カラー化（10.10）。 ・中国の国連復帰決定（10.25）。
1972 昭47	・ウィルソン元神戸女子神学校校長（2.24逝去）の追悼式を行う（3.23）。 ・チャペルアワーを学校礼拝に変更（4.）。 ・理事会は、幼児教育界における指導者および研究者の養成という社会的要請に応えるため、聖和女子大学大学院教育学研究科幼児教育学専攻修士課程の設置を決定する（5.25）。 ・グラウンド北側にクラブハウスが完成（7.3）。 ・加藤秀次郎（元関西学院院長、理事長）、理事長に就任（10.1）。 ・社会福祉法人聖和福祉会の設立が認可される（10.30）。学校法人聖和女子大学が岡田山校地の一部を賃貸。	・冬季オリンピック札幌大会開催（2.3～2.13）。 ・浅間山荘事件（2.28）。 ・文部省、教育研究開発室幼稚園教育課等を新設（5.1）。 ・沖縄返還実現、沖縄県発足（5.15）。 ・日中国交正常化（9.29）。
1973 昭48	・聖和女子大学大学院教育学研究科幼児教育学専攻修士課程の設置が認可される（3.28）。入学定員6名。日本初の幼児教育学専攻の大学院。 ・社会福祉法人聖和福祉会聖和乳幼児保育センター開所式（4.1）、竣工式（4.29）を行う。 ・大学院に1期生7名が入学（4.12）。 ・大学院開学式を行う（4.29）。 ・地域からの要望に応え、甲東地区連合婦人会、甲東公民館との共催により、第1回甲東幼児教育大学（聖和女子大学開放講座）を開講（6.23～10.20、計10回）。テーマ「家庭で活かせる正しい幼児教育を身につけよう」。学生による託児付きの講座。 ・聖和女子大学主催第1回教会教育ワークショップを開催する（7.20～7.23）。テーマ「いのち」。 ・加藤秀次郎、理事長を辞任、安達醇、理事長代行に就任（8.1）。 ・大学院・北聖和幼稚園園舎の起工式を行う（9.19）。	・ベトナム和平協定調印（1.27）。 ・円、変動相場制へ移行（2.14）。 ・金大中事件（8.8）。 ・第一次石油危機始まる（10.23）。 ・文部省、幼稚園教育振興計画要項について通達（11.30）。

年号	事　項	一般歴史
1974 昭49	・同和教育講演会を開催（1.22）。講師：藤田敏朗西宮市教育委員会同和教育部主幹。 ・安達、理事長に就任（3.）。 ・河原町聖和幼稚園を廃止。北聖和幼稚園を新設。岡田山聖和幼稚園を南聖和幼稚園に名称変更（3.31）。 ・入学定員を変更（4.1）。教育学部幼児教育学科は40名から70名に、キリスト教教育学科は25名から15名に、短期大学保育科は60名から100名とする。 ・体育館の起工式を行う（4.10）。 ・キリスト教学校教育同盟第62回総会が開催される（5.27〜5.29）。 ・第2回教会教育ワークショップを開催（7.20〜7.23）。テーマ「共に生きる」。 ・第2回甲東幼児教育大学（聖和女子大学開放講座）を開講（7.20〜10.26、計10回）。テーマ「家庭で活かせる正しい幼児教育を身につけよう」。 ・日本基督教団讃美歌委員会主催キリスト教音楽講習会が聖和女子大学と神戸女学院で開催される（8.26〜8.30）。 ・体育館および大学院・北聖和幼稚園園舎の竣工式を行う（12.14）。	・小野田寛郎元陸軍少佐、フィリピンのルバング島で救出（3.10）。 ・文部省、大学院設置基準を公示（6.20）。 ・米大統領ニクソン、ウォーターゲート事件で辞任（8.8）。 ・戦後初のマイナス成長。
1975 昭50	・大学院教育学研究科第1回学位授与式を行う（3.15）。 ・創立95周年記念式典を行う（5.24）。広瀬ハマコ広島女学院理事長による祝辞。記念講演：久山康関学院院長・理事長「現代人の不安と生甲斐」。 ・第3回教会教育ワークショップを開催（7.19〜7.22）。テーマ「私とは」。 ・第3回甲東幼児教育大学（聖和女子大学開放講座）を開講（9.13〜11.29、計9回）。テーマ「家庭で活かせる正しい幼児教育を身につけよう」。	・新幹線岡山・博多間開業、東京博多間全通（3.10）。 ・文部省、短期大学設置基準公示（4.28）。 ・ベトナム戦争終結（4.30）。
1976 昭51	・入学定員を変更（4.1）。教育学部幼児教育学科は70名から85名に、短期大学保育科は100名から150名とする。 ・大学と幼児教育の現場が共に研鑽を積むことを目的として、聖和幼児教育研究会（略称「聖幼研」）が発足（4.28）。荘司雅子、初代会長となる。 ・教員を対象に礼拝についての研究会を開催（6.18）。 ・第4回教会教育ワークショップを開催（7.24〜7.27）。テーマ「男と女」。 ・第1回教職員研修会「聖和を考える会」を大阪YMCA六甲研修センターで開催（9.17〜9.18）。 ・第4回甲東幼児教育大学（聖和女子大学開放講座）を開講（9.11〜11.20、計8回）。テーマ「家庭で活かせる正しい幼児教育を身につけよう」。	・ロッキード事件（2.4）。 ・「幼児のキリスト教教育指針」刊行（4）。 ・育児休業法実施（4.）。 ・ポルポト政権成立、大虐殺始まる（4.13）。 ・南北ベトナム統一（7.2）。 ・文部省主催、幼稚園教育百年記念式典（11.16）。

年号	事項	一般歴史
1977 昭52	・子どもたちのさまざまな問題についての相談、治療、研究を行うため、児童相談研究所を開設 (3.10)。山川範子、初代所長となる。 ・日本保育学会第30回大会が開催される (5.14〜5.15)。 ・第5回教会教育ワークショップを開催 (7.23〜7.26)。テーマ「私と家庭」。 ・日本基督教団讃美歌委員会主催キリスト教音楽講習会が聖和女子大学と神戸女学院で開催される (8.22〜8.26)。 ・第2回教職員研修会を大阪YMCA六甲研修センターで開催 (9.22〜9.23)。テーマ「100周年を迎える本学のあり方をめぐって」。 ・第5回甲東幼児教育大学（聖和女子大学開放講座）を開講 (10.15〜11.12、計5回)。テーマ「家庭で活かせる正しい幼児教育を身につけよう」。	・文部省、小・中学校学習指導要領改正（ゆとりの教育、「君が代」の国歌規程）(7.23)。 ・王貞治（巨人）、756本の本塁打世界記録樹立 (9.3)。国民栄誉賞第1号受賞 (9.5)。 ・文部省、教科書検定基準を20年ぶりに改定 (9.22)。 ・日航機、日本赤軍にハイジャックされダッカ空港に着陸 (9.28)。
1978 昭53	・家庭会からの寄付による教員留学制度始まる (3.)。 ・遊戯治療と統合保育に向けての準備を行うため、障害児教室を開設 (4.3)。 ・第6回教会教育ワークショップを開催 (7.22〜7.25)。テーマ「よろこび」。 ・第3回教職員研修会を開催 (9.7〜9.8)。 ・第6回甲東幼児教育大学（聖和女子大学開放講座）を開講 (10.14〜11.18、計5回)。テーマ「子どもの心の健全な発達をめざして」。	・新東京国際空港開港 (5.20)。 ・中教審、「教員の資質向上について」答申 (6.16)。 ・日中平和友好条約調印 (8.12)。 ・日米安全保障協議委員会、「日米防衛協力のための指針（ガイドライン）」を決定 (11.27)。
1979 昭54	・グラウンド横にテニスコート新設 (6.)。 ・100周年記念館（現聖和短期大学図書館）の起工式を行う (7.2)。 ・第7回教会教育ワークショップを開催 (7.21〜7.24)。テーマ「重荷を負って」。 ・第4回教職員研修会を関西学院千刈セミナーハウスで開催 (9.7〜9.8)。テーマ「100周年を考える」。 ・男子学生の受け入れに向けて、男女共学研究委員会が発足 (9.27)。 ・教職員有志の祈祷会（金曜日始業前8時20分〜35分）が始まる (10.5)。 ・第7回甲東幼児教育大学（聖和女子大学開放講座）を開講 (10.13〜11.17、計5回)。テーマ「国際児童年と子どもの幸福——海外の育児に学ぶ」。	・国公立大学入試の共通一次学力試験を初めて実施 (1.13〜1.14)。 ・米国スリーマイル島原発で事故 (3.28)。 ・元号法制化 (6.6)。 ・国際児童年世界会議、モスクワで開催 (9.7〜9.11)。 ・アフガニスタンでクーデター、ソ連が軍事介入 (12.27)。
1980 昭55	・100周年記念館の定礎式および竣工式を行う (5.13)。 ・第8回甲東幼児教育大学（聖和女子大学開放講座）を開講 (5.17〜6.21、計5回)。テーマ「幼児期におけるからだと心——正しい育児のあり方」。 ・図書館を3号館から100周年記念館に移転 (7.1〜7.3、9.9〜9.10)。 ・日本基督教団讃美歌委員会主催キリスト教音楽講習会が聖和女子大学と神戸女学院で開催される (8.28〜8.29)。 ・第5回教職員研修会を大阪YMCA六甲研修センターで開催 (9.4〜9.5)。	・小学校でのゆとりの時間新設 (4.)。 ・国連婦人会議、コペンハーゲンで開催 (7.14)。 ・ポーランドで自主管理労組〈連帯〉創設 (9.22)。 ・日本YMCA100年記念大会 (11.23)。

年号	事　項	一般歴史
	テーマ「二世紀に向って」。 ・創立100周年記念式典を行う（11.2）。日本私立大学連盟会長、キリスト教学校教育同盟理事長、ミッション代表、西宮市教育委員長、同窓会会長による祝辞。校歌「新しき歌」（阪田寛夫作詞、大中恩作曲）を制定。『聖和100年のあゆみ』を刊行（11.2）。 ・創立100周年記念学術講演会を開催（11.6）。黒丸正四郎（神戸大学名誉教授）「児童に対する精神衛生の歴史」。	

参考文献

資料：

「聖和女子大学大学院設置認可申請書（副）」学校法人聖和女子大学、1972.11.25
「理事会記録」学校法人聖和女子短期大学、1958.12.13～学校法人聖和女子大学、1971.9.9
「理事会記録」学校法人聖和女子大学、1971.10～1974.7
「理事会記録」学校法人聖和女子大学、1974.9～1977.9
「理事会記録」学校法人聖和女子大学、1977.10～学校法人聖和大学、1982.12
「年次報告書」学校法人聖和女子大学、1964年度～学校法人聖和大学、1980年度

文献：

パール・マケーン『橋をかけわたす人――パール・マケーン先生学校礼拝説教』聖和女子大学、1971
文部省『幼稚園教育百年史』（第二版）1979.10.15
『聖和100年のあゆみ』聖和女子大学、1980.11.2
聖和保育史刊行委員会編『聖和保育史』学校法人聖和大学、1985.3.15
キリスト教保育連盟百年史編纂委員会編『日本キリスト教保育百年史』社団法人キリスト教保育連盟、1986.7.28
黒田実郎『ALL FOR SEIWA 山川道子先生のご生涯』1998.12.20
全国キリスト教教育主事の会編『キリスト教教育主事の50年』全国キリスト教教育主事の会、2012.12.25

第8章

学校法人聖和大学時代

1981-2009

Seiwa College for Christian Workers

年号	事　項	一般歴史
1981 昭56	・大学院・大学への男子学生受け入れに伴い、法人名が学校法人聖和大学となり、学校名は聖和大学、聖和短期大学となる（4.1）。 ・松永晋一、学長に就任（4.1）。 ・山川道子、理事長、名誉学長となる（4.）。 ・大学院に男子学生2名が初めて入学（4.7）。 ・第8回教会教育ワークショップを開催（7.22～7.25）。テーマ「平和を作りだす」。 ・第6回教職員研修会を関西学院千刈セミナーハウスで開催（9.4～9.5）。テーマ「聖和の未来像（学科増設等について）」。 ・第9回甲東幼児教育大学（聖和大学開放講座）を開講（10.17～11.14、計5回）。テーマ「『子育て』を考えなおす──いま求められているものは？」。 ・日本基督教団大阪聖和教会と不動産売買契約証書を交わす（12.18）。社会福祉法人聖和共働福祉会認可（1982.3.31）。社会福祉法人聖和共働福祉会のもとで、地域に根ざした聖和社会館および大阪聖和保育園の事業が継続される。	・中国残留孤児47人、初の正式来日（3.2）。 ・神戸ポートピア'81開幕（3.19）。 ・マザーテレサ来日（4.22）。
1982 昭57	・大学に男子学生13名が初めて入学（4.6）。 ・第9回教会教育ワークショップを開催（7.24～7.27）。テーマ「私たちの祈り」。 ・第1回聖和幼児教育夏期セミナーを開催（8.24～8.25）。「保育における落ちつきのない子供の問題」をめぐって、児童精神医学の専門家2名の講演等。 ・第7回教職員研修会を関西学院千刈セミナーハウスで開催（9.3～9.4）。テーマ「聖和の現状と展望（教育環境の改善を求めて）」。 ・第10回甲東幼児教育大学（聖和大学開放講座）を開講（10.2～11.6、計5回）。テーマ「子どもの発達をたすけるもの」。 ・日本デューイ学会第26回大会が開催される（10.16～10.17）。	・フォークランド紛争勃発（4.2）。 ・東北新幹線大宮・盛岡間開業（6.23）。 ・上越新幹線大宮・新潟間開業（11.15）。
1983 昭58	・第10回教会教育ワークショップを開催（7.20～7.23）。テーマ「生きること」。 ・第2回聖和幼児教育夏期セミナーを開催（8.24～8.25）。テーマ「障害児保育の理論と実際」、講演：隠岐忠彦兵庫教育大学教授「障害児の保育の実際──発達臨床から見た障害児の特徴とその保育」、辻井正おもちゃライブラリー主宰「障害をもつ子どものからだとことば」。 ・第8回教職員研修会を関西学院千刈セミナーハウスで開催（9.1～9.2）。テーマ「学生の諸問題」。 ・第11回甲東幼児教育大学（聖和大学開放講座）を開講（10.15～11.19、計5回）。テーマ「子どもにとって"家庭"とは何か──子どものこころの中に育まれるべきもの」。	・中国自動車道全線（吹田・下関間）開通（3.23）。 ・東京ディズニーランド開園（4.15）。 ・ワープロが急速に普及。

年号	事　項	一般歴史
1984 昭59	・理事会は、国際化の時代にふさわしい国際的教養と英語力を身につけた女性を育成するために、短期大学に英語科を設置することを決定する（5.23）。 ・米国合同メソヂスト教会西ペンシルベニア教区からの招待を受け、学生19名が米国を訪問（7.11～8.28）。1986年まで継続。 ・第11回教会教育ワークショップを開催（7.22～7.24）。テーマ「豊かな出会いを求めて――子どもに聴く心」。 ・第3回聖和幼児教育夏期セミナーを開催（8.22）。講演：荘司雅子「幼児教育の原点を考えよう」。 ・第9回教職員研修会を開催（9.3）。テーマ「英語科設置に伴なう諸問題」。 ・第12回聖和大学公開講座幼児教育大学を開講（10.13～11.17、計5回）。テーマ「望ましい成長を目ざして――親も子も模索を繰り返しながら」。従来の甲東幼児教育大学（聖和大学開放講座）を名称変更。	・アフリカで飢餓が深刻化（3）。 ・臨時教育審議会設置（戦後教育の見直しに着手）（8.21）。
1985 昭60	・創立100周年記念事業の一環として『聖和保育史』を刊行（3.15）。 ・6号館の起工式を行う（3.22）。短期大学英語科設置申請に伴う新校舎建設のため、教師住宅（1932年建築）を取り壊し、宣教師館（現ゲーンズハウス）を学生寮（現10号館）裏に移築、セミナーハウスに名称変更。 ・第10回教職員研修会を開催（9.2）。テーマ「英語科設置に伴なう諸問題Ⅱ」。 ・第13回聖和大学公開講座幼児教育大学を開講（10.12～11.16、計5回）。テーマ「子どもたちの心を探る」。 ・短期大学に英語科の設置が認可される（12.25）。	・日航のジャンボ機が群馬県御巣鷹山山中に墜落（8.12）。 ・いじめの社会問題化。 ・ファミコンブーム。
1986 昭61	・短期大学に英語科を開設（4.1）。入学定員150名。 ・6号館の竣工式を行う（4.2）。 ・英語科開設式を行う（4.4）。英語科に1期生176名が入学。 ・学内での差別発言をきっかけに、教職員を対象に第1回部落差別・人権問題研修会を開催（7.25）。1987.1.7にも開催。 ・日本ペスタロッチー・フレーベル学会第4回大会が開催される（8.26～8.27）。 ・第11回教職員研修会を開催（9.29）。テーマ「これからの聖和――21世紀への歩み」。 ・第14回聖和大学公開講座幼児教育大学を開講（10.18～11.22、計5回）。テーマ「子どもの世界」。 ・米国語学研修旅行を実施（12.22～1987.1.6）。学生22名が参加。	・男女雇用機会均等法施行（4.1）。 ・チェルノブイリ原発事故発生（4.26）。 ・土井たか子、社会党委員長に当選、日本初の女性党首（9.6）。

年号	事　項	一般歴史
1987 昭62	・南聖和幼稚園と北聖和幼稚園が合同し、聖和幼稚園となる（4.1）。 ・7号館の起工式を行う（4.6）。 ・英国語学研修旅行を実施（8.15〜9.6）。学生30名が参加。 ・第2回部落差別・人権問題研修会を開催（7.27）。映画『人間の街』。 ・第12回教職員研修会を開催（9.29）。テーマ「聖和を考える――18歳人口減少期に備えて」。 ・第15回聖和大学公開講座幼児教育大学を開講（10.17〜11.21、計5回）。テーマ「子どもの世界 Part II――ことばの世界」。 ・学生相談室を設置（4.）。	・国鉄が114年の歴史を閉じ、分割民営化、JR6社等が発足（4.1）。 ・ソ連、ペレストロイカ（改革）始まる（5.）。 ・日本聖書協会、『聖書新共同訳』出版（9.5）。 ・防衛費がGNPの1％を突破。
1988 昭63	・第3回部落差別・人権問題研修会を開催（2.23）。講演：東岡山治日本キリスト教団部落解放センター委員長「聖和大学に問われているもの――部落解放の立場から」。 ・7号館の竣工式を行う（3.30）。400名収容の大食堂（マナホール）を設置。 ・短期大学英語科における教職課程が認可される。これにより、中学校教諭二級普通免許状（英語）の取得が可能となる（3.31）。 ・聖和短期大学を聖和大学短期大学部に名称変更（4.1）。 ・第4回部落差別・人権問題研修会を開催（7.25）。講演：上杉聰関西大学講師「日本の部落差別の歴史を学ぶ」。 ・米国文化交流旅行を実施（8.3〜9.2）。学生28名が参加。 ・山川道子理事長・名誉学長（8.19逝去）の記念礼拝を行う（9.19）。松永晋一、理事長代行となる。 ・英国語学研修旅行を実施（8.30〜9.25）。学生22名が参加。 ・第16回聖和大学公開講座幼児教育大学を開講（10.22〜11.19、計5回）。テーマ「子どもの世界 Part III――ひらかれゆくそのイメージ」。 ・安達醇、理事長に就任（10.26）。	・青函トンネル開業（3.13）。 ・労働基準法改正（4.）。週40時間体制へ。 ・リクルート事件起こる（6.18）。
1989 昭64 平1	・第5回部落差別・人権問題研修会を開催（2.27）。講演：加藤鉄三郎大阪キリスト教短期大学講師・本学非常勤講師「聖和大学での同和教育を担当して」。 ・世界幼児教育機構（OMEP）アジア大会が開催される（4.28）。13カ国から51名、国内から145名が参加。 ・第6回部落差別・人権問題研修会を開催（7.31）。講演：呉寿恵在日大韓キリスト教会総会教育局主事（キリスト教教育学科第2回卒業生）「在日韓国・朝鮮人差別を考える」。 ・米国文化交流旅行を実施（8.2〜9.2）。学生30名が参加。 ・英国語学研修旅行を実施（8.24〜9.21）。学生31名が参加。 ・日本新約学会第29回大会が開催される（9.26〜9.27）。 ・第14回教職員研修会を開催（9.29）。テーマ「キャンパスの将来構想」。 ・第17回聖和大学公開講座幼児教育大学を開講（10.21〜11.18、計5回）。テーマ「子どもの世界 Part IV――忘れていませんか、大切なもの…『創る』よろこび」。	・昭和天皇没、「平成」と改元（1.7）。 ・消費税スタート、税率3％（4.1）。 ・天安門事件発生（6.4）。 ・東独、ベルリンの壁の取り壊し始まる（11.10）。

年号	事　項	一般歴史
1990 平2	・第7回部落差別・人権問題研修会を開催（3.6）。兼清章兵兵庫県身障者共励会会長（日本基督教団相生教会牧師）と本学教員2名による発題「障害者差別を考える」。 ・教育学部キリスト教教育学科、キリスト教信者以外の学生の受け入れを始める（4.）。 ・米国文化交流旅行を実施（8.1～9.2）。学生23名が参加。 ・大学洋上セミナーひょうご90に学生15名が参加（8.12～9.10）。 ・英国語学研修旅行を実施（8.23～9.20）。学生25名が参加。 ・第15回教職員研修会を開催（9.28）。テーマ「キャンパスの将来構想-Part II」。 ・第18回聖和大学公開講座幼児教育大学を開講（10.6～11.17、計5回）。テーマ「子どもの世界 Part V ──とびこみませんか、『子どもの世界』」。 ・創立110周年記念礼拝を行う（11.2）。メッセージ：松永「聖和の道」。 ・創立110周年記念式典を行う（11.3）。メッセージ：安達「今、また、バベルの塔の物語が」。特別展示「フレーベルの教育と生涯」を開催。ビデオ「聖和大学110年の歩み」を製作。	・大学入試センター第1回試験実施（1.13）。 ・ドイツ、国家統一（10.3）。 ・バブル崩壊。
1991 平3	・第8回部落差別・人権問題研修会を開催（1.25）。講演：五十嵐照美日本基督教団部落解放センター職員「私の解放運動」。 ・理事会は、幼児教育学の高度化と博士課程設置を望む国内外の要請に応えるため、大学院教育学研究科幼児教育学部専攻博士課程の設置を決定する（3.26）。 ・臨時定員増により短期大学部英語科の入学定員が150名から200名となる（4.1）。 ・米国文化交流旅行を実施（8.7～9.6）。学生32名が参加。 ・大学洋上セミナーひょうご91に学生15名が参加（8.12～9.10）。 ・英国語学研修旅行を実施（8.26～9.22）。学生26名が参加。 ・教育学部キリスト教教育学科、『教会のシンボル（改訂版）日本語版』を刊行（9.1）。 ・日本ペスタロッチー・フレーベル学会第9回大会が開催される（9.13～9.14）。 ・米国ワシントン州ウィットワース大学（Whitworth College）との姉妹校協定書に調印（9.13）。 ・第16回教職員研修会を開催（9.30）。発題：松永「これからの聖和大学」。 ・第19回聖和大学公開講座幼児教育大学を開講（10.5～11.16、計5回）。テーマ「私らしく生きる ──母と子のいい関係」。 ・聖和幼稚園創立100周年記念礼拝（10.25）、記念式典を行う（10.26）。『聖和幼稚園100年史』刊行（10.25）。阪田寛夫作詞、大中恩作曲による園歌「おやまに　のぼると」を制定。 ・日本ペイター協会第30回年次大会が開催される（10.26）。 ・絵本や紙芝居を別置する図書館分室を開設（10.）。	・湾岸戦争始まる（1.17）。 ・大学設置基準の大綱化（2.8）。 ・文部省、小学校社会科の全教科書に日の丸が国旗、君が代が国歌と明記（6.30）。 ・ソ連崩壊、ロシア共和国となる（12.26）。 ・日本乳幼児教育学会設立。

年号	事　項	一般歴史
1992 平4	・第9回部落差別・人権問題研修会を開催（3.13）。ビデオ『青い目、茶色い目』。 ・大学院教育学研究科幼児教育学専攻博士後期課程の設置が認可される（3.19）。入学定員3名。聖和大学大学院教育学研究科幼児教育学専攻修士課程は博士前期課程となる。 ・外国の文化への理解と英語によるコミュニケーション能力を持つ人材に対する社会的要請への対応、学際的・国際的研究の充実のため、キリスト教学科（教育学部キリスト教教育学科を改組）と英米文化学科からなる人文学部の設置を理事会が決定（3.24）。 ・W・M・ヴォーリズにより1932年に建築された4号館とセミナーハウス（現ゲーンズハウス）が、西宮市都市景観形成建築物等に指定される（3.）。 ・大学院教育学研究科幼児教育学専攻博士後期課程に1期生3名、博士前期課程に6名が入学（4.6）。 ・学生寮（現聖和寮）の起工式を行う（4.17）。 ・国際交流室を設置（4.）。 ・第17回教職員研修会を開催（9.29）。 ・第20回聖和大学公開講座幼児教育大学を開講（10.17〜11.14、計5回）。テーマ「私らしく生きる——妻と夫のいい関係」。	・PKO協力法案、衆院本会議で可決、成立（6.15）。
1993 平5	・第10回部落差別・人権問題研修会（3.23）。「本学の人権・同和教育基本方針等をめぐって」。 ・学生寮（現聖和寮）の竣工式を行う（3.25）。これに伴い、旧学生寮は10号館となる。 ・西垣二一、学長に就任（4.1）。 ・第18回教職員研修会を大阪YMCA六甲研修センターにて開催（9.29）。講演：大崎仁日本学術振興会理事長「これからの大学に求められるもの」。 ・第21回聖和大学公開講座幼児教育大学を開講（10.16〜11.13、計5回）。テーマ「私らしく生きる——父と子のいい関係」。 ・女子タッチフットボール部が全国大会で優勝（5.3）。1995年に3連覇を達成。	・イスラエルとPLOがパレスチナ暫定自治に調印（9.13）。
1994 平6	・人文学部設置申請に伴う新校舎建設のため、5号館（1932年建築）を取り壊すこととなり、感謝の集いを行う（3.4）。 ・第11回部落差別・人権問題研修会を開催（3.25）。講演：横須賀俊司本学非常勤講師「障害者問題への基本的視座」。 ・新5号館の起工式を行う（4.28）。 ・部落差別・人権問題検討委員会編『人をかたより見ないために——人権同和教育基本方針他』を刊行（5.10）。 ・第19回教職員研修会を大阪ガーデンパレスで開催（8.1）。講演：星野命北陸学院短期大学学長「21世紀の国際社会に役立つ教育・研究をめ	・日本政府、子どもの権利に関する条約批准（4.）。 ・松本サリン事件発生（6.28）。 ・関西空港開港（国内初の24時間運用）（9.4）。

年号	事　項	一般歴史
	ざして──人格形成・カリキュラム・自己評価」。 ・第22回聖和大学公開講座幼児教育大学を開講（10.22〜11.12、計4回）。テーマ「家族ってなあに──国際家族年にちなんで」。 ・人文学部の設置が認可される（12.21）。	
1995 平7	・阪神・淡路大震災が発生（1.17）。園児1名死亡、学生4名、園児4名負傷の人的被害が出る。また1号館、体育館、クラブハウスが全壊し、その他の建物も修理が必要となる。 対応：（教務関係）後期授業の休講を決定（1.17）。全学生に定期試験に代わるレポート題目を送付（1.30）。 （入試関係）人文学部の推薦入試を書類選考にて行う（1.26）。2月、3月の入試を延期して、大学院二次入試、短大一般入試を3月1日に、大学一般入試を3月2日に、短大英語科の一般二次入試を3月28日に、人文学部の3月一般入試を3月29日に実施。 （その他）被災学生・教職員への見舞金、入学金および授業料の減免など。 ・短期大学部卒業式を行う（3.15）。 ・大学卒業式・大学院修士学位授与式を行う（3.16）。博士学位（教育学）第1号を授与。 ・新5号館の竣工式を行う（3.30）。 ・聖和大学人文学部（キリスト教学科、英米文化学科）が開設される（4.1）。入学定員は、キリスト教学科20名、英米文化学科65名（編入学定員20名）。これに伴い、英語科の入学定員を200名から130名に変更。 ・人文学部に1期生84名（キリスト教学科14名、英米文化学科70名）が入学（4.11）。 ・女子タッチフットボール部、「シュガーボール」日本選手権で春期全国大会三連覇達成（5.27）。「西宮市民功労賞」を受賞。 ・同窓会が阪神・淡路大震災チャリティコンサートとしてE・デルガド氏のピアノ演奏会を東京（5.15）、大阪（5.30）、広島（6.3）、福岡（6.6）で開催。収益を被災地と聖和大学に寄付。 ・文部省による体育館および1号館の調査が行われ、全壊と判定される（7.27〜7.28）。 ・文部省、大蔵省、兵庫県による現地調査が行われ、被害総額約12億3500万円の査定を受ける（8.7〜8.9）。 ・日本シェイクスピア協会主催国際会議が開催される（8.8）。テーマ「シェイクスピアと歌舞伎」。 ・第20回教職員研修会を学内で開催（9.27）。 ・家庭会より工事費の一部、6000万円の寄付を受けて4号館が修復され、4号館修復工事完成感謝式を行う（10.9）。 ・第23回聖和大学公開講座幼児教育大学を開講（10.21〜11.11、計4回）。テーマ「子どもたちは今──子どものこころとからだ」。	・世界貿易機構（WTO）発足（1.1）。 ・阪神・淡路大震災、発生（1.17）。 ・地下鉄サリン事件発生（3.20）。

年号	事　項	一般歴史
1996 平8	・セミナーハウスの修復が完成（1.）。 ・第12回人権問題教職員研修会を開催（3.22）。講演：小柳伸顕日本基督教団寝屋川教会牧師（日本基督教団部落解放センター委員）「子どもの権利条約」。 ・新1号館、新体育館の起工式を行う（3.25）。新1号館建設中は、10号館に仮事務室、仮研究室等を置く。 ・オープンキャンパスを開始（8.2）。 ・米国文化交流旅行を実施（8.7～9.4）。学生22名が参加。 ・米国語学研修旅行を実施（8.4～8.29）。学生10名が参加。 ・大学洋上セミナーひょうご96に学生8名が参加（8.12～9.10）。 ・第21回教職員研修会を開催（9.27）。テーマ「キリスト教主義大学の課題と方向」。 ・第24回聖和大学公開講座幼児教育大学を開講（10.19～11.16、計4回）。テーマ「子どもの心を見つめて ——子育てのための良き土壌とは」。	・らい予防法廃止（4.1）。 ・携帯電話急増。
1997 平9	・新体育館の竣工式を行う（3.21）。 ・第13回人権問題研修会を開催（3.21）。講演：友永健三社団法人部落解放研究所所長「人種差別撤廃条約の締結と課題」。 ・新1号館の竣工式を行う（3.27）。 ・コンピューターによる履修登録を開始（4.）。 ・実習指導室を設置（4.1）。 ・聖和大学校舎復興感謝式を行う（6.7）。 ・人文学部ジュニア・イヤー・アブロード（JYA, 3年次留学制度）が始まる（8.～1998.1.）。学生9名が姉妹校のウィットワース大学に留学。 ・第22回教職員研修会を開催（9.26）。テーマ「学生のかかえる諸問題と大学の対応」。 ・第25回聖和大学公開講座幼児教育大学を開講（10.18～11.15、計5回）。テーマ「21世紀を生きる子どもたちへ ——よろこんでいますか」。	・消費税率5%（4.1）。 ・アイヌ新法成立（5.8）。 ・香港、中国に返還（7.1）。 ・長野新幹線開業（10.1）。 ・地球温暖化防止京都会議で京都議定書採択（12.11）。 ・不登校急増。
1998 平10	・第1回司法通訳トレーニングセミナー（人文学部主催）を梅田の阪急ターミナルビルで開催（1.17～18）。 ・聖和大学自然研究会編『聖和のみどり』を刊行（1.）。 ・第14回人権問題研修会を開催（3.27）。講演：曽我野一美大島青松園自治会会長「ハンセン病に対する差別・偏見との闘いについて」。 ・情報メディア室設置（4.1）。 ・短期大学部英語科と人文学部英米文化学科が中心となる公開講座として第1回オープンセミナーを開講（5.16～6.13、計3回の講演）。テーマ「日本の明るい未来を考えよう」。 ・聖和大学非常事態対策検討委員会編『わたしたちにとって阪神大震災とは何だったのか ——聖和大学阪神大震災関連報告・資料集』を刊行	・冬季オリンピック長野大会開幕（2.7～2.22）。 ・「ランバス関係姉妹校間協定」締結（3.27）。聖和大学、関西学院、広島女学院、啓明学院、パルモア学院。 ・明石海峡大橋開通（4.5）。 ・NPO法施行（12.1）。 ・老年人口が子ども人口を上回る。

年号	事　項	一般歴史
	（5.23）。 ・米国語学研修旅行を実施（8.2〜8.27）。学生9名が参加。 ・英国文化交流旅行を実施（8.5〜8.28）。学生18名が参加。 ・大学洋上セミナーひょうご98に学生9名が参加（8.10〜9.8）。 ・聖和幼稚園新園舎の起工式を行う（8.26）。 ・人文学部ジュニア・イヤー・アブロード（JYA）を実施（9.3〜1999.2.14）。学生5名がウィットワース大学に留学。 ・全国保母養成セミナー・全国保母養成協議会第37回研究大会が開催される（9.24〜9.26）。 ・第26回聖和大学公開講座幼児教育大学を開講（10.17〜11.14、計4回）。テーマ「21世紀を生きる子どもたちへ ——家族ってなあに」。 ・第2回司法通訳トレーニングセミナー（人文学部主催）を東京フォーラム・レセプションホールにて開催（11.3）。 ・聖和大学のホームページを開設（12.）。	
1999 平11	・第23回教職員研修会を開催（1.7）。講師：関根秀和大阪女学院短期大学学長。 ・第15回人権問題研修会を開催（3.26）。テーマ「聖和における名前と人権：学生氏名の扱いと問題点」。教職員3名が発題。 ・宮田満雄（元関西学院院長）、学長に就任（4.1）。 ・第2回オープンセミナーを開講。「同時通訳のおもしろさ」（5.8〜6.5、計3回）、English Communication（秋学期、2クラス、各10回）、「中北欧の歳の暮れ」（11.27〜12.11、計3回）。 ・米国文化交流旅行を実施（8.4〜9.1）。学生28名が参加。 ・大学洋上セミナーひょうご99に学生7名が参加（8.11〜9.9）。 ・英国語学研修旅行を実施（8.22〜9.15）。学生15名が参加。 ・人文学部ジュニア・イヤー・アブロード（JYA）を実施（9.〜2000.2）。学生5名がウィットワース大学に留学。 ・聖和幼稚園新園舎の竣工式、開園式を行う（9.4）。 ・第24回教職員研修会を開催（9.29）。講演：越尾邦仁大阪弁護士会人権擁護委員「セクシュアル・ハラスメント問題について」。教員2名が発題。 ・第27回聖和大学公開講座幼児教育大学を開講（10.16〜11.13、計4回）。テーマ「21世紀の子どもたちへ ——こどもの"からだ"と"食"を考える」。 ・自治会が休会状態となり、大学祭を中止。	・欧州単一通貨ユーロ導入（1.1）。 ・携帯、PHS加入台数5千万台突破（7）。 ・日の丸を国旗、君が代を国歌とする法律、公布施行（8.13）。 ・マカオ、中国に返還（12.20）。
2000 平12	・第3回司法通訳トレーニングセミナー（主催：聖和大学、協力：神戸学院大学）を神戸学院大学法学部模擬法廷教室で開催（3.18〜3.19）。 ・第16回人権問題研修会を開催（3.24）。テーマ「聖和におけるセクシュアル・ハラスメント防止について」。教員2名が発題。	・児童虐待防止法公布（5.）。 ・改正少年法公布、厳罰化（12.8）。

年号	事　項	一般歴史
	・キリスト教教育主事職を置く（4.1）。 ・教育学部幼児教育学科の入学定員を85名から110名に、人文学部英米文化学科の入学定員を65名から90名に変更。教育学部幼児教育学科に編入学定員20名を置く。これに伴い、短期大学部英語科の入学定員を130名から80名に変更（4.1）。 ・創立120周年を記念してパール・マケーン記念キリスト教と教育研究所（以下、キリスト教と教育研究所）を開設（4.1）。1951年から1971年まで短期大学宗教教育科と教育学部キリスト教教育学科の教授であったマケーンからの寄付を基金として設立。 ・組織改革により大学評議会を置く（4.）。 ・第3回オープンセミナーを開講。「翻訳は楽しい！」（5.13, 5.20）、English Communication（春学期、秋学期、各2クラス、各10回）、小学1年生のための英語教室（2〜3学期、各1クラス、各10〜15回）。 ・宮田、理事長を兼任（5.25）。 ・創立120周年記念礼拝を行う（5.26）。メッセージ：茂純子「ダッドレー先生とヒューステッド先生」。 ・日本キリスト教教育学会第12回学会大会が開催される（6.3）。 ・創立120周年記念事業の一環として、竹中正夫著『ゆくてはるかに――神戸女子神学校物語』（教文館）を刊行（6.25）。出版記念会を大阪YMCAホールで行う（7.1）。 ・社会福祉法人聖和福祉会聖和乳幼児保育センター新園舎の起工式を行う（7.27）。 ・大学洋上セミナーひょうご2000に学生8名が参加（8.12〜9.10）。 ・英国文化交流旅行を実施（8.23〜9.15）。学生21名が参加。 ・短期大学部保育科、卒業生対象の「SEIWAサマーセミナー」と在学生対象の「プラスαプログラム」を始める。第1回SEIWAサマーセミナーを開講（8.3）。テーマ「家庭への対応を考える――幼稚園教育要領と保育所保育指針の改訂を視野に入れて」。 ・人文学部ジュニア・イヤー・アブロード（JYA）を実施（9.〜2001.2）。学生4名がウィットワース大学に留学。 ・第25回教職員研修会を開催（9.28）。 ・第28回聖和大学公開講座幼児教育大学を開講（10.21〜11.18、計4回）。テーマ「21世紀を拓く子どもたちへ――心を育む自然、お話、うた」。 ・創立120周年記念式典を行う。記念講演：山内一郎関西学院院長「パールリバーから地の果てまで――ランバス精神を思う」（11.3）。 ・創立120周年記念事業の一環として、E・ヒューステッド著、茂純子、長尾ひろみ訳『日本への贈り物』（ヒューステッド宣教師書簡集）を刊行（11.3）。 ・創立120周年を記念して「ハロー・ディア・エネミー！平和と寛容の国際絵本展」（協力：JBBY日本児童図書評議会）を開催（10.31〜11.6）。講師：猪熊葉子日本児童図書評議会会長（11.4）。	

年号	事　項	一般歴史
	・大学祭実行委員会主催で大学祭を再開（11.4）。 ・日本乳幼児教育学会第10回大会が開催される（12.2～12.3）。 ・キリスト教と教育研究所、『おはなしのおくら──実録幼稚園の礼拝』（故水野誠の鶴川シオン幼稚園における礼拝のお話集）を刊行（12.28）。	
2001 平13	・第17回人権問題研修会を開催（3.26）。講演：井上麻耶子フェミニストカウンセリング京都代表「大学におけるセクシュアル・ハラスメントの現状と問題」。 ・社会福祉法人聖和福祉会聖和乳幼児保育センターの新園舎が竣工（3.）。 ・短期大学部英語科の学生募集を停止（4.1）。 ・第4回オープンセミナーを開講。English Communication（春学期、2クラス、各10回）、Negotiation English（秋学期、計10回）、クリスマス講座（11.24～12.8、計3回）、小学生の英語教室（1～3学期、各1～3クラス、各8～15回）。 ・大阪教育大学附属池田小学校で発生した小学生殺傷事件（2001.6.8）を契機に、学生有志が上ヶ原小学校の通学路で登校する児童の安全を見守るボランティア活動を始める（7.）。 ・第26回教職員研修会を開催（8.2）。講演：岩坂正雄プール学院院長「愛する心、仕える心」。 ・第2回SEIWAサマーセミナーを開講（8.4）。「保育者のカウンセリングマインド──現代子育て事情と保育士の関わり」。 ・人文学部ジュニア・イヤー・アブロード（JYA）を実施（9.～2002.2.）。学生4名がウィットワース大学に留学。 ・西宮市の10大学・短大による共通単位講座が西宮市大学交流センターで始まる（10.）。10科目中短期大学部から1科目提供。 ・第29回聖和大学公開講座幼児教育大学を開講（10.20～11.17、計4回）。テーマ「21世紀を生きる子どもたちへ──子どものストレス、親のストレス」。	・中央省庁再編（1.6）。 ・ハンセン病訴訟、国に賠償金支払を命令（5.11）。 ・大阪教育大学附属池田小学校で、児童殺傷事件起こる（6.8）。 ・米国で同時多発テロ発生（9.11）。
2002 平14	・校地の整備に伴い、現在地に正門を設置（3.）。 ・短期大学部英語科最後の卒業式を行う（3.22）。 ・第18回人権問題研修会を開催（3.26）。講演：加藤鉄三郎大阪キリスト教短期大学教授「大学における人権問題の現状と問題」。 ・人文学部英米文化学科をグローバル・コミュニケーション学科に名称変更（4.1）。 ・山村慧、学長に就任（4.1）。 ・辻建、理事長職務代行者となる（4.1～2003.1.31）。 ・第5回オープンセミナーを開講。English Communication（春学期、2クラス、各10回、秋学期、3クラス、各10回）、「子どもの英語教育について」（5.11、5.18）、小学生の英語教室（1～3学期、各3クラス、各9	・学習指導要領改定、ゆとり教育スタート（4.1）。 ・国公立の学校・園、完全週休2日制となる（4.1）。 ・サッカー、日韓ワールドカップ開催（5.31～6.30）。

年号	事　項	一般歴史
	〜15回)。 ・短期大学部英語科の廃止が認可される (7.30)。 ・第3回SEIWAサマーセミナーを開講 (8.3)。テーマ「保育者のカウンセリングマインドⅡ」。 ・第27回教職員研修会を開催 (8.2)。 ・オーストラリア語学研修旅行を実施 (8.29〜9.18)。学生25名が参加。 ・人文学部ジュニア・イヤー・アブロード (JYA) を実施 (9.〜2003.2)。学生5名がウィットワース大学に留学。 ・第30回聖和大学公開講座幼児教育大学を開講 (10.12〜10.26、計3回)。テーマ「未来を拓く子どもたちへ──遊びを取りもどそう」。 ・上ヶ原小学校児童の登校時の安全を見守る学生のボランティア活動が平成14年度西宮市交通安全功労者として表彰を受ける (11.5)。 ・家庭会からの寄贈により講堂にAhlborn社製電子オルガン (Hymnus 350D) を設置、奉献式を行う (12.20)。	
2003 平15	・山野上素充、理事長に就任 (2.1)。 ・第19回人権問題研修会を開催 (3.25)。講演：川崎裕子弁護士「セクシャルハラスメント」。 ・キリスト教と教育研究所、『日曜学校教案誌にみる日曜学校教育』を刊行 (3.31)。 ・兵庫県立西宮高等学校、啓明女学院高等学校と高大連携プログラムを開始 (4.)。 ・第6回オープンセミナーを開講。English Communication (春学期、秋学期、各2クラス、各9〜10回)、「子どもの英語教育について」(5.10, 5.17)、クリスマス講座 (11.29, 12.6)、小学生の英語教室 (1〜3学期、各1〜2クラス、各9〜14回)。 ・幼児教育大学記念誌委員会編『公開講座幼児教育大学の30年』を刊行 (5.20)。 ・女子タッチフットボール部が「シュガーボウル」(横浜スタジアム) で優勝 (5.31)、さらに「さくらボウル」(東京ドーム) で社会人優勝チームに勝ち、全国優勝 (2004.1.3)。 ・第4回SEIWAサマーセミナーを開講 (8.2)。テーマ「『美術』の授業をもう一度受けよう」。 ・第28回教職員研修会を開催 (8.4)。 ・オーストラリア語学研修旅行を実施 (8.30〜9.20)。学生24名が参加。 ・人文学部ジュニア・イヤー・アブロード (JYA) を実施 (9.〜2004.2)。学生2名がウィットワース大学に留学。 ・第31回聖和大学公開講座幼児教育大学を開講 (10.18〜11.15、計4回)。テーマ「未来をひらく子どもたちへ──遊び・アソビ・あそび」。 ・経営教学協議会を設置 (11.)。 ・第20回人権問題研修会を開催 (12.22)。講演：東岡山治日本基督教団	・米英軍、イラク攻撃開始 (3.19)。 ・国立大学法人法公布 (7.)。 ・少子化対策基本法公布 (7.)。

年号	事　項	一般歴史
	部落解放センター委員長・日本基督教団上下教会牧師「輝かしい解放について ——私の闘いを通じて」。	
2004 平16	・第21回人権問題研修会を開催（3.25）。講演：友井公一兵庫県部落解放研究所理事・部落解放加東共闘会議議長「部落問題とは」。 ・短期大学部保育科において児童厚生二級指導員の資格取得が可能となる（4.1）。 ・第7回オープンセミナーを開講。English Communication（春学期、2クラス、秋学期、3クラス、各10回）、「クリケットワークショップ」（小学生対象のコンピュータを使ったおもちゃ作り講座、5.15, 5.22）、小学生の英語教室（1～3学期、1～2クラス、各9～14回）。 ・男子タッチフットボール部が「シュガーボウル」（横浜スタジアム）で優勝（5.15）。 ・第5回SEIWAサマーセミナーを開講（7.31）。テーマ「保育における病気の予防——衛生管理と感染症対策」。 ・第29回教職員研修会を開催（8.5）。 ・オーストラリア語学研修旅行を実施（8.28～9.20）。学生23名が参加。 ・人文学部ジュニア・イヤー・アブロード（JYA）を実施（9.～2005.2）。学生1名がウィットワース大学に留学。 ・第32回聖和大学公開講座幼児教育大学を開講（10.16～11.13、計4回）。テーマ「未来をひらく子どもたちへ ——子どもとことば」。	・裁判員制度法成立（5.21）。 ・新潟県中越地震発生（10.23）。
2005 平17	・大学および短期大学部の全学科において大学入試センター試験利用入試を導入、大学入試センターの試験会場となる（1.15～1.16）。 ・人文学部国際共働研究室、『せいわのセーワ——わたしの異文化理解・国際共働』（創刊号）を刊行（3.24）。以後、第6号（2010.3）まで刊行。 ・第22回人権問題研修会を開催（3.28）。講演：李栄汝（イヨンニョ）大阪市立小学校民族学級講師「みずからを排斥する社会に生きるということ（部落差別に寄り添って）」。 ・創立125周年を記念して、「おもちゃとえほんのへや」を開設（4.）。 ・おもちゃとえほんのへや主催保育者のための絵本講座Part1（月1回、金曜日19：00～20：30）を開講（11.～2006.3、計5回）。テーマ「〈子どもたちと絵本〉の豊かな出会いと可能性を求めて」。 ・第8回オープンセミナーを開講。English Communication（春学期、秋学期、各4クラス、各12～13回）、「クリケットワークショップ」（5.21）、「クリスマス講座」（11.26, 12.3）、小学生の英語教室（1～3学期、各1～3クラス、各9～14回）。 ・創立125周年記念礼拝、講演会を行う（5.27）。記念礼拝：飯沼道子（神戸女子神学校卒業生）「聖和大学と私」、記念講演：暉峻淑子埼玉大学名誉教授「感謝の心を活かすこと ——豊かさとは何か、社会と子どもから」。	・個人情報保護法施行（4.1）。 ・JR福知山線脱線事故発生（4.25）。

年号	事　項	一般歴史
	・創立125周年記念SEIWA大音楽会を開催（7.16）。 ・第6回SEIWAサマーセミナーを開講（7.30）。テーマ「心とからだに響く声——保育の中で自分の声を上手に活かしましょう」。 ・第30回教職員研修会を開催（8.4）。 ・オーストラリア語学研修旅行を実施（8.27〜9.13）。学生23名が参加。 ・ラオ・アメリカン大学（ラオス人民民主共和国、ビエンチャン）をJYA提携校とすることに合意、調印（9.6）。 ・人文学部ジュニア・イヤー・アブロード（JYA）を新たにラオ・アメリカン大学で実施（9.〜2006.2）。学生5名が留学。 ・キリスト教と教育研究所が、聖和キリスト教教育フォーラム（全国キリスト教教育主事の会と共催）を宝塚市商工会館で開催（9.12〜9.13）。テーマ「『日曜学校』『教会学校』はどこへ行く ―― 130年の歴史と教会の選択」。後日、報告書を発行（12.1）。 ・創立125周年記念「沢知恵チャリティコンサート」を開催（10.29）。収益の一部を日本ユニセフ協会に寄付。 ・第33回聖和大学公開講座幼児教育大学を開講（10.29〜11.19、計3回）。テーマ「未来をひらく子どもたちへ ——子育てをたのしもう」。	
2006 平18	・学校法人聖和大学と学校法人関西学院は合併に向けて作業を開始することをプレスリリース（1.19）。 ・第23回人権問題研修会を開催（3.29）。講師：仲島正則loving-wind 代表。 ・第9回オープンセミナーを開講。English Communication（春学期、秋学期、各4クラス、各13回）、「クリケットワークショップ」（5.20）、「国際理解教育ワークショップ」（5.27）、小学生の英語教室（1〜3学期、各3〜4クラス、各9〜15回）。 ・保育者のための絵本講座Part2を開講（5.〜10.、計5回）。テーマ「乳幼児にとって、絵本はどのような役割を果たすのか」。 ・茂純子、理事長に就任（6.16）。 ・第7回SEIWAサマーセミナーを開講（9.2）。テーマ「LD・ADHD・アスペルガー症候群の理解と支援——幼児期から学童期へのアプローチ」。 ・ニュージーランド語学研修旅行を実施（9.3〜9.17）。学生19名が参加。 ・人文学部ジュニア・イヤー・アブロード（JYA）を実施（9.〜2007.2）。学生8名がラオ・アメリカン大学に留学。 ・第31回教職員研修会を開催（9.19）。 ・教職員を対象に関西学院との合併に関する説明会を開催（9.19）。 ・第34回聖和大学公開講座幼児教育大学を開講（9.30〜11.18、計3回）。テーマ「未来をひらく子どもたちへ ——たくましいって何だろう」。 ・「学校法人関西学院と学校法人聖和大学の合併に関する包括協定」を締結（11.13）。合併予定時期を2009年4月とする。 ・保育者のための絵本講座Part3を開講（11.〜2007.3、計5回）。テーマ「幼	・改正教育基本法、防衛省昇格法成立（12.15）。

年号	事　項	一般歴史
	稚園・保育園での絵本の位置づけ」。 ・聖和大学同窓会の協力により、在学生を対象とした「手作り講習会」（おもちゃとえほんのへや主催）を開催（11.25, 12.2）。以後、毎年実施。	
2007 平19	・第24回人権問題研修会を開催（3.28）。講演：加藤鉄三郎大阪キリスト教短期大学教授「部落差別問題と大学生の人権意識」。 ・学校法人関西学院と法人合併協定書に調印（3.29）。 ・第10回オープンセミナーを開講。English Communication（春学期、1クラス、13回）、「クリケットワークショップ」（5.26）、「クリスマス講座」（12.1, 12.8）、小学生の英語教室（1～3学期、各2～4クラス、各9～14回）。 ・保育者のための絵本講座Part4を開講（5.～10.、計5回）。「子どもを見つめる・絵本を見つめる・子どもたちを本の世界に」。 ・ネパール文化交流旅行を実施（8.27～9.11）。学生9名が参加。 ・ニュージーランド語学研修旅行を実施（8.31～9.16）。学生26名が参加。 ・人文学部ジュニア・イヤー・アブロード（JYA）を実施（9.～2008.2）。学生3名がラオ・アメリカン大学に留学。 ・第8回SEIWAサマーセミナーを開講（9.1）。テーマ「LD・ADHD・アスペルガー症候群の理解と支援II──保育場面における具体的なかかわりについて」。 ・第32回教職員研修会を開催（9.18）。 ・第35回聖和大学公開講座幼児教育大学を開講（9.29～11.17、計3回）。テーマ「未来をひらく子どもたちへ」。 ・キリスト教と教育研究所がNCC（日本キリスト教協議会）教育部百周年記念事業の一環として特別展示「日本の日曜学校・教会学校の歩み」を開催（10.1～10.6）。展示最終日に記念シンポジウムを開催（10.6）。 ・保育者のための絵本講座Part5を開講（11.～2008.3、計5回）。テーマ「絵本の歴史」。 ・聖和キャンパス秋の特別企画として「絵本展」を開催（11.）おもちゃとえほんのへや所蔵の月刊絵本「こどものとも」創刊号から100号までを展示。講演：松居直「こどものとも」元編集者・福音館書店相談役「絵本のちから」。 ・学校法人関西学院と法人合併契約書に調印（12.19）。	・教員免許更新制度を導入（6.20）。 ・郵政民営化スタート（10.1）。
2008 平20	・聖和大学短期大学部が短期大学基準協会による第三者評価の結果、適格と認定される（3.19）。 ・教職員を対象に「合併関連ニュースレターNo.1」を発行（3.21）。No.6（2009.3.25）まで発行。 ・第25回人権問題研修会を開催（3.27）。講演：新保真紀子神戸親和女子大学准教授「今、わたしたちにできること──大学における人権教育・同和教育」。 ・教育学部幼児教育学科の入学定員を110名から140名に、人文学部キ	・米証券4位リーマン・ブラザーズ経営破綻（9.15）。

年号	事　項	一般歴史
	リスト教学科の入学定員を20名から15名に、グローバル・コミュニケーション学科の入学定員を90名から75名に変更（4.1）。 ・聖和大学大学院、聖和大学、聖和大学短期大学部、最後の入学式を行う（4.1）。 ・人文学部ジュニア・イヤー・アブロード（JYA）を実施（9.～2009.2.）。学生3名がラオ・アメリカン大学に留学。 ・第9回SEIWAサマーセミナーを開講（9.6）。テーマ「子どものために手をつなぐ——園・学校へのイチャモン（無理難題要求）のウラにあるもの」。 ・第33回教職員研修会を開催（9.18）。 ・文部科学省による法人合併に係る実地調査（9.30）。 ・第36回聖和大学公開講座幼児教育大学を開講（9.27～11.15、計3回）。テーマ「未来をひらく子どもたちへ」。 ・講堂さようなら音楽祭を開催（12.13）。山川記念館建設に伴い、講堂が取り壊されるため。 ・講堂でクリスマス燭火礼拝を行う（12.22）。これが講堂での最後の行事となる。 ・文部科学省より法人合併が認可される（12.24）。 ・『聖和大学論集A・B』第36号を最終刊として発行（12.25）。	
2009 平21	・山川記念館の起工式を行う（1.29）。 ・「聖和の新たな旅立ちを祝う会」を宝塚ホテルで開催（2.28）。参加者約230名。 ・「聖和大学の新たな出立〜関西学院との合併に寄せて」茂がキリスト教学校教育同盟の機関紙『キリスト教学校教育』第621号に掲載される（3.15）。 ・第26回人権問題研修会を開催（3.26）。講演：山本恒雄日本子ども家庭総合研究所子ども家庭福祉研究部部長「子どもの虐待と心のケア」。 ・児童相談研究所、『はばたけふたばっこ——聖和大学児童相談研究所の32年間』を刊行（3.30）。 ・聖和大学家庭会、解散（3.31）。 ・聖和大学後援会、解散（3.31）。 ・学校法人聖和大学は学校法人関西学院と合併し、解散（4.1）。聖和大学短期大学部は学校法人関西学院聖和短期大学、聖和大学附属聖和幼稚園は学校法人関西学院聖和幼稚園として存続。聖和大学は在学生が卒業するまで学校法人関西学院のもとで存続。 ・キリスト教と教育研究所は聖和短期大学キリスト教教育・保育研究センターとして引き継がれる（4.1）。 ・杉原左右一関西学院大学学長、聖和大学学長を兼任（4.1）。 ・聖和大学の学生募集を停止（4.1）。	・新型インフルエンザ流行（5.～）。 ・オバマ氏、第44代米国大統領に就任（1.）。

年号	事　項	一般歴史
2010 平22	・山川記念館の竣工式を行う（3.8）。 ・学校法人聖和大学のもとで2008年度に聖和大学短期大学部に入学した学生が、学校法人関西学院聖和短期大学の学生として卒業（3.19）。 ・人文学部ジュニア・イヤー・アブロード（JYA）を実施（9.15〜2011.1.31）。学生2名がラオ・アメリカン大学に留学。	・子ども手当支給始まる（4.1）。 ・東北新幹線全線開通（12.4）。
2011 平23	・井上琢智関西学院大学学長、聖和大学学長を兼任（4.1）。 ・聖和大学大学院の廃止が認可される（10.17）。	・東日本大震災（3.11）。東京電力福島第一原子力発電所で原子力事故発生。 ・九州新幹線全線開通（3.12）。
2012 平24	・学校法人聖和大学のもとで2008年度に聖和大学に入学した学生が、学校法人関西学院聖和大学の学生として卒業（3.16）。	・国勢調査局の推計で世界人口が70億人を突破（3.12）。
2013 平25	・聖和大学最後の卒業式を行う（3.19）。5名が卒業。 ・聖和大学の廃止が認可される（10.17）。	

参考文献

資料：

「聖和短期大学英語科設置認可申請書（控）」学校法人聖和大学、1984.7.26
「聖和大学大学院教育学研究科博士課程設置協議書」学校法人聖和大学、1991.11.30
「理事会記録」学校法人聖和女子大学、1977.10 〜　学校法人聖和大学、1982.12
「理事会記録」学校法人聖和大学、1983.1 〜 1986.3
「理事会・評議員会議事録」学校法人聖和大学、1989.5 〜 2009.3
「年次報告書」学校法人聖和大学1981 〜 1991年度
「年次報告書：自己点検・自己評価報告書」学校法人聖和大学、1992 〜 2004年度
「事業報告書：自己点検・自己評価報告書」学校法人聖和大学、2005〜2007年度
「2008年度事業報告書：自己点検・自己評価報告書」学校法人聖和大学、2008年度（発行：学校法人関西学院）
「年次報告」学校法人関西学院、2009 〜 2012年度

文献：

聖和幼稚園100年史委員会編『聖和幼稚園100年史』学校法人聖和大学、1991.10.25
部落差別・人権問題検討委員会編『ひとをかたより見ないために――人権同和教育基本方針他』1994.5.10
聖和大学非常事態対策検討委員会編『わたしたちにとって阪神大震災とは何だったのか ――聖和大学阪神大震災関連報告・資料集』1998.5.23
幼児教育大学記念誌委員会編『公開講座幼児教育大学の30年』学校法人聖和大学、2003.5.20
『蒔かれし種より――聖和80』社会福祉法人聖和共働福祉会、2011.7.18

あとがき

　「聖なる和合」という意味の名前をもつ聖和の歴史は、異なるルーツをもつ３つの学校がそれぞれに合同を重ね、ひとつの学校になっていくという他にあまり例をみない歩みでした。2009年4月、学校法人関西学院との合併により学校法人聖和大学を閉じるにあたって創立以来の歩みを聖和史として残すことが決まり、合併後すぐに聖和史編纂委員会が設立され、関西学院学院史編纂室運営委員会の協力のもと聖和史刊行に向けて準備が始まりました。2013年からは聖和史刊行委員会が2015年3月の刊行をめざし具体的な作業に入りましたが、残されている各時代の歴史資料は膨大かつ多岐にわたっており、整理と調査を行いつつ歴史をまとめるには刊行委員会に与えられた時間はあまりにも短いものでした。聖和の歴史すべてをこの『Thy Will Be Done──聖和の128年』一冊に網羅できたとは到底申し上げられません。しかしながらこの歴史をまとめる作業は、聖和史のもつ複雑さがむしろ恵みに満ちた豊かさとなっていることにあらためて気づかされる時でもありました。それは開国まもない明治期日本の子どもや女性に「キリスト教に基づく教育の場を」という熱い思いをもって来日し、献身的に働いた女性宣教師など多くの先駆者のみならず、合同や戦争などの困難に直面しながらも希望を失わず、建学の精神をそれぞれの時代において結実させていった数多くの後継者たちの力強い働きからくるものであります。本書を読んでくださる方々にこの豊かさが少しでも伝わればと願います。

　本書の刊行にあたり、聖和史編纂委員会および聖和史刊行委員会委員のみなさま、この事業の始まりにおいて特にご尽力をいただいた井上琢智関西学院大学教授、委員会の顧問として聖和キャンパスに何度も足を運び貴重な助言をいただいた奥田和弘聖和大学名誉教授、刊行実現のために側面から支援をしてくださった土井善司関西学院西宮聖和キャンパス事務室長、委員会の移行にご尽力いただいた島田ミチコ関西学院大学名誉教授、ご支援をいただいた聖和大学同窓会、聖和大学歴史資料室旧職員の井口純子様に、あらためまして心より深く感謝を申し上げます。

　また出版にあたっては、関西学院学院史編纂室の川崎啓一様、池田裕子様、関西学院大学博物館の深井純様、秋山尚美様、関西学院大学出版会の戸坂美果様、校正作業を快くお引き受けくださった増山初子関西学院大学教授ほか多くの関係者の方々に大変お世話になりました。心より御礼を申し上げます。

　最後に、第Ⅰ部の執筆を担当した、小見のぞみさんと吉新ばらさんに心からの謝意を表します。おふたりの休日を返上しての献身的な働きがなければ本書の刊行は実現できませんでした。

〈聖和史編纂委員会〉（2009 年 4 月～2013 年 3 月）
委員：原真和（委員長、聖和短期大学教授）、井上琢智（学院史編纂室長、関西学院大学教授）
　　　（2009 年 4 月～2011 年 3 月）、井上久夫（関西学院大学教授）、神田健次（学院史編纂室長、
　　　関西学院大学教授）（2011 年 4 月～2013 年 3 月）、中川香子（聖和短期大学教授）、増山
　　　初子（関西学院大学教授）、吉新ばら（聖和短期大学キリスト教教育・保育研究センター職員）
顧問：奥田和弘（聖和大学名誉教授）（2012 年 4 月～2013 年 3 月）

〈聖和史刊行委員会〉（2013 年 4 月～2015 年 3 月）
委員：山本伸也（委員長、関西学院大学教授）、広渡純子（副委員長、聖和短期大学教授）、神
　　　田健次（学院史編纂室長、関西学院大学教授）、小見のぞみ（聖和短期大学教授）、原真和（聖
　　　和短期大学教授）、吉新ばら（聖和短期大学キリスト教教育・保育研究センター職員）
顧問：奥田和弘（聖和大学名誉教授）（2013 年 4 月～2015 年 3 月）

　2015 年 3 月

　　　　　　　　　　　　　　　　　　　　　　　　　　　　聖和史刊行委員会
　　　　　　　　　　　　　　　　　　　　　　　　　　　　副委員長　広渡　純子

執筆者一覧

第Ⅰ部 　　　小見のぞみ
第Ⅱ部 　　　原 真和、広渡純子、山本伸也
コラム 　　　小見のぞみ

聖和史刊行委員会委員

（委 員 長）山本伸也　関西学院大学教育学部教授、元聖和大学人文学部長
（副委員長）広渡純子　聖和短期大学学長
　　　　　　神田健次　学院史編纂室室長、関西学院大学神学部教授
　　　　　　小見のぞみ　聖和短期大学キリスト教教育・保育研究センター長、聖和短期大学教授
　　　　　　原　真和　聖和短期大学教授
　　　　　　吉新ばら　聖和短期大学キリスト教教育・保育研究センター
（顧　　問）奥田和弘　聖和大学名誉教授

Thy Will Be Done
聖和の128年

2015年3月31日初版第一刷発行

編　者　聖和史刊行委員会

発　行　学校法人　関西学院
制作・発売　関西学院大学出版会
所在地　〒662-0891
　　　　兵庫県西宮市上ケ原一番町1-155
電　話　0798-53-7002

印　刷　大和出版印刷株式会社

©2015 Kwansei Gakuin
Printed in Japan by Kwansei Gakuin University Press
ISBN 978-4-86283-190-3
乱丁・落丁本はお取り替えいたします。
本書の全部または一部を無断で複写・複製することを禁じます。